De: ____________________

Para: ____________________

Nuestro Pan Diario

Mujeres

Publicaciones
Nuestro Pan Diario

Escritores:
Anne M. Cetas • Poh Fang Chia • Shelly Beach • Cindy Hess Kasper • Julie Ackerman Link
Keila Ochoa Harris • Jennifer Benson Schuldt • Marion Stroud • Joanie E. Yoder • Amy Boucher Pye
Xochitl E. Dixon • Amy L. Peterson • Alyson Kieda • Kirsten H. Holmberg • Jolene Philo
Karen A. Wolfe • Julie M. Schwab • Monica Brands • Brittany Lodge • Marlena Graves
Regina Franklin • Monique Martin • Jennifer Farley • Leslie Koh • Linda Washington • Elisa Morgan
Stephanie Robinson • Ruth O'Rilley-Smith

Traducción: Alicia Güerci Hotton
Edición: Gabriela De Francesco, Luis Magín Álvarez
Coordinación editorial: Alicia Güerci Hotton
Foto de portada: © Seqoya, por Shutterstock
Proyecto gráfico: Audrey Novac Ribeiro
Diagramación: Lucila Lis

Para la producción de los materiales de Ministerios Nuestro Pan Diario, se utilizan las actualizaciones de la Nueva gramática, la Ortografía y el Diccionario de la lengua de la Real Academia Española. Nuestro idioma es sumamente rico y variado, y su uso también se ve afectado por regionalismos que cambian el significado de ciertas palabras, lo cual podría hacerlas desconocidas o incluso ofensivas según el país. Por este motivo, si algún término o expresión utilizados en este material es desconocido, despierta curiosidad o incluso genera rechazo, por favor, consultar su significado en el Diccionario de la Real Academia Española. Con gusto, responderemos a toda consulta al respecto.

Publicaciones Nuestro Pan Diario
Internet: www.nuestropandiario.org • Email: oficinaregional@odb.org

Código: DM634
ISBN: 978-1-68043-441-5

Impreso en China

Introducción

El papel de las mujeres en la sociedad actual sigue creciendo día a día y en todas las esferas de la vida. Su influencia es cada vez mayor; en especial, fuera del ámbito del hogar.

Al mismo tiempo, la independencia que le otorga el ser capaz de trabajar y valerse económicamente por sí sola ha llevado, entre otros factores, a que muchos matrimonios se rompan.

Los hijos no están exentos de las consecuencias de tantos cambios en los roles de las mujeres que influyen en sus vidas y crecimiento: madres, hermanas, tías, abuelas, amigas.

¿Dónde encontrar el equilibrio para que el hogar y la sociedad no se desmoronen? La respuesta es una sola: en la Biblia, la Palabra de Dios.

En las lecturas devocionales diarias que te ofrecemos en esta edición especial de *Nuestro Pan Diario* para mujeres, encontrarás que las experiencias de las escritoras se asemejan mucho a las tuyas; y que sus reflexiones, basadas en las enseñanzas de la Palabra de Dios, te ayudarán a encontrar respuestas y guía para lograr el equilibrio necesario que toda mujer debe tener para desempeñar todos sus roles, tanto dentro como fuera del hogar.

¡Comienza ya a descubrir los detalles de la vida abundante y satisfactoria que Dios tiene preparada para ti!

— De los editores de *Nuestro Pan Diario*

La Biblia en un año

Enero

- ❒ 1 Génesis 1–3; Mateo 1
- ❒ 2 Génesis 4–6; Mateo 2
- ❒ 3 Génesis 7–9; Mateo 3
- ❒ 4 Génesis 10–12; Mateo 4
- ❒ 5 Génesis 13–15; Mateo 5:1-26
- ❒ 6 Génesis 16–17; Mateo 5:27-48
- ❒ 7 Génesis 18–19; Mateo 6:1-18
- ❒ 8 Génesis 20–22; Mateo 6:19-34
- ❒ 9 Génesis 23–24; Mateo 7
- ❒ 10 Génesis 25–26; Mateo 8:1-17
- ❒ 11 Génesis 27–28; Mateo 8:18-34
- ❒ 12 Génesis 29–30; Mateo 9:1-17
- ❒ 13 Génesis 31–32; Mateo 9:18-38
- ❒ 14 Génesis 33–35; Mateo 10:1-20
- ❒ 15 Génesis 36–38; Mateo 10:21-42
- ❒ 16 Génesis 39–40; Mateo 11
- ❒ 17 Génesis 41–42; Mateo 12:1-23
- ❒ 18 Génesis 43–45; Mateo 12:24-50
- ❒ 19 Génesis 46–48; Mateo 13:1-30
- ❒ 20 Génesis 49–50; Mateo 13:31-58
- ❒ 21 Éxodo 1–3; Mateo 14:1-21
- ❒ 22 Éxodo 4–6; Mateo 14:22-36
- ❒ 23 Éxodo 7–8; Mateo 15:1-20
- ❒ 24 Éxodo 9–11; Mateo 15:21-39
- ❒ 25 Éxodo 12–13; Mateo 16
- ❒ 26 Éxodo 14–15; Mateo 17
- ❒ 27 Éxodo 16–18; Mateo 18:1-20
- ❒ 28 Éxodo 19–20; Mateo 18:21-35
- ❒ 29 Éxodo 21–22; Mateo 19
- ❒ 30 Éxodo 23–24; Mateo 20:1-16
- ❒ 31 Éxodo 25–26; Mateo 20:17-34

Febrero

- ❒ 1 Éxodo 27–28; Mateo 21:1-22
- ❒ 2 Éxodo 29–30; Mateo 21:23-46
- ❒ 3 Éxodo 31–33; Mateo 22:1-22
- ❒ 4 Éxodo 34–35; Mateo 22:23-46
- ❒ 5 Éxodo 36–38; Mateo 23:1-22
- ❒ 6 Éxodo 39–40; Mateo 23:23-39
- ❒ 7 Levítico 1–3; Mateo 24:1-28
- ❒ 8 Levítico 4–5; Mateo 24:29-51
- ❒ 9 Levítico 6–7; Mateo 25:1-30
- ❒ 10 Levítico 8–10; Mateo 25:31-46
- ❒ 11 Levítico 11–12; Mateo 26:1-25
- ❒ 12 Levítico 13; Mateo 26:26-50
- ❒ 13 Levítico 14; Mateo 26:51-75
- ❒ 14 Levítico 15–16; Mateo 27:1-26
- ❒ 15 Levítico 17–18; Mateo 27:27-50
- ❒ 16 Levítico 19–20; Mateo 27:51-66
- ❒ 17 Levítico 21–22; Mateo 28
- ❒ 18 Levítico 23–24; Marcos 1:1-22
- ❒ 19 Levítico 25; Marcos 1:23-45
- ❒ 20 Levítico 26–27; Marcos 2
- ❒ 21 Números 1–3; Marcos 3
- ❒ 22 Números 4–6; Marcos 4:1-20
- ❒ 23 Números 7–8; Marcos 4:21-41
- ❒ 24 Números 9–11; Marcos 5:1-20
- ❒ 25 Números 12–14; Marcos 5:21-43
- ❒ 26 Números 15–16; Marcos 6:1-29
- ❒ 27 Números 17–19; Marcos 6:30-56
- ❒ 28 Números 20-22; Marcos 7:1-13

Marzo

- ❒ 1 Números 23–25; Marcos 7:14-37
- ❒ 2 Números 26–27; Marcos 8:1-21
- ❒ 3 Números 28–30; Marcos 8:22-38
- ❒ 4 Números 31–33; Marcos 9:1-29
- ❒ 5 Números 34–36; Marcos 9:30-50
- ❒ 6 Deuteronomio 1–2; Marcos 10:1-31
- ❒ 7 Deuteronomio 3–4; Marcos 10:32-52
- ❒ 8 Deuteronomio 5–7; Marcos 11:1-18
- ❒ 9 Deuteronomio 8–10; Marcos 11:19-33
- ❒ 10 Deuteronomio 11–13; Marcos 12:1-27
- ❒ 11 Deuteronomio 14–16; Marcos 12:28-44
- ❒ 12 Deuteronomio 17–19; Marcos 13:1-20
- ❒ 13 Deuteronomio 20–22; Marcos 13:21-37
- ❒ 14 Deuteronomio 23–25; Marcos 14:1-26
- ❒ 15 Deuteronomio 26–27; Marcos 14:27-53
- ❒ 16 Deuteronomio 28–29; Marcos 14:54-72
- ❒ 17 Deuteronomio 30–31; Marcos 15:1-25
- ❒ 18 Deuteronomio 32–34; Marcos 15:26-47
- ❒ 19 Josué 1–3; Marcos 16
- ❒ 20 Josué 4–6; Lucas 1:1-20
- ❒ 21 Josué 7–9; Lucas 1:21-38
- ❒ 22 Josué 10–12; Lucas 1:39-56
- ❒ 23 Josué 13–15; Lucas 1:57-80
- ❒ 24 Josué 16–18; Lucas 2:1-24
- ❒ 25 Josué 19–21; Lucas 2:25-52
- ❒ 26 Josué 22–24; Lucas 3
- ❒ 27 Jueces 1–3; Lucas 4:1-30
- ❒ 28 Jueces 4–6; Lucas 4:31-44
- ❒ 29 Jueces 7–8; Lucas 5:1-16
- ❒ 30 Jueces 9–10; Lucas 5:17-39
- ❒ 31 Jueces 11–12; Lucas 6:1-26

La Biblia en un año

Abril

- ❐ 1 Jueces 13–15; Lucas 6:27-49
- ❐ 2 Jueces 16–18; Lucas 7:1-30
- ❐ 3 Jueces 19–21; Lucas 7:31-50
- ❐ 4 Rut 1–4; Lucas 8:1-25
- ❐ 5 1 Samuel 1–3; Lucas 8:26-56
- ❐ 6 1 Samuel 4–6; Lucas 9:1-17
- ❐ 7 1 Samuel 7–9; Lucas 9:18-36
- ❐ 8 1 Samuel 10–12; Lucas 9:37-62
- ❐ 9 1 Samuel 13–14; Lucas 10:1-24
- ❐ 10 1 Samuel 15–16; Lucas 10:25-42
- ❐ 11 1 Samuel 17–18; Lucas 11:1-28
- ❐ 12 1 Samuel 19–21; Lucas 11:29-54
- ❐ 13 1 Samuel 22–24; Lucas 12:1-31
- ❐ 14 1 Samuel 25–26; Lucas 12:32–59
- ❐ 15 1 Samuel 27–29; Lucas 13:1-22
- ❐ 16 1 Samuel 30–31; Lucas 13:23-35
- ❐ 17 2 Samuel 1–2; Lucas 14:1-24
- ❐ 18 2 Samuel 3–5; Lucas 14:25-35
- ❐ 19 2 Samuel 6–8; Lucas 15:1-10
- ❐ 20 2 Samuel 9–11; Lucas 15:11-32
- ❐ 21 2 Samuel 12–13; Lucas 16
- ❐ 22 2 Samuel 14–15; Lucas 17:1-19
- ❐ 23 2 Samuel 16–18; Lucas 17:20-37
- ❐ 24 2 Samuel 19–20; Lucas 18:1-23
- ❐ 25 2 Samuel 21–22; Lucas 18:24-43
- ❐ 26 2 Samuel 23–24; Lucas 19:1-27
- ❐ 27 1 Reyes 1–2; Lucas 19:28-48
- ❐ 28 1 Reyes 3–5; Lucas 20:1-26
- ❐ 29 1 Reyes 6–7; Lucas 20:27-47
- ❐ 30 1 Reyes 8–9; Lucas 21:1-19

Mayo

- ❐ 1 1 Reyes 10–11; Lucas 21:20-38
- ❐ 2 1 Reyes 12–13; Lucas 22:1-20
- ❐ 3 1 Reyes 14–15; Lucas 22:21-46
- ❐ 4 1 Reyes 16–18; Lucas 22:47-71
- ❐ 5 1 Reyes 19–20; Lucas 23:1-25
- ❐ 6 1 Reyes 21–22; Lucas 23:26-56
- ❐ 7 2 Reyes 1–3; Lucas 24:1-35
- ❐ 8 2 Reyes 4–6; Lucas 24:36-53
- ❐ 9 2 Reyes 7–9; Juan 1:1-28
- ❐ 10 2 Reyes 10–12; Juan 1:29-51
- ❐ 11 2 Reyes 13–14; Juan 2
- ❐ 12 2 Reyes 15–16; Juan 3:1-18
- ❐ 13 2 Reyes 17–18; Juan 3:19-36
- ❐ 14 2 Reyes 19–21; Juan 4:1-30
- ❐ 15 2 Reyes 22–23; Juan 4:31-54
- ❐ 16 2 Reyes 24–25; Juan 5:1-24
- ❐ 17 1 Crónicas 1–3; Juan 5:25-47
- ❐ 18 1 Crónicas 4–6; Juan 6:1-21
- ❐ 19 1 Crónicas 7–9; Juan 6:22-44
- ❐ 20 1 Crónicas 10–12; Juan 6:45-71
- ❐ 21 1 Crónicas 13–15; Juan 7:1-27
- ❐ 22 1 Crónicas 16–18; Juan 7:28-53
- ❐ 23 1 Crónicas 19–21; Juan 8:1-27
- ❐ 24 1 Crónicas 22–24; Juan 8:28-59
- ❐ 25 1 Crónicas 25–27; Juan 9:1-23
- ❐ 26 1 Crónicas 28–29; Juan 9:24-41
- ❐ 27 2 Crónicas 1–3; Juan 10:1-23
- ❐ 28 2 Crónicas 4–6; Juan 10:24-42
- ❐ 29 2 Crónicas 7–9; Juan 11:1-29
- ❐ 30 2 Crónicas 10–12; Juan 11:30-57
- ❐ 31 2 Crónicas 13–14; Juan 12:1-26

Junio

- ❐ 1 2 Crónicas 15–16; Juan 12:27-50
- ❐ 2 2 Crónicas 17–18; Juan 13:1-20
- ❐ 3 2 Crónicas 19–20; Juan 13:21-38
- ❐ 4 2 Crónicas 21–22; Juan 14
- ❐ 5 2 Crónicas 23–24; Juan 15
- ❐ 6 2 Crónicas 25–27; Juan 16
- ❐ 7 2 Crónicas 28–29; Juan 17
- ❐ 8 2 Crónicas 30–31; Juan 18:1-18
- ❐ 9 2 Crónicas 32–33; Juan 18:19-40
- ❐ 10 2 Crónicas 34–36; Juan 19:1-22
- ❐ 11 Esdras 1–2; Juan 19:23-42
- ❐ 12 Esdras 3–5; Juan 20
- ❐ 13 Esdras 6–8; Juan 21
- ❐ 14 Esdras 9–10; Hechos 1
- ❐ 15 Nehemías 1–3; Hechos 2:1-21
- ❐ 16 Nehemías 4–6; Hechos 2:22-47
- ❐ 17 Nehemías 7–9; Hechos 3
- ❐ 18 Nehemías 10–11; Hechos 4:1-22
- ❐ 19 Nehemías 12–13; Hechos 4:23-37
- ❐ 20 Ester 1–2; Hechos 5:1-21
- ❐ 21 Ester 3–5; Hechos 5:22-42
- ❐ 22 Ester 6–8; Hechos 6
- ❐ 23 Ester 9–10; Hechos 7:1-21
- ❐ 24 Job 1–2; Hechos 7:22-43
- ❐ 25 Job 3–4; Hechos 7:44-60
- ❐ 26 Job 5–7; Hechos 8:1-25
- ❐ 27 Job 8–10; Hechos 8:26-40
- ❐ 28 Job 11–13; Hechos 9:1-21
- ❐ 29 Job 14–16; Hechos 9:22-43
- ❐ 30 Job 17–19; Hechos 10:1-23

La Biblia en un año

Julio

- ❒ 1 Job 20–21; Hechos 10:24-48
- ❒ 2 Job 22–24; Hechos 11
- ❒ 3 Job 25–27; Hechos 12
- ❒ 4 Job 28–29; Hechos 13:1-25
- ❒ 5 Job 30–31; Hechos 13:26-52
- ❒ 6 Job 32–33; Hechos 14
- ❒ 7 Job 34–35; Hechos 15:1-21
- ❒ 8 Job 36–37; Hechos 15:22-41
- ❒ 9 Job 38–40; Hechos 16:1-21
- ❒ 10 Job 41–42; Hechos 16:22-40
- ❒ 11 Salmos 1–3; Hechos 17:1-15
- ❒ 12 Salmos 4–6; Hechos 17:16-34
- ❒ 13 Salmos 7–9; Hechos 18
- ❒ 14 Salmos 10–12; Hechos 19:1-20
- ❒ 15 Salmos 13–15; Hechos 19:21-41
- ❒ 16 Salmos 16–17; Hechos 20:1-16
- ❒ 17 Salmos 18–19; Hechos 20:17-38
- ❒ 18 Salmos 20–22; Hechos 21:1-17
- ❒ 19 Salmos 23–25; Hechos 21:18-40
- ❒ 20 Salmos 26–28; Hechos 22
- ❒ 21 Salmos 29–30; Hechos 23:1-15
- ❒ 22 Salmos 31–32; Hechos 23:16-35
- ❒ 23 Salmos 33–34; Hechos 24
- ❒ 24 Salmos 35–36; Hechos 25
- ❒ 25 Salmos 37–39; Hechos 26
- ❒ 26 Salmos 40–42; Hechos 27:1-26
- ❒ 27 Salmos 43–45; Hechos 27:27-44
- ❒ 28 Salmos 46–48; Hechos 28
- ❒ 29 Salmos 49–50; Romanos 1
- ❒ 30 Salmos 51–53; Romanos 2
- ❒ 31 Salmos 54–56; Romanos 3

Agosto

- ❒ 1 Salmos 57–59; Romanos 4
- ❒ 2 Salmos 60–62; Romanos 5
- ❒ 3 Salmos 63–65; Romanos 6
- ❒ 4 Salmos 66–67; Romanos 7
- ❒ 5 Salmos 68–69; Romanos 8:1-21
- ❒ 6 Salmos 70–71; Romanos 8:22-39
- ❒ 7 Salmos 72–73; Romanos 9:1-15
- ❒ 8 Salmos 74–76; Romanos 9:16-33
- ❒ 9 Salmos 77–78; Romanos 10
- ❒ 10 Salmos 79–80; Romanos 11:1-18
- ❒ 11 Salmos 81–83; Romanos 11:19-36
- ❒ 12 Salmos 84–86; Romanos 12
- ❒ 13 Salmos 87–88; Romanos 13
- ❒ 14 Salmos 89–90; Romanos 14
- ❒ 15 Salmos 91–93; Romanos 15:1-13
- ❒ 16 Salmos 94–96; Romanos 15:14-33
- ❒ 17 Salmos 97–99; Romanos 16
- ❒ 18 Salmos 100–102; 1 Corintios 1
- ❒ 19 Salmos 103–104; 1 Corintios 2
- ❒ 20 Salmos 105–106; 1 Corintios 3
- ❒ 21 Salmos 107–109; 1 Corintios 4
- ❒ 22 Salmos 110–112; 1 Corintios 5
- ❒ 23 Salmos 113–115; 1 Corintios 6
- ❒ 24 Salmos 116–118; 1 Corintios 7:1-19
- ❒ 25 Salmos 119:1-88; 1 Corintios 7:20-40
- ❒ 26 Salmos 119:89-176; 1 Corintios 8
- ❒ 27 Salmos 120–122; 1 Corintios 9
- ❒ 28 Salmos 123–125; 1 Corintios 10:1-18
- ❒ 29 Salmos 126–128; 1 Corintios 10:19-33
- ❒ 30 Salmos 129–131; 1 Corintios 11:1-16
- ❒ 31 Salmos 132–134; 1 Corintios 11:17-34

Septiembre

- ❒ 1 Salmos 135–136; 1 Corintios 12
- ❒ 2 Salmos 137–139; 1 Corintios 13
- ❒ 3 Salmos 140–142; 1 Corintios 14:1-20
- ❒ 4 Salmos 143–145; 1 Corintios 14:21-40
- ❒ 5 Salmos 146–147; 1 Corintios 15:1-28
- ❒ 6 Salmos 148–150; 1 Corintios 15:29-58
- ❒ 7 Proverbios 1–2; 1 Corintios 16
- ❒ 8 Proverbios 3–5; 2 Corintios 1
- ❒ 9 Proverbios 6–7; 2 Corintios 2
- ❒ 10 Proverbios 8–9; 2 Corintios 3
- ❒ 11 Proverbios 10–12; 2 Corintios 4
- ❒ 12 Proverbios 13–15; 2 Corintios 5
- ❒ 13 Proverbios 16–18; 2 Corintios 6
- ❒ 14 Proverbios 19–21; 2 Corintios 7
- ❒ 15 Proverbios 22–24; 2 Corintios 8
- ❒ 16 Proverbios 25–26; 2 Corintios 9
- ❒ 17 Proverbios 27–29; 2 Corintios 10
- ❒ 18 Proverbios 30–31; 2 Corintios 11:1-15
- ❒ 19 Eclesiastés 1–3; 2 Corintios 11:16-33
- ❒ 20 Eclesiastés 4–6; 2 Corintios 12
- ❒ 21 Eclesiastés 7–9; 2 Corintios 13
- ❒ 22 Eclesiastés 10–12; Gálatas 1
- ❒ 23 Cantares 1–3; Gálatas 2
- ❒ 24 Cantares 4–5; Gálatas 3
- ❒ 25 Cantares 6–8; Gálatas 4
- ❒ 26 Isaías 1–2;Gálatas 5
- ❒ 27 Isaías 3–4; Gálatas 6
- ❒ 28 Isaías 5–6; Efesios 1
- ❒ 29 Isaías 7–8; Efesios 2
- ❒ 30 Isaías 9–10; Efesios 3

La Biblia en un año

Octubre

- ❒ 1 Isaías 11–13; Efesios 4
- ❒ 2 Isaías 14–16; Efesios 5:1-16
- ❒ 3 Isaías 17–19; Efesios 5:17-33
- ❒ 4 Isaías 20–22; Efesios 6
- ❒ 5 Isaías 23–25; Filipenses 1
- ❒ 6 Isaías 26–27; Filipenses 2
- ❒ 7 Isaías 28–29; Filipenses 3
- ❒ 8 Isaías 30–31; Filipenses 4
- ❒ 9 Isaías 32–33; Colosenses 1
- ❒ 10 Isaías 34–36; Colosenses 2
- ❒ 11 Isaías 37–38; Colosenses 3
- ❒ 12 Isaías 39–40; Colosenses 4
- ❒ 13 Isaías 41–42; 1 Tesalonicenses 1
- ❒ 14 Isaías 43–44; 1 Tesalonicenses 2
- ❒ 15 Isaías 45–46; 1 Tesalonicenses 3
- ❒ 16 Isaías 47–49; 1 Tesalonicenses 4
- ❒ 17 Isaías 50–52; 1 Tesalonicenses 5
- ❒ 18 Isaías 53–55; 2 Tesalonicenses 1
- ❒ 19 Isaías 56–58; 2 Tesalonicenses 2
- ❒ 20 Isaías 59–61; 2 Tesalonicenses 3
- ❒ 21 Isaías 62–64; 1 Timoteo 1
- ❒ 22 Isaías 65–66; 1 Timoteo 2
- ❒ 23 Jeremías 1–2; 1 Timoteo 3
- ❒ 24 Jeremías 3–5; 1 Timoteo 4
- ❒ 25 Jeremías 6–8; 1 Timoteo 5
- ❒ 26 Jeremías 9–11; 1 Timoteo 6
- ❒ 27 Jeremías 12–14; 2 Timoteo 1
- ❒ 28 Jeremías 15–17; 2 Timoteo 2
- ❒ 29 Jeremías 18–19; 2 Timoteo 3
- ❒ 30 Jeremías 20–21; 2 Timoteo 4
- ❒ 31 Jeremías 22–23; Tito 1

Noviembre

- ❒ 1 Jeremías 24–26; Tito 2
- ❒ 2 Jeremías 27–29; Tito 3
- ❒ 3 Jeremías 30–31; Filemón
- ❒ 4 Jeremías 32–33; Hebreos 1
- ❒ 5 Jeremías 34–36; Hebreos 2
- ❒ 6 Jeremías 37–39; Hebreos 3
- ❒ 7 Jeremías 40–42; Hebreos 4
- ❒ 8 Jeremías 43–45; Hebreos 5
- ❒ 9 Jeremías 46–47; Hebreos 6
- ❒ 10 Jeremías 48–49; Hebreos 7
- ❒ 11 Jeremías 50; Hebreos 8
- ❒ 12 Jeremías 51–52; Hebreos 9
- ❒ 13 Lamentaciones 1–2; Hebreos 10:1-18
- ❒ 14 Lamentaciones 3–5; Hebreos 10:19-39
- ❒ 15 Ezequiel 1–2; Hebreos 11:1-19
- ❒ 16 Ezequiel 3–4; Hebreos 11:20-40
- ❒ 17 Ezequiel 5–7; Hebreos 12
- ❒ 18 Ezequiel 8–10; Hebreos 13
- ❒ 19 Ezequiel 11–13; Santiago 1
- ❒ 20 Ezequiel 14–15; Santiago 2
- ❒ 21 Ezequiel 16–17; Santiago 3
- ❒ 22 Ezequiel 18–19; Santiago 4
- ❒ 23 Ezequiel 20–21; Santiago 5
- ❒ 24 Ezequiel 22–23; 1 Pedro 1
- ❒ 25 Ezequiel 24–26; 1 Pedro 2
- ❒ 26 Ezequiel 27–29; 1 Pedro 3
- ❒ 27 Ezequiel 30–32; 1 Pedro 4
- ❒ 28 Ezequiel 33–34; 1 Pedro 5
- ❒ 29 Ezequiel 35–36; 2 Pedro 1
- ❒ 30 Ezequiel 37–39; 2 Pedro 2

Diciembre

- ❒ 1 Ezequiel 40–41; 2 Pedro 3
- ❒ 2 Ezequiel 42–44; 1 Juan 1
- ❒ 3 Ezequiel 45–46; 1 Juan 2
- ❒ 4 Ezequiel 47–48; 1 Juan 3
- ❒ 5 Daniel 1–2; 1 Juan 4
- ❒ 6 Daniel 3–4; 1 Juan 5
- ❒ 7 Daniel 5–7; 2 Juan
- ❒ 8 Daniel 8–10; 3 Juan
- ❒ 9 Daniel 11–12; Judas
- ❒ 10 Oseas 1–4; Apocalipsis 1
- ❒ 11 Oseas 5–8; Apocalipsis 2
- ❒ 12 Oseas 9–11; Apocalipsis 3
- ❒ 13 Oseas 12–14; Apocalipsis 4
- ❒ 14 Joel 1–3; Apocalipsis 5
- ❒ 15 Amós 1–3; Apocalipsis 6
- ❒ 16 Amós 4–6; Apocalipsis 7
- ❒ 17 Amós 7–9; Apocalipsis 8
- ❒ 18 Abdías; Apocalipsis 9
- ❒ 19 Jonás 1–4; Apocalipsis 10
- ❒ 20 Miqueas 1–3; Apocalipsis 11
- ❒ 21 Miqueas 4–5; Apocalipsis 12
- ❒ 22 Miqueas 6–7; Apocalipsis 13
- ❒ 23 Nahum 1–3; Apocalipsis 14
- ❒ 24 Habacuc 1–3; Apocalipsis 15
- ❒ 25 Sofonías 1–3; Apocalipsis 16
- ❒ 26 Hageo1–2; Apocalipsis 17
- ❒ 27 Zacarías 1–4; Apocalipsis 18
- ❒ 28 Zacarías 5–8; Apocalipsis 19
- ❒ 29 Zacarías 9–12; Apocalipsis 20
- ❒ 30 Zacarías 13–14; Apocalipsis 21
- ❒ 31 Malaquías 1–4; Apocalipsis 22

1 de enero

Lo viejo y lo nuevo

Lectura:
Gálatas 5:16-23

De modo que si alguno está en Cristo, nueva criatura es; las cosas viejas pasaron… (2 Corintios 5:17).

Los buenos propósitos de enero son perder peso, hacer más ejercicio, pasar menos tiempo trabajando y más tiempo con la familia… tal vez, incluso, dejar de conversar por el teléfono mientras se está conduciendo.

Es lógico que queramos cambiar las cosas en nuestra vida que nos hacen infelices, aun cuando la mayoría de los buenos propósitos para el año nuevo no duren más de tres semanas.

¿Qué pasaría si pudieras preguntarle a Dios qué quiere que cambies, mejores o comiences a hacer este año? Quizá, te diría que:

1. Muestres más del fruto del Espíritu en tu vida, el cual es «amor, gozo, paz, paciencia, benignidad, bondad, fe, mansedumbre, templanza» (Gálatas 5:22-23).
2. «[Ames] a [tus] enemigos, [bendigas] a los que [te] maldicen, [hagas] bien a los que [te] aborrecen, y [ores] por los que [te] persiguen» (Mateo 5:44).
3. «[Vayas] por todo el mundo y [prediques] el evangelio a toda criatura» (Marcos 16:15).
4. Estés contenta «con lo que [tienes] ahora» (Hebreos 13:5).
5. Andes «según sus mandamientos» (2 Juan 1:6).

Como creyentes y nueva creación, podemos ser libres de antiguos patrones y fracasos. Debemos pedirle a Dios que nos ayude a vivir cada día en el poder del Espíritu Santo. Luego, podemos desechar lo viejo y adoptar lo nuevo (2 Corintios 5:17). *CHK*

Es más fácil mantener nuestros buenos propósitos cuando confiamos en Dios.

2 de enero

Perder para encontrar

Lectura:
Mateo 10:37-42

... el que pierde su vida
por causa de mí, la hallará (MATEO 10:39).

Cuando me casé con mi novio inglés y me mudé a Gran Bretaña, pensé que sería una aventura de solo cinco años en una tierra extraña. Nunca soñé seguir viviendo aquí casi 20 años después ni que, a veces, sentiría que había perdido todo al despedirme de mi familia y amigos, de mi trabajo y de todo lo conocido. Pero, al perder mi vida anterior, encontré una mejor.

El regalo invertido de encontrar la vida cuando la perdemos es lo que Jesús les prometió a sus discípulos. Cuando envió a los doce a predicar el evangelio, les pidió que lo amaran más que a sus padres y a sus hijos (Mateo 10:37). El Señor pronunció esas palabras en una cultura donde las familias eran el fundamento de la sociedad y altamente valoradas. No obstante, prometió que, si perdían su vida por Él, la encontrarían (v. 39).

No tenemos que mudarnos a otro país para hallarnos en Cristo. Mediante el servicio y la consagración —como sucedió con los discípulos al ir a compartir la buena noticia de la salvación en Cristo—, recibimos más de lo que damos, ya que el Señor derrama su amor abundantemente sobre nosotros. Sin duda, Él nos ama sin importar cuánto lo sirvamos; pero, cuando nos entregamos por el bienestar de otros, encontramos satisfacción, propósito y plenitud. *ABP*

Señor, te amo y te entrego mi vida para servir a los demás.

Toda pérdida deja un espacio
que puede llenarse con la presencia de Dios.

3 de enero

Percepción y realidad

Lectura:
2 Reyes 6:8-17

... No tengas miedo, porque más son los que están con nosotros que los que están con ellos (2 Reyes 6:16).

Don es un *border collie* que vive en una granja del sur de Escocia. Una mañana, salió con Tomás, su dueño, para ver unos animales, y fueron en una pequeña camioneta. Cuando llegaron, Tomás salió del vehículo, pero se olvidó de accionar el freno de mano. Con Don en el asiento del conductor, la camioneta bajó por una colina y cruzó una carretera... hasta que se detuvo. Para los conductores, parecía que el perro había salido a pasear en el auto. En realidad, las cosas no siempre son lo que parecen.

Al parecer, Eliseo y su siervo iban a ser capturados y llevados ante el rey de Siria. El ejército enemigo había rodeado la ciudad. El siervo pensó que no tendrían salida, pero Eliseo afirmó: «No tengas miedo, porque más son los que están con nosotros que los que están con ellos» (2 Reyes 6:16). Cuando Eliseo oró, el que lo servía pudo ver una multitud de ejércitos sobrenaturales que estaban a su alrededor para protegerlos.

Las situaciones que parecen desesperantes no siempre son como las percibimos. Cuando nos sintamos abrumadas y superadas en número, podemos recordar que Dios está de nuestro lado. Él manda a sus ángeles para que nos rodeen y nos protejan en todos nuestros caminos (Salmo 91:11). *JBS*

Padre, gracias por protegernos cuando todo parece estar en nuestra contra.

Todo es mejor de lo que parece al recordar que Dios está de nuestro lado.

4 de enero

Receta para el éxito

Lectura:
Josué 1:1-9

Recita siempre el libro de la ley y medita en él de día y de noche […]. Así prosperarás y tendrás éxito (Josué 1:8 NVI).

Narices fruncidas y caras de asco… A veces, así reacciona mi familia ante la comida que preparo; en especial, cuando estoy probando algo nuevo en la cocina. Hace poco, me salieron muy bien unos fideos con salsa de queso. Anoté los ingredientes y guardé la receta para el futuro. Sin esas instrucciones, sabía que la próxima tanda sería un fracaso.

Sin las instrucciones de Dios, Josué habría fracasado al guiar a los israelitas a entrar en la tierra prometida. El primer paso era esforzarse y ser valiente (Josué 1:6). Luego, tenía que meditar constantemente en el libro de la ley. Y, por último, debía hacer todo lo que ese libro decía. Si Josué seguía las instrucciones, Dios le prometió que tendría «éxito» (v. 8).

La «receta para el éxito» de Dios puede funcionar también para nosotras. Sin embargo, su idea del éxito tiene poco que ver con el dinero, la popularidad o incluso la buena salud. En el texto original hebreo, «y tendrás éxito» significa «actuarás con sabiduría». Dios desea que andemos «con diligencia […], no como necios sino como sabios» (Efesios 5:15).

Si somos valientes en el Señor, disfrutamos de su Palabra y lo obedecemos, tenemos una receta para el éxito espiritual mejor que cualquier otra cosa que elaboremos por nuestra cuenta. *JBS*

Señor, quiero seguir tu receta al pie de la letra.

Obedecer la Palabra de Dios es la receta para el éxito espiritual.

5 de enero

No se olvida de mí

Lectura:
Salmo 13

Nuestra alma espera al Señor;
nuestra ayuda y nuestro escudo es él (Salmo 33:20).

Esperar siempre es difícil; pero, cuando pasan meses sin que nuestras oraciones parezcan tener respuesta, es fácil creer que Dios se ha olvidado de nosotros. Quizá podamos enfrentar el día mediante distracciones, pero, durante la noche, cuesta el doble luchar contra nuestras ansiedades. Las preocupaciones parecen inmensas y las horas de oscuridad, interminables.

El salmista se angustiaba con la espera (Salmo 13:1). Se sentía abandonado, como si sus enemigos estuvieran triunfando (v. 2). Es fácil desanimarse cuando esperamos que Dios resuelva una situación difícil o responda una oración que repetimos hasta el cansancio.

Satanás susurra que el Señor nos ha abandonado y que nada cambiará. Tal vez seamos tentadas a caer en la desesperación. ¿Para qué molestarnos en leer la Biblia u orar? ¿Para qué esforzarnos para adorar? Sin embargo, en la espera, necesitamos más que nunca nuestros salvavidas espirituales, ya que estos nos mantienen aferrados al amor de Dios y nos vuelven sensibles a su Espíritu.

El salmista tenía un remedio: se centraba en todo lo que sabía sobre el amor de Dios, evocaba las bendiciones del pasado y alababa deliberadamente al Señor, quien no se olvidaría de él. Nosotras podemos hacer lo mismo. *MS*

Padre, gracias por escucharme siempre y no olvidarte de mí.
Ayúdame a esperar en ti.

Vale la pena esperar a Dios;
su tiempo siempre es el mejor.

6 de enero

Escuchar a Dios

Lectura:
Génesis 3:8-17

Mas el Señor Dios llamó al hombre, y le dijo: ¿Dónde estás tú? (GÉNESIS 3:9).

A mi hijo le encanta escucharme hablar, excepto cuando lo llamo con firmeza y en voz alta, y pregunto: «¿Dónde estás?». En esos casos, por lo general, lo estoy llamando porque se metió en algún lío y está tratando de esconderse. En realidad, mi intención es que mi hijo escuche mi voz porque me preocupo por su bienestar y no quiero que se haga daño.

Adán y Eva estaban acostumbrados a escuchar la voz de Dios en el huerto de Edén. Sin embargo, después de desobedecerlo al comer del fruto prohibido, se escondieron; pero oyeron que Él llamaba: «¿Dónde estás tú?» (Génesis 3:9). No querían enfrentarse a Dios porque sabían que habían hecho algo malo; algo que Él les había dicho que no hicieran (v. 11).

Cuando Dios llamó a Adán y Eva y los encontró en el huerto, sin duda, sus palabras incluían una disciplina y sus consecuencias (vv. 13-19). No obstante, Él también les mostró su bondad y dio esperanza a la humanidad al prometerles un Salvador (v. 15).

Dios no necesita buscarnos, ya que sabe dónde estamos y qué intentamos hacer. Pero, como un Padre amoroso, quiere hablarnos al corazón y brindarnos perdón y restauración. El Señor anhela que oigamos su voz… y que escuchemos. KOH

Dios amado, quiero aprender a escucharte y a responder a tu voz. Gracias porque siempre quieres lo mejor para mí.

Cuando Dios llama, debemos contestar.

7 de enero

Canaletas y ventanas

Lectura:
Mateo 23:23-31

... este mandamiento es el amor nacido de corazón limpio, [...], y de fe no fingida (1 TIMOTEO 1:5).

Mientras paseábamos en auto con la familia, un cartel blanco con letras rojas captó mi atención: «Canaletas y ventanas; trabajo de calidad garantizado». El letrero era perfecto, pero temí que la casa y el granero que estaban justo detrás se derrumbasen en cualquier momento. ¡Estaban en un estado deplorable!

Muchos de nosotros «anunciamos» a Jesús, pero nuestra casa espiritual está destruida. Tal vez asistamos a la iglesia, hablemos la jerga cristiana y seamos amables con los demás, pero, cuando nuestra conducta no es coherente con lo que tenemos en el corazón, tenemos tan solo una apariencia de religiosidad. Cuando Jesús confrontó a los fariseos, dijo: «Así también vosotros por fuera, a la verdad, os mostráis justos a los hombres, pero por dentro estáis llenos de hipocresía e iniquidad» (Mateo 23:28).

El Señor tenía para sus seguidores un mensaje diferente, pero igualmente directo: «... no seáis [...] como los hipócritas» (6:16). La Biblia nos insta a amar «... de corazón limpio, [...] y de fe no fingida» (1 Timoteo 1:5). Estas actitudes internas deberían irradiar a través de nuestras palabras y acciones (Lucas 6:45).

Considera el estado de tu casa espiritual. Si las personas miraran más allá del hermoso aspecto externo, ¿descubrirían un corazón auténtico? *JBS*

Señor, examina mi corazón y hazme íntegra.

Dios desea que nuestras acciones sean el reflejo de un corazón puro.

8 de enero

Ojo mágico

Lectura:
Hebreos 11:1-10

... Dios [...] es galardonador
de los que le buscan (v. 6).

Mi sobrino llevó un libro con imágenes del Ojo Mágico a una reunión familiar. Estas parecen ser modelos comunes en dos dimensiones, pero, cuando se miran desde cierta distancia, la superficie plana se torna tridimensional.

Nos turnamos tratando de ejercitar la vista para que apareciera la imagen en 3D, pero a un miembro de la familia le costaba ver la tercera dimensión. Varias veces, observé que tenía el libro abierto y que lo miraba desde todas las distancias y direcciones posibles, pero, aunque no podía ver la imagen escondida, estaba convencido de que se encontraba allí porque otros la habían visto.

Su perseverancia me hizo pensar en la importancia de tener la misma tenacidad en los asuntos de la fe. El peligro de los que dudan es que dejan de mirar a Dios porque creen que es imposible encontrarlo. Moisés les advirtió a los israelitas que las generaciones futuras se alejarían del Señor. No obstante, prometió que aquellos que lo buscaran con todo el corazón y el alma lo hallarían (Deuteronomio 4:29). El libro de Hebreos confirma que Dios recompensa a aquellos que lo buscan diligentemente (11:6).

Si estás luchando para creer, recuerda esto: el solo hecho de que tú no veas a Dios no significa que no exista. Él promete que todos los que lo buscan lo encontrarán. *JAL*

Señor, ayúdame a buscarte con diligencia.

Como Dios es grande, será buscado;
como es bueno, será hallado.

9 de enero

Sin público

Lectura:
Mateo 6:1-7

Guardaos de hacer vuestra justicia delante de los hombres, para ser vistos de ellos… (v. 1).

Una noche de invierno, el programa anunciaba que el compositor Juan Sebastián Bach interpretaría una obra nueva escrita por él. Llegó a la iglesia pensando que estaría repleta, pero se enteró de que no había ido nadie. Sin dudar un instante, Bach les dijo a sus músicos que harían la presentación tal como habían planeado. Todos se ubicaron en sus lugares, Bach tomó la batuta y, de inmediato, la magnífica música llenó todo el edificio.

Esta historia me hizo reflexionar: ¿escribiría yo si Dios fuera mi único público? ¿En qué cambiarían mis escritos?

A menudo, a los nuevos escritores se les aconseja que visualicen una persona a la cual están escribiéndole, para mantenerse enfocados. Yo lo hago cuando escribo devocionales: trato de mantener en mente a los lectores porque deseo expresar algo que ellos quieran leer y que los ayude en su travesía espiritual.

Dudo de que David, el «escritor de devocionales» cuyos salmos leemos en busca de consuelo y aliento, tuviera en mente a los «lectores». Al único al que apuntaba era a Dios.

Ya sea que nuestras «justicias», mencionadas en Mateo 6, sean obras de arte o acciones serviciales, debemos mantenernos enfocadas en que son algo entre nosotras y Dios. No importa si los demás las ven o no. Él es nuestro público. JAL

Padre, que en todo lo que haga, solo busque agradarte a ti.

Sirvamos teniendo como público a una sola Persona.

10 de enero

Sin apetito

Lectura:
Nehemías 8:1-12

Desead, como niños recién nacidos, la leche espiritual no adulterada, para que por ella crezcáis para salvación (1 PEDRO 2:2).

Hace poco, estaba padeciendo un terrible resfriado y perdí el apetito. Podía pasar todo el día casi sin comer. Me bastaba con beber agua, pero sabía que no podría sobrevivir mucho tiempo así. Tenía que recuperar el apetito porque mi cuerpo necesitaba alimentarse.

Cuando los israelitas volvieron del exilio en Babilonia, su apetito espiritual estaba debilitado, ya que se habían alejado de Dios y sus caminos. Para que la gente recuperara la salud espiritual, Nehemías organizó un seminario bíblico, y Esdras fue el maestro.

Esdras leyó del libro de la ley de Moisés desde el amanecer hasta el mediodía, para alimentar al pueblo con la verdad de Dios (Nehemías 8:3). Su apetito por la Palabra de Dios se despertó de tal manera que los jefes de familia, los sacerdotes y los levitas se reunieron al día siguiente con Esdras para estudiar la ley de manera más detallada, porque querían entenderla mejor (v. 13).

Cuando nos sentimos espiritualmente débiles, podemos hallar alimento espiritual en su Palabra. «Desead, como niños recién nacidos, la leche espiritual no adulterada, para que por ella crezcáis para salvación» (1 Pedro 2:2). Pídele al Señor que renueve tu deseo de tener comunión con Él, y empieza a alimentar tu corazón, alma y mente en su Palabra. *PFC*

Señor, anhelo alimentarme de tu Palabra.

Al alimentarnos de la Palabra de Dios, nos mantenemos fuertes y saludables en Él.

11 de enero

Entender el costo

Lectura:
1 Pedro 1:17-21

Porque habéis sido comprados por precio…
(1 Corintios 6:20).

Hace poco, le regalamos a nuestro hijo de dos años un par de botas nuevas. Estaba tan contento que no se las sacó hasta la hora de dormir. Pero, al día siguiente, se olvidó por completo de ellas y se puso sus zapatillas viejas. Mi esposo dijo: «Ojalá supiera cuánto cuestan las cosas».

Las botas eran caras, pero un niño pequeño no entiende nada sobre las horas de trabajo, los salarios y los impuestos. Un chico recibe los regalos de buena gana, pero sabemos que no se puede esperar que aprecie plenamente el sacrificio que hacen sus padres para darle cosas nuevas.

A veces, me comporto como una niña. Con brazos abiertos, recibo los regalos de Dios y sus infinitas misericordias, pero, ¿soy agradecida? ¿Considero el precio que se pagó para que yo pueda vivir una vida plena?

El costo fue muy alto… más que «cosas corruptibles, como oro o plata». Como leemos en 1 Pedro, se requirió «la sangre preciosa de Cristo, como de un cordero sin mancha y sin contaminación» (1:18-19). Jesús dio su vida, un alto precio que pagar, para transformarnos en parte de su familia. Y Dios lo levantó de los muertos (v. 21).

Cuando entendemos el costo de nuestra salvación, aprendemos a ser verdaderamente agradecidos. *KOH*

Padre, quiero tener un corazón agradecido
y no olvidar jamás todo lo que has hecho por mí.

La salvación es infinitamente costosa,
pero absolutamente gratuita.

12 de enero

Valles de bendición

Lectura:
2 Crónicas 20:1, 13-22

Si mal viniere sobre nosotros, […] clamaremos a ti, y tú nos oirás y salvarás (2 Crónicas 20:9).

El artista francés Henri Matisse sentía que su labor de los últimos años de su vida lo representaba mejor. En ese tiempo, ensayó un nuevo estilo, creando pinturas coloridas y de gran tamaño hechas con papel en vez de pintura. Luego, decoró las paredes de su habitación con esas imágenes relucientes. Para él, fue importante porque le habían diagnosticado cáncer y solía estar confinado en su cama.

Enfermarse, perder el empleo o atravesar situaciones angustiosas son ejemplos de lo que algunos denominan «estar en el valle», donde los temores empañan todo lo demás. El pueblo de Judá experimentó algo así cuando supo que se acercaba un ejército (2 Crónicas 20:2-3). Su rey oró: «Si mal viniere sobre nosotros, […] clamaremos a ti, y tú nos oirás y salvarás» (v. 9). Y Dios respondió: «salid mañana contra ellos, porque el Señor estará con vosotros» (v. 17).

Cuando el ejército de Judá llegó al campo de batalla, sus enemigos ya se habían matado entre ellos. El pueblo de Dios pasó tres días recogiendo las armas, la ropa y las cosas de valor abandonadas. Antes de marcharse, se reunieron para alabar a Dios y llamaron aquel lugar el valle de «Beraca», que significa «bendición».

El Señor puede convertir los pozos de nuestra vida en bendiciones. *JBS*

Señor, gracias por bendecirme
a través de las pruebas.

Dios es experto en convertir las cargas en bendiciones.

13 de enero

Perfectamente aptos

Lectura:
Efesios 2:1-10

… los que creen en Dios procuren ocuparse en buenas obras… (Tito 3:8).

«¿Qué habilidades tiene usted?» Esta pregunta, formulada a un amigo mío en una entrevista laboral, buscaba determinar si él encajaría en un determinado puesto. De inmediato, pensó en sus capacidades y talentos, con la esperanza de enfatizar sus cualidades que podrían contribuir al éxito de la compañía.

¿Qué pasaría si ya tuviéramos el conjunto de habilidades requerido para llevar a cabo lo que Dios quiere que hagamos? Bueno, en realidad… ¡lo tenemos! Los dones espirituales que poseemos, sumados a nuestras experiencias, capacitación, talento y un corazón sumiso configuran a un individuo único que tiene las habilidades necesarias para las «buenas obras» que el Señor «preparó de antemano» (Efesios 2:10). Si Dios quiere hacer algo a través de ti, te proporcionará lo necesario para que completes la tarea. Una traducción de este texto dice: «Él nos creó de nuevo en Cristo Jesús, a fin de que hagamos las cosas buenas que preparó para nosotros tiempo atrás» (Efesios 2:10 NTV). Lo único que el Señor requiere de cada uno es que «sea hallado fiel» (1 Corintios 4:2).

¿Has hallado un lugar en el servicio de Dios donde Él pueda utilizarte? Hagamos «bien» y seamos «ricos en buenas obras» (1 Timoteo 6:18). *CHK*

Dios amado, quiero usar mis habilidades y talentos para tu gloria, como tú me indiques.

Los dones espirituales son para usarlos, no para admirarlos.

14 de enero

La búsqueda

Lectura:
Proverbios 2:1-9

Si como a la plata [buscares sabiduría],
y la escudriñares como a tesoros… (PROVERBIOS 2:4).

Cuando mi esposo Carl quería formalizar el noviazgo conmigo, se lo tomó realmente en serio. Llamaba, escribía notas, hacía preguntas profundas, me compraba flores, dulces, libros, otros regalos y me invitaba a cenar. Dedicaba mucho tiempo y esfuerzo a conquistarme.

Hace mucho, en el siglo x a.C., Salomón ya había recomendado practicar esta clase de ardua dedicación al procurar otra cosa: sabiduría. Una definición del diccionario sobre esta palabra es «entender lo que es verdadero, correcto y duradero», lo cual suena crucial si deseamos tener una vida que glorifique a nuestro santo Dios.

Quizá, por esta razón, Salomón usó en Proverbios 2 tantos verbos que requieren acción para describir los esfuerzos que debemos hacer a fin de obtener sabiduría. Dijo: «haciendo estar atento tu oído», «si inclinares tu corazón», «si clamares», si «dieres tu voz», «si […] buscares» y «escudriñares» (vv. 2-4).

Buscar la sabiduría exige esfuerzo, y las Escrituras nos dicen dónde podemos encontrarla: «Porque el Señor da la sabiduría, y de su boca viene el conocimiento y la inteligencia». Dios no está almacenando sabiduría para sí mismo, sino que «Él provee de sana sabiduría a los rectos» (vv. 6-7).

Busca al Señor de todo corazón. Él es la fuente de toda sabiduría para tu vida. *AMC*

Padre, enriquéceme con tu sabiduría.

Puedes adquirir mucho conocimiento,
pero la sabiduría verdadera solo viene de Dios.

15 de enero

Pacto con mis ojos

Lectura:
Job 31:1-4

Hice pacto
con mis ojos... (Job 31:1).

Un amigo nuestro es experto en informática. Una noche, cuando nuestra familia fue de visita a su casa, observé un versículo bíblico pegado en el monitor de su computadora: «Hice pacto con mis ojos...» (Job 31:1). Sin duda, entendía el peligro de pasar horas delante de un ordenador con fácil acceso a imágenes indecentes.

El recordatorio de nuestro amigo es una cita de Job, y sigue así: «¿Cómo, pues, había yo de mirar a una virgen?». Job se había comprometido a mantenerse alejado de la lujuria. Al reflexionar en esa promesa, dijo: «¿No ve [Dios] mis caminos, y cuenta todos mis pasos?» (v. 4). La Biblia nos asegura que lo hace (Hebreos 4:13) y que somos responsables delante de Él. Por esta razón, los creyentes deben apartarse «de fornicación» (1 Tesalonicenses 4:3). Aunque algunos desean debatir sobre cuáles son los límites de la inmoralidad, la Biblia dice: «... cualquiera que mira a una mujer para codiciarla, ya adulteró con ella en su corazón» (Mateo 5:28).

Si has hecho un pacto con tus ojos, considera cómo pueden las Escrituras ayudarte a cumplir tu promesa. Pega un versículo en el monitor de tu computadora, en el televisor o en el tablero del auto, y recuerda: «... no nos ha llamado Dios a inmundicia», sino a santidad (1 Tesalonicenses 4:7). *JBS*

Señor, renuevo el pacto con mis ojos.
Quiero ser santa para ti.

Una mirada que se prolonga
puede generar pasiones descontroladas.

16 de enero

El tarro de gratitud

Lectura:
Salmo 23

Ciertamente el bien y la misericordia me seguirán todos los días de mi vida… (Salmo 23:6).

Susi quería madurar espiritualmente y ser más agradecida; entonces, empezó lo que llamó «el tarro de gratitud». Cada noche, escribía algo por lo que estaba agradecida a Dios y lo ponía en el tarro. A veces, tenía muchos motivos para alabar, pero en jornadas difíciles, luchaba por encontrar alguno. A fin de año, vació el tarro y leyó todas las notas. De pronto, vio que estaba dando gracias a Dios por todo lo que Él había hecho; cosas sencillas, como un hermoso atardecer o una noche fresca para salir a caminar, y otras situaciones en que había provisto su gracia para enfrentar una dificultad o había contestado una oración.

Su descubrimiento me recuerda la experiencia del salmista David (Salmo 23). Dios lo renovó en «delicados pastos" y «aguas de reposo» (vv. 2-3); lo guió, protegió y consoló (vv. 3-4). Entonces, concluyó: «Ciertamente el bien y la misericordia me seguirán todos los días de mi vida» (v. 6).

Este año, voy a hacer un tarro de gratitud. Quizá te gustaría hacer lo mismo. Estoy segura de que tendremos muchas razones para dar gracias a Dios: los amigos y los familiares que nos regala, y su provisión para nuestras necesidades físicas, espirituales y emocionales. Veremos que el bien y la misericordia del Señor nos siguen todos los días. *AMC*

Padre, gracias por todas tus bendiciones.

Cuando pienses en todo lo bueno, da gracias a Dios.

17 de enero

Causa verdadera

Lectura:
Job 2

…¿Recibiremos de Dios el bien,
y el mal no lo recibiremos?… (JOB 2:10).

Un día, mi hijito exclamó: «¡Mamá, te amo!». Sentí curiosidad por saber qué incentiva a un niño de tres años; entonces, le pregunté por qué me amaba. Contestó: «Porque juegas conmigo a los autitos de juguete». Cuando quise saber si había alguna otra razón, dijo: «No. Eso solo». Su respuesta me hizo sonreír, pero también me indujo a pensar en cómo nos relacionamos con Dios. ¿Lo amo y confío en Él por las cosas que hace por mí? ¿Qué pasa cuando desaparecen las bendiciones?

Job tuvo que contestar estas preguntas cuando las catástrofes le arrebataron a sus hijos y destruyeron todos sus bienes. Su esposa le aconsejó: «Maldice a Dios, y muérete» (2:9). En cambio, él preguntó: «¿Recibiremos de Dios el bien, y el mal no lo recibiremos?» (v. 10). Sí, Job enfrentó una lucha después de su tragedia: se enojó con sus amigos y cuestionó al Todopoderoso. Pero, de todos modos, juró: «… aunque él me matare, en él esperaré» (13:15).

El amor de Job hacia su Padre celestial no dependía de una solución apropiada para sus problemas, sino que amaba a Dios y confiaba en el Señor por todo lo que Él es. Dijo: «Él es sabio de corazón, y poderoso en fuerzas» (9:4).

Nuestro amor a Dios no debe basarse solamente en sus bendiciones, sino en lo que Él es. *JBS*

Padre, te amo por lo que eres y por lo que has hecho por mí.

Enfocarnos en el carácter de Dios nos ayuda a quitar la vista de las circunstancias.

18 de enero

Quiero ojos azules

Lectura:
Mateo 16:24-28

… todo el que pierda su vida por causa de mí, la hallará (Mateo 16:25).

Cuando era niña, Amy Carmichael deseaba tener ojos azules en vez de marrones. Incluso oró para que Dios le cambiara el color de ojos, y se decepcionó cuando eso no ocurrió. Al cumplir 20 años, Amy sintió que el Señor la llamaba a servirlo como misionera. Después de trabajar en varios lugares, se dirigió a la India. Allí, se dio cuenta de lo sabio que era Dios al haberla hecho como era. Si sus ojos hubiesen sido azules, probablemente le habría resultado más difícil ser aceptada por personas de ojos marrones. Ella sirvió a Dios en la India durante 55 años.

En realidad, no tenemos la certeza de que Amy haya sido aceptada más fácilmente por el color de sus ojos. Sin embargo, sí sabemos y creemos que el Señor «nos hizo, y no nosotros a nosotros mismos» (Salmo 100:3). Cuando nos sometemos a su sabiduría en todo, podemos servirlo de manera eficaz.

Amy sabía lo que significaba la sumisión. Cuando le preguntaron sobre la vida en la obra misionera, respondió: «La vida del misionero es simplemente arriesgarse a morir». Jesús dijo: «El que quiera salvar su vida, la perderá; y todo el que pierda su vida por causa de mí, la hallará» (Mateo 16:25).

Esto también describe la vida cristiana consagrada: entrega total a los planes y la voluntad de Dios para nosotras. Sometámonos hoy a Él. *AMC*

Jesús, quiero dedicar mi vida a ti.

Nuestras vidas están más seguras que nunca cuando las dejamos en manos de Dios.

19 de enero

Gracias, Dios, por la música

Lectura:
2 Crónicas 5:7-14

Cuando sonaban, pues, las trompetas, [...] la gloria de Señor había llenado la casa de Dios (2 CRÓNICAS 5:13-14).

La música juega un gran papel en la Biblia. Desde Génesis hasta Apocalipsis, Dios prepara a músicos para que trabajen para Él. Utiliza la música para convocar al pueblo a adorar y para enviarlo a la guerra, para suavizar las emociones descontroladas e incentivar la pasión espiritual, para celebrar victorias y condolerse ante las pérdidas. La música es una forma de arte completa y para todas las ocasiones. Hay seguidores y líderes, canciones sencillas y complicadas, instrumentos fáciles y difíciles de ejecutar, melodías y armonías, ritmos rápidos y lentos, notas agudas y graves.

La música es una metáfora maravillosa de la iglesia porque todos participan haciendo lo mejor que saben hacer. Todos cantamos o tocamos notas distintas en momentos diferentes, pero interpretamos la misma canción. Cuanto mejor conocemos nuestra parte y mejor seguimos al director, más hermosa es la música.

Uno de los mejores usos de la música es la alabanza. Cuando el templo de Salomón terminó de construirse, los músicos alabaron a Dios y le agradecieron. Mientras lo hacían, «la gloria del Señor [llenó] la casa de Dios» (2 Crónicas 5:14).

La música hermosa es un anticipo del cielo, donde la gloria de Dios morará para siempre y la alabanza a Él nunca cesará. *JAL*

Gracias, Señor, por la música que nos permite vislumbrar la gloria celestial.

Los que alaban a Dios en la tierra se sentirán como en casa en el cielo.

20 de enero

El juego de la culpa

Lectura:
Génesis 16:1-6; 21:8-13

...Mi afrenta sea sobre ti; [...]
juzgue el Señor entre tú y yo (Génesis 16:5).

Cuando su esposo la dejó por otra mujer, Julia juró que nunca conocería a su nueva esposa. Pero, cuando se dio cuenta de que su amargura perjudicaba la relación de sus hijos con el padre, le pidió al Señor que la ayudara a superar ese sentimiento.

En Génesis 16, leemos la historia de una pareja a quien Dios le prometió un bebé. Cuando Sara le sugirió a Abram que tuviera un hijo con su sierva Agar, estaba perdiendo su confianza en que el Señor cumpliera su promesa. Cuando nació el bebé, Agar despreció a Sara (Génesis 16:3-4) y esta se llenó de amargura (vv. 5-6).

¿Cómo reaccionó Sara? Culpó a los demás, incluso a Abram (v. 5). Años después, la promesa de Dios se cumplió con el nacimiento de Isaac. La actitud de Sara también arruinó la celebración de su destete (21:8-10).

Probablemente, a Sara nunca le fue fácil vivir con las consecuencias de decidir adelantarse al Señor. Cambiar su actitud tal vez hubiese requerido un milagro de la gracia, pero eso habría transformado todo. No podía volver atrás; pero, con el poder del Señor, podría haber vivido la situación de manera distinta y glorificado a Dios.

Señor, gracias porque, aunque las situaciones no cambien, tu gracia es suficiente para cambiarnos a nosotros. *MS*

Señor, ayúdame a enfrentar con gracia
las situaciones que no puedo cambiar.

Por la gracia de Dios, podemos
reflejar su luz en los momentos oscuros.

21 de enero

Porque Él es bueno

Lectura:
Salmo 100

Alabad al Señor, porque él es bueno…
(Salmo 136:1).

Joel y Laura decidieron mudarse de estado y regresar a su lugar de origen. Para llevarse un recuerdo especial, compraron café en su cafetería favorita y se detuvieron en su librería predilecta. Allí compraron dos adhesivos para el parachoques del auto, que tenían la frase favorita de la ciudad de la que se despedían: «Nada como un día en Edmonds».

Después de dos semanas y 4.800 kilómetros de viaje, llegaron a Michigan. Con hambre y deseosos de celebrar la llegada, se detuvieron en un restaurante. Ema, la camarera, emocionada al saber que venían del estado donde ella había nacido, preguntó: «¿De qué ciudad?». «De Edmonds», contestaron ellos. «¡Yo soy de ahí!», exclamó la joven. Joel quiso compartir la alegría con ella, y le regaló uno de los dos adhesivos que tenía. Asombrosamente, ¡era de la tienda de la madre de la muchacha! Había pasado de las manos de su mamá a la de ellos, y, después de 4.800 kilómetros, a las de ella.

¿Una mera casualidad? ¿O esas experiencias fueron dádivas de un Dios bondadoso a quien le encanta alentar a sus criaturas? Proverbios nos dice: «Por el Señor son ordenados los pasos del hombre» (20:24 LBLA). En respuesta a esto, bendigamos «su nombre; porque el Señor es bueno» (Salmo 100:4-5). *AMC*

Dios amado, gracias por los regalos
que recibimos de tu mano a diario.

Todo buen regalo viene del Padre.

22 de enero

Propuesta de matrimonio

Lectura:
Filipenses 2:1-11

[Jesús] se humilló a sí mismo, haciéndose obediente hasta la muerte, y muerte de cruz (FILIPENSES 2:8).

Cuando estudiaba en la universidad, oí muchísimas historias de compromisos. Mis amigas hablaban de restaurantes glamorosos, atardeceres en la montaña y paseos en carruajes. También recuerdo sobre un muchacho que simplemente le lavó los pies a su novia. Su «modesta propuesta de matrimonio» demostró que entendía que la humildad es vital en un compromiso para toda la vida.

El apóstol Pablo también comprendía el significado de la humildad y su eficacia para mantenernos unidos. Pablo instó a resistir los impulsos de «primero yo»: «Nada hagáis por contienda o por vanagloria…» (Filipenses 2:3). En cambio, deberíamos valorar a nuestros cónyuges más que a nosotras mismas, y ocuparnos de complacerlos.

La humildad en acción significa servir al cónyuge, y ningún servicio es demasiado pequeño ni demasiado grande. Después de todo, Jesucristo «… se humilló a sí mismo, […] hasta la muerte, y muerte de cruz» (v. 8). Su generosidad manifestó su amor hacia nosotros.

¿Qué puedes hacer hoy para servir con humildad a la persona que amas? Quizá sea algo tan sencillo como modificar el menú o tan difícil como cuidarlo durante una larga enfermedad. Sea lo que sea, priorizar las necesidades del cónyuge confirma el compromiso mutuo que practica una humildad como la de Cristo. *JBS*

Padre, quiero glorificarte
al honrar a mi cónyuge.

Si piensas que se puede amar demasiado,
quizá no hayas amado lo suficiente.

23 de enero

Te veo

Lectura:
Génesis 16:1-13

… ¿No he visto también aquí al que me ve? (Génesis 16:13).

«Te veo», dijo una amiga en un grupo en línea de escritores en el que nos respaldamos y animamos unos a otros. Como me sentía estresada y ansiosa, sus palabras me infundieron una sensación de paz y bienestar. Ella me «veía» —con mis esperanzas, temores, luchas y sueños— y me amaba.

Cuando escuché la sencilla pero poderosa expresión de ánimo de mi amiga, pensé en Agar, una esclava de la familia de Abram. Tras muchos años de esperar ansiosa un heredero, Sarai siguió la costumbre cultural de su época y le dijo a su esposo Abram que tuviera un hijo con Agar. Pero, cuando esta quedó embarazada, comenzó a despreciar a su ama. Sarai, a su vez, maltrató a su sierva, hasta que Agar huyó al desierto.

El Señor vio la angustia de Agar, y la bendijo prometiéndole que tendría muchos descendientes. Después de aquel encuentro, Agar llamó al Señor El Roi, que significa «Dios que me ve» (Génesis 16:13), ya que supo que no estaba sola ni abandonada.

Así como Agar fue vista —y amada—, también lo somos nosotras. Tal vez nos sintamos ignoradas o rechazadas por familiares o amigos, pero sabemos que nuestro Padre no solo ve nuestro aspecto exterior, sino también todos nuestros sentimientos y temores secretos. Él habla palabras que nos vivifican. *ABP*

Señor, gracias por poner tus ojos en mí.

Saber que Dios nos ve nos da consuelo y confianza.

24 de enero

Atajos peligrosos

Lectura:
Mateo 4:1-10

... Escrito está: No sólo de pan vivirá el hombre, sino de toda palabra que sale de la boca de Dios (Mateo 4:4).

Hace poco, cuando hubo elecciones en mi país, una madre necesitada a quien conozco cambió su voto por una bolsa de pañales. «¿Qué pasa con tus convicciones?», le pregunté, desilusionada.

Ella permaneció en silencio. Seis meses después de que ganó su candidato, los impuestos subieron aun más. Ahora todo está más caro... ¡incluso los pañales!

En todos los países del mundo, la corrupción política no es nada nuevo. Tampoco lo es la corrupción espiritual. Satanás intentó tentar a Jesús para que «vendiera» sus convicciones (Mateo 4:1-10). El tentador se le acercó cuando el Señor estaba cansado y hambriento, y le ofreció satisfacción inmediata: pan caliente en segundos, una salvación milagrosa, y los reinos del mundo y su gloria.

Sin embargo, Jesús sabía qué era lo mejor. Era consciente de que los atajos son enemigos peligrosos. Pueden ofrecer un camino libre de sufrimiento, pero, al final, el dolor que producen es peor de lo que podamos imaginar. «Escrito está», declaró Jesús tres veces durante su tentación (vv. 4, 7, 10). Se aferró con firmeza a lo que sabía que era la verdad de Dios y su Palabra.

Cuando somos tentadas, Dios también puede ayudarnos. Podemos depender de Él y de la verdad de su Palabra para ayudarnos a evitar atajos peligrosos. *KOH*

Señor, no quiero tomar atajos. Guíame en tu verdad.

*El camino de Dios no es fácil,
pero lleva a la satisfacción eterna.*

25 de enero

Atraer a los perdidos

Lectura:
2 Corintios 5:12-21

Yo, la luz, he venido al mundo... (Juan 12:46).

A mi amiga Ana, las personas suelen detenerla en la calle para preguntarle cómo llegar a alguna parte. Esto le ha sucedido aun en países donde es extranjera. Ella se pregunta si será porque parece confiable. Yo sugerí que tal vez se deba a que da la impresión de saber hacia dónde se dirige. Otra amiga dijo que quizá sea porque atrae a los perdidos.

Todos estos atributos deberían ser una realidad espiritual en el pueblo de Dios. Como creyentes, tenemos un propósito y una meta, sabemos hacia dónde vamos y cómo llegar allí. Esto nos da confianza mientras seguimos cumpliendo el llamado del Señor para nuestra vida. Cuando los demás perciban esta clase de confianza, los perdidos se nos acercarán para que les indiquemos dónde ir.

Dios siempre ha mantenido una presencia en la tierra para que la gente pueda encontrarlo. Su primera manifestación fue la nación de Israel (Isaías 42:6). Después, Salomón oró para que el gran nombre de Dios atrajera a la gente hacia Él (1 Reyes 8:41-43). La luz de la nación judía alcanzó su clímax con Jesús, «la luz del mundo» (Juan 9:5). Y ahora, los seguidores de Cristo deben ser los que iluminen a la humanidad (Mateo 5:14). Somos responsables de mostrarle a la gente qué debe hacer para reconciliarse con Dios (2 Corintios 5:18). *JAL*

Padre, que pueda guiar a otros a ti.

Para sacar a otros de la oscuridad del pecado, deja que vean tu luz.

26 de enero

Probado y purificado

Lectura:
Job 23:1-12

Mas él conoce mi camino; me probará, y saldré como oro (Job 23:10).

En una entrevista, la cantautora Meredith Andrews contó cómo se había sentido abrumada al intentar equilibrar sus compromisos, su labor creativa, su matrimonio y la maternidad. Declaró: «Sentí que Dios me estaba llevando por una etapa de purificación, casi por un proceso de trituración».

Job estaba abrumado después de perder su ganado, su salud y sus hijos. Y lo peor era que, aunque adoraba a Dios todos los días, sentía que el Señor lo ignoraba. Ante la aparente ausencia de Dios en el panorama de su vida, Job clamaba que no podía verlo ni en el oriente ni el occidente, ni en el norte ni en el sur (Job 23:2-9).

Sin embargo, en medio de su desesperación, su fe recobró vida, como una vela en un cuarto oscuro, y declaró: «[Dios] conoce mi camino; me probará, y saldré como oro» (v. 10).

Los creyentes somos probados y purificados cuando Dios utiliza las dificultades para quitar nuestra autosuficiencia, orgullo y sabiduría terrenal. Aunque parezca que el Señor permanece en silencio durante este proceso y que no contesta nuestros ruegos, quizá esté dándonos una oportunidad de fortalecer nuestra fe.

El dolor y los problemas pueden producir el carácter firme y radiante que surge de confiar en Dios cuando la vida es difícil. *JBS*

Señor Jesús, que las pruebas puedan formarme y fortalecerme. Quiero honrarte en la dificultad.

Los tiempos de prueba de la fe pueden ser momentos fortalecedores.

27 de enero

Regalo de cumpleaños

Lectura:
1 Crónicas 29:1-14

... Dios ama al dador alegre
(2 Corintios 9:7).

Cuando le recordé a mi esposo que se acercaba el día en que cumpliría 39 años, dijo que no quería regalos. Sí, claro, pensé, y seguí insistiendo para que me diera ideas de qué regalarle. Entonces, me dijo que quería ofrendar el dinero que gastaría para su cumpleaños.

La Biblia nos llama a dar generosamente —sin tristeza ni por necesidad— para sustentar la obra de Dios y ayudar a la gente (2 Corintios 9:7). Esta clase de ofrendas voluntarias suelen generar gozo a quien las da. Cuando el rey David donó sus reservas personales de oro y de plata para ayudar a construir el templo, muchos funcionarios israelitas siguieron su ejemplo. Después de ofrendar bronce, hierro y piedras y metales preciosos, «se alegró el pueblo por haber contribuido voluntariamente» (1 Crónicas 29:9).

Como parte de la celebración, David alabó a Dios, diciendo: «...de lo recibido de tu mano te damos» (v. 14), señalando que todo le pertenece al Señor. Recordar esta verdad nos permite dar con desprendimiento, ya que simplemente estamos devolviéndole nuestros recursos a su verdadero dueño: Dios.

La próxima vez que contribuyas con dinero, servicios o bienes para apoyar la causa de Cristo, evalúa tu actitud. ¿Estás dando generosa y voluntariamente? Dios ama al dador alegre. *JBS*

Padre, quiero aprender a ofrendar con alegría.
Todo te pertenece.

Nuestra forma de dar es más importante que la cantidad que ofrendamos.

28 de enero

Hacer música

Lectura:
1 Corintios 3:1-17

... sed llenos del Espíritu, [...], cantando y alabando al Señor en vuestros corazones (Efesios 5:18-19).

Una noche de verano, se reunió una multitud al aire libre para presenciar el concierto de uno de mis amigos de la universidad. Como era su cumpleaños, el maestro de ceremonia sugirió que le cantáramos el «Cumpleaños feliz». Una tras otra, las personas empezaron a cantar, cada una en un tono y un tiempo diferentes. Con la confusión de notas y palabras, el resultado estuvo lejos de ser armónico. En realidad, fue lamentable. Cuando mi amigo subió al escenario, nos dio otra oportunidad. No nos indicó el tono, pero sí marcó el ritmo, para que, al menos, cantáramos todos juntos. Cuando la canción estaba por terminar, la mayoría de la gente estaba cantando en el mismo tono.

El ruido que, supuestamente, debía ser una canción me recordó un problema que hubo en una iglesia del siglo I. No podían ponerse de acuerdo en cuanto a un líder. Algunos seguían a Pablo y otros a Apolos (1 Corintios 3:4). El resultado generó conflicto y división (v. 3). En vez de producir música, hacían ruido. Cuando la gente no coincide sobre un líder, todos «cantan» (metafóricamente) al ritmo y en el tono que más cómodo les resulta.

Para hacer una música hermosa que atraiga a los incrédulos hacia Cristo, todos los creyentes deben seguir al mismo líder, y ese líder debe ser Jesús. *JAL*

Jesús, eres nuestro Director.
Queremos seguir tu ritmo.

Estar a tono con Cristo mantiene la armonía en la iglesia.

29 de enero

Levantamiento de pesas

Lectura:
Mateo 11:25-30

Venid a mí todos los que estáis trabajados y cargados… (v. 28).

Un día, encontré a mi hijo completamente tenso intentando levantar sobre su cabeza una barra con dos pesas de casi dos kilos… una hazaña ambiciosa para un niño pequeño. Solo la había separado unos centímetros del suelo, pero su mirada mostraba que estaba decidido a hacerlo. Entonces, me ofrecí a ayudarlo y, juntos, logramos levantar el peso hacia el techo. Lo que era tan difícil para él, fue fácil para mí.

Jesús tiene esta misma perspectiva respecto a las cosas que nos resultan difíciles de manejar. Cuando la vida parece una sucesión de catástrofes, al Señor no lo perturba un pequeño choque con el auto, un dolor de muelas ni una discusión acalorada. ¡Ni siquiera si todo sucede el mismo día! Él puede encargarse de todo y por eso dijo: «Venid a mí todos los que estáis trabajados y cargados…» (Mateo 11:28).

¿Estás agotada por los incesantes problemas? ¿Te sientes aplastada por el estrés y las preocupaciones? Jesús es la única solución verdadera. Acercarnos al Señor en oración nos permite echar sobre Él nuestras cargas para que nos sostenga (Salmo 55:22). Pídele hoy que te ayude con todas tus cosas. Al ayudarte a llevar la carga, puede darte el descanso que tu alma necesita, porque su yugo es fácil y su carga es liviana (Mateo 11:29-30). *JBS*

Señor, te entrego la carga que tanto me pesa.
Gracias por ayudarme.

La oración es el lugar donde las cargas cambian de hombro.

30 de enero

La tierra del «y»

Lectura:
Apocalipsis 22:1-5

... esperamos, según sus promesas, cielos nuevos y tierra nueva, en los cuales mora la justicia (2 Pedro 3:13).

En una publicidad que vi hace poco, los niños discutían en el asiento trasero del auto sobre dónde pararían a comer. Uno quería pizza, y el otro, pollo. La madre dijo: «No, vamos a comer hamburguesas».

El padre resolvió el desacuerdo familiar con esta idea: «Iremos a un restaurante de comida buffet y cada uno podrá comer lo que quiera». El anuncio termina con estas palabras: «Acaba con las peleas familiares. Vengan al restaurante ________, la tierra del "y"».

Cuando vi esa publicidad, pensé en otra «tierra del "y"»: el cielo. Es un lugar donde tendremos todo lo que necesitemos. Y lo más importante es que estaremos en la presencia del Dios todopoderoso. Al describir el cielo, el apóstol Juan dijo: «... el trono de Dios y del Cordero estará en [él]» (Apocalipsis 22:3). Nuestra alma sedienta será totalmente satisfecha en el «río limpio de agua de vida» que sale de su trono (22:1), porque el Señor le dice a su pueblo: «Al que tuviere sed, yo le daré gratuitamente» (21:6). Otro «y» de esa tierra será el árbol de la vida «para la sanidad de las naciones» (22:2). Lo que no encontraremos en esa «tierra del "y"» será maldición (22:3), muerte, dolor y lágrimas (21:4).

En esa celestial «tierra del "y"», estaremos completamente satisfechos. ¿Estás preparada para ir allá? AMC

Señor, ¡cuánto anhelo ir a vivir contigo!

Este mundo: la tierra de las pruebas;
el cielo: la tierra del gozo.

31 de enero

Fruto desbordante

Lectura:
Gálatas 5:16-25

... os he puesto para que vayáis y llevéis fruto, y vuestro fruto permanezca... (JUAN 15:16).

Durante la primavera y el verano, admiro los frutos que crecen en el patio de mi vecino. Hay ramas salpicadas de ciruelas, uvas y naranjas que cuelgan a nuestro alcance. Aunque no labramos la tierra, no plantamos las semillas ni regamos el jardín, nuestros vecinos comparten su abundancia con nosotros.

Los frutos de los árboles de mi vecino me recuerdan otra cosecha que nos beneficia a mí y a las personas que Dios coloca en mi vida: el fruto del Espíritu.

Los seguidores de Cristo deben reclamar los beneficios de vivir por el poder del Espíritu Santo (Gálatas 5:16-21). Cuando las semillas de la verdad de Dios florecen en nuestro corazón, el Espíritu aumenta nuestra capacidad de expresar «amor, gozo, paz, paciencia, benignidad, bondad, fe, mansedumbre, [y] templanza» (vv. 22-23).

Una vez que rendimos nuestra vida a Jesús, ya no tenemos por qué dejar que nuestras inclinaciones egoístas nos controlen (v. 24). Con el tiempo, el Espíritu puede cambiar nuestra manera de pensar, nuestras actitudes y nuestras acciones. A medida que crecemos y maduramos en Cristo, podemos tener el gozo adicional de amar a nuestros prójimos al compartir los beneficios de su generosa cosecha. *XED*

Señor, cultiva el fruto del Espíritu en nosotras, para que nuestros vecinos puedan disfrutar de tu dulce fragancia en nuestras vidas.

El fruto del Espíritu nos cambia para que impactemos a los que nos rodean.

1 de febrero

Encontrar la vida

Lectura:
Juan 14:5-14

... porque yo vivo, vosotros también viviréis
(JUAN 14:19).

Las palabras del padre de Ravi fueron muy duras: «Eres un fracaso total. Una vergüenza para la familia». En comparación con sus talentosos hermanos, a Ravi lo consideraban una desgracia. Entonces, intentó destacarse en los deportes, y lo logró, pero seguía sintiéndose un perdedor. Se preguntaba: ¿Qué va a pasar conmigo? ¿Soy un fracaso total? ¿Podré salir adelante de alguna manera, sin sufrir? Estos pensamientos lo atormentaban, pero no se lo dijo a nadie. En su cultura, no estaba bien hablar con otros de sus sentimientos. Le habían enseñado: «Mantén en secreto las angustias y permanece firme cuando tu mundo se derrumbe».

Por eso, Ravi luchaba solo. Al tiempo, mientras se recuperaba en un hospital tras un intento fallido de suicidio, alguien le llevó una Biblia, abierta en Juan 14. Su madre le leyó: «porque yo vivo, vosotros también viviréis» (v. 19). *Quizá esta sea mi única esperanza* —pensó—. *Una nueva manera de vivir. La vida como la define su Autor*. Así que oró: «Jesús, si tú eres el que da la vida como se supone que esta debe ser, quiero tenerla».

La vida puede volverse desesperante; pero, como Ravi, podemos encontrar esperanza en Jesús, porque Él es «el camino, y la verdad, y la vida» (v. 6). Dios anhela darnos una vida abundante y satisfactoria. *PFC*

Señor, solo quiero
la vida que tú ofreces.

Solamente Jesús puede darnos vida nueva.

2 de febrero

Lo bueno y lo malo

Lectura:
1 Reyes 14:7-16

... David mi siervo [...] anduvo en pos de mí
con todo su corazón... (1 REYES 14:8).

Hace poco, empecé a estudiar los reyes del Antiguo Testamento con unos amigos. En el gráfico que estábamos usando, observé que a algunos de los líderes de los reinos de Israel y de Judá se los catalogaba de buenos, pero que la mayoría se describían como malos, muy malos, extremadamente malos y de lo peor.

Al rey David se lo describe como un rey bueno que «anduvo en pos de [Dios] con todo su corazón» (1 Reyes 14:8), y un ejemplo a seguir (3:14; 11:38). Los reyes malos se destacan por haber rechazado a Dios y guiado a sus súbditos a la idolatría. El legado del rey Jeroboam, el primero que gobernó sobre Israel después de la división del reino, fue ser recordado como el peor de los monarcas: «el cual pecó, y ha hecho pecar a Israel» (14:16). Debido a su mal ejemplo, a muchos de los que gobernaron después se los compara con él y se los describe con sus mismas características de maldad (16:2, 19, 26, 31; 22:52).

Cada uno influye sobre su entorno de manera particular, para bien o para mal. La fidelidad a Dios sin restricciones es una luz que brillará intensamente y dejará un legado de bien.

Tenemos el privilegio de hacer que el Señor sea glorificado. Quiera Dios que otros vean su luz brillando a través de nosotros y que sean llevados a disfrutar de su bondad. CHK

Señor, que pueda dejar
un legado de bien para tu gloria.

Aun la luz más pequeña
brilla en la noche más oscura.

3 de febrero

El que sirve

Lectura:
Lucas 22:24-27

... yo estoy entre vosotros como el que sirve (Lucas 22:27).

«¡Yo no soy sirvienta de nadie!», grité. Esa mañana, las exigencias de mi familia parecían superarme, mientras ayudaba a mi esposo a buscar su corbata azul, le daba de comer a mi bebé y sacaba de abajo de la cama el juguete perdido de nuestro hijito de dos años.

Más tarde, ese mismo día, mientras leía la Biblia, encontré este versículo: «Porque, ¿cuál es mayor, el que se sienta a la mesa, o el que sirve? ¿No es el que se sienta a la mesa? Mas yo estoy entre vosotros como el que sirve» (Lucas 22:27).

Jesús no tenía que lavarles los pies a sus discípulos, pero lo hizo (Juan 13:5). Había sirvientes que podían hacerlo, pero el Señor prefirió servirlos Él mismo. La sociedad actual insiste en que debemos procurar «ser alguien»; queremos un trabajo bien redituable, el cargo más importante y ser líder en la iglesia. No obstante, dondequiera que estemos, podemos aprender de nuestro Señor cómo servir.

Tenemos diferentes roles como padres, hijos, amigos, trabajadores, líderes o estudiantes. La pregunta es: ¿realizamos estas tareas con una actitud de servicio? Aunque mi rutina puede ser cansadora, doy gracias porque el Señor me ayudará, ya que quiero seguir sus pasos y servir a los demás. *KOH*

Señor Jesús, quiero seguir tu ejemplo
y servir a los demás con amor.

Para ser como Jesús, necesitamos tener la actitud de un siervo.

4 de febrero

Amor verdadero

Lectura:
1 Corintios 13:1-8

[El amor] todo lo sufre, todo lo cree, todo lo espera, todo lo soporta. El amor nunca deja de ser… (1 Corintios 13:7-8).

Hace unos años, a la madre de una amiga mía le diagnosticaron la enfermedad de Alzheimer. Desde entonces, Isabel ha tenido que tomar decisiones difíciles sobre su cuidado, y se le rompe el corazón al ver que su vibrante mamá va perdiéndose lentamente. En el proceso, mi amiga ha aprendido que el amor verdadero no siempre es fácil ni conveniente.

El año pasado, después de que su madre fue hospitalizada un par de días, Isabel escribió a algunos de sus amigos: «Aunque parezca raro, estoy agradecida por lo que estoy viviendo con mi madre. Detrás de la pérdida de la memoria, la confusión y la total impotencia, hay una persona hermosa que ama la vida y está en completa paz. Estoy aprendiendo muchísimo sobre lo que significa el amor verdadero, y aunque no habría pedido atravesar esta situación ni las lágrimas y el dolor que la acompañan, no la cambiaría por nada».

La Biblia nos recuerda que el amor es paciente y bondadoso. No busca lo suyo ni se enardece con facilidad. «Todo lo sufre, todo lo cree, todo lo espera, todo lo soporta» (1 Corintios 13:4-7).

El amor verdadero se originó con nuestro Padre, quien nos dio el regalo de su Hijo. Al procurar mostrar su amor a los demás, podemos seguir el ejemplo de Cristo, quien entregó su vida por nosotras (1 Juan 3:16-18). *CHK*

Padre, ayúdame a amar como tú amas.

Amar de verdad es ayudar a otros en nombre de Jesús, aunque no puedan devolver el favor.

5 de febrero

Multiplicarlo

Lectura:
Apocalipsis 22:1-5

Y no habrá más maldición…
(Apocalipsis 22:3).

Amalia había batallado contra el cáncer durante cinco años. Un día, el doctor le dijo que los tratamientos no estaban funcionando y que le quedaban pocas semanas de vida. Buscando alguna explicación y certeza de la vida eterna, Amalia le preguntó al pastor de su iglesia: «¿Cómo será el cielo?».

Él le preguntó qué le gustaba más en la vida, y ella respondió: las caminatas, los arcoíris, los amigos y las risas infantiles. Entonces, Amalia preguntó: «¿Quiere decir que allí tendré todas estas cosas?».

El pastor respondió: «Creo que tu vida será mucho más hermosa que todo lo que hayas amado aquí. Piensa en lo mejor que tienes ahora y multiplícalo sin límite. Yo creo que el cielo será así».

La Biblia no describe cómo será la vida en la eternidad, pero sí afirma que estar con Cristo en el cielo es «muchísimo mejor» que nuestras circunstancias actuales (Filipenses 1:23). «Y no habrá más maldición; y el trono de Dios y del Cordero estará en ella, y sus siervos le servirán» (Apocalipsis 22:3).

Y lo mejor de todo es que veremos al Señor cara a cara. Él satisfará nuestros anhelos más profundos.

Señor, gracias por tu presencia en nuestra vida ahora. Pero ¡qué día maravilloso será cuando te encontremos cara a cara! AMC

Padre, anhelamos la eternidad contigo,
que supera todo lo que vivimos y anhelamos en la Tierra.

Estar con Jesús para siempre es la felicidad
en su máxima expresión.

6 de febrero

Tráiganme al muchacho

Lectura:
Marcos 9:14-27

… respondió Jesús […:] Tráiganme al muchacho
(Marcos 9:19 NVI).

«No creo en Dios y no voy a ir», dijo Marcos.

A Ana se le hizo un nudo en la garganta. Su hijo se había convertido de un muchacho alegre en un joven malhumorado y desaprensivo. La vida era un campo de batalla, y el domingo se había vuelto un día incómodo, ya que Marcos no quería ir a la iglesia con su familia. Finalmente, sus padres, desesperados, consultaron a un consejero, el cual dijo: «Marcos tiene que experimentar la fe personalmente. No pueden forzarlo a creer en Cristo. Dejen que Dios obre. Sigan orando y esperando».

Ana esperó… y oró. Una mañana, las palabras de Jesús resonaron en su mente. Los discípulos del Señor no habían podido ayudar a un joven endemoniado, pero Jesús tuvo la respuesta: «Tráiganme al muchacho» (Marcos 9:19). El sol brillaba por la ventana, al costado de Ana, y se reflejaba en el piso. Si Jesús pudo ayudar en una situación tan extrema como aquella, podía sin duda ayudar a su hijo. Imaginó estar de pie con su hijo y Jesús bajo aquella luz. Entonces, mentalmente, dio un paso atrás y dejó a su hijo solo con Aquel que lo amaba aun más que ella.

Todos los días, Ana entregaba silenciosamente a Marcos al Señor, aferrándose a la certeza de que Él conocía las necesidades del muchacho y que, a su tiempo y manera, obraría en su vida. *MS*

Padre, pongo a mi amado en tus manos;
sé que lo amas más que yo.

La oración es la voz de la fe, que confía en que Dios sabe y se interesa por nosotras.

7 de febrero

Vernos a nosotras mismas

Lectura:
1 Corintios 11:23-34

...pruébese cada uno a sí mismo...
(1 Corintios 11:28).

Antes de que se inventaran los espejos o las superficies pulidas, las personas rara vez se veían a sí mismas. Una de las únicas manera de hacerlo era reflejándose en pozos de agua o en ríos calmos. Sin embargo, los espejos cambiaron todo. Más tarde, la invención de las cámaras fotográficas otorgó una dimensión completamente nueva al aspecto exterior. Ahora, tenemos imágenes nuestras de un determinado momento, que nos acompañan durante toda la vida. Pero todo esto puede llegar a perjudicar nuestro bienestar espiritual, al preocuparnos más por la apariencia y dejar de lado nuestro interior.

Analizarnos interiormente es fundamental para una vida espiritual saludable. Esto es tan importante que las Escrituras enseñan que no debemos participar de la Cena del Señor si no nos examinamos antes (1 Corintios 11:28). El objetivo no es arreglar las cosas con Dios solamente, sino también asegurarnos de que estamos bien con los demás. En la Cena del Señor, recordamos el cuerpo y la sangre de Cristo, y no podemos celebrarla adecuadamente si no vivimos en armonía con los otros creyentes.

Admitir y confesar nuestros pecados promueve la unidad fraternal y beneficia nuestra relación con Dios. *JAL*

Señor, ayúdame a interesarme más en mi corazón
que en mi aspecto exterior. Cámbiame con el poder de tu Espíritu.

Al mirarnos en el espejo de la Palabra de Dios,
nos vemos con más nitidez.

8 de febrero

Desamparado por nosotras

Lectura:
Mateo 26:36-46

... porque [Dios] dijo: No te desampararé, ni te dejaré
(Hebreos 13:5).

¿Te resulta más fácil tolerar el dolor teniendo una amiga cerca? Se hizo un estudio fascinante para responder esta pregunta, y ver cómo reaccionaba el cerebro frente a la posibilidad del dolor.

Los resultados fueron consistentes. Cuando una persona estaba sola o tomada de la mano de un extraño frente a una posible turbación, las regiones del cerebro que procesan el peligro se encendían. Pero, si estaba tomada de la mano de alguien de confianza, el cerebro se relajaba. La presencia de un amigo era tan reconfortante que el dolor parecía más tolerable.

Jesús necesitó el apoyo de sus amigos en Getsemaní. Sabía lo que estaba a punto de enfrentar: la traición, el arresto y la muerte. Les pidió a sus mejores amigos que se quedaran con Él, porque su alma estaba «muy triste, hasta la muerte» (Mateo 26:38). Pero Pedro, Jacobo y Juan se quedaron dormidos.

Jesús enfrentó la agonía del huerto sin el consuelo de una mano de donde tomarse. Pero, gracias a que soportó ese dolor, sabemos que Dios nunca nos desamparará ni nos dejará (Hebreos 13:5). Jesús sufrió para que nosotras nunca tuviéramos que estar separadas del amor de Dios (Romanos 8:39). Su compañía hace que cualquier cosa que tengamos que sufrir sea más tolerable. *ALP*

Jesús, gracias por soportar la cruz por nosotras
y permitirnos vivir en comunión con el Padre.

Gracias al amor de Dios,
nunca estamos solas.

9 de febrero

Patria celestial

Lectura:
Hebreos 11:8-16

Mas nuestra ciudadanía está en los cielos…
(FILIPENSES 3:20).

Una tarde, cuando era jovencita, mi mejor amiga y yo salimos a andar a caballo. Paseamos por campos con flores silvestres y frondosas arboledas. Pero, cuando dimos la vuelta en dirección al granero, los caballos partieron a todo galope. Sabían que era hora de comer y estaban ansiosos por llegar.

Como creyentes en Cristo, nuestro verdadero hogar es el cielo (Filipenses 3:20). Sin embargo, a veces, estamos aferradas al aquí y el ahora. Nos encantan las buenas dádivas de Dios: el matrimonio, los hijos, los nietos, los viajes, las profesiones y los amigos. Al mismo tiempo, la Biblia nos desafía a centrarnos en «las cosas de arriba» (Colosenses 3:1-2), las cuales pueden incluir los beneficios invisibles del cielo: la presencia permanente de Dios (Apocalipsis 22:3-5), el reposo perpetuo (Hebreos 4:9) y una herencia eterna (1 Pedro 1:4).

Hace poco, leí: «Los creyentes desean la herencia celestial, y cuanto más sólida es la fe, más ferviente es [el deseo]». Varios creyentes que se mencionan en Hebreos 11 tenían una fe firme en el Señor que los capacitaba para abrazar las promesas antes de que se cumplieran (v. 13). Una de esas promesas era el cielo. Si confiamos en Dios, Él también nos dará ese deseo por la «patria celestial» (v. 16), y ya no nos aferraremos más a este mundo. *JBS*

Señor, espero con ansia
mi hogar celestial.

Para el creyente, cielo es sinónimo de hogar.

10 de febrero

Salmos de campamento

Lectura:
Salmo 8:1-9

*¡Oh Señor nuestro, cuán glorioso
es tu nombre en toda la tierra!...* (v. 1).

Cuando mi esposo y yo vamos a caminar al aire libre, llevamos la cámara y sacamos primeros planos de las plantas a nuestros pies, que son como microcosmos. Qué maravillosa variedad y belleza vemos, ¡incluso en los hongos que salpican los bosques con pinceladas de naranja, rojo y amarillo!

Las fotos de la vida que nos rodea me inspiran a levantar los ojos al Creador que no solo hizo los hongos, sino también las estrellas y los cielos. Diseñó un mundo de infinito alcance y variedad. Además, nos creó a ti y a mí y nos puso en medio de esta belleza, para disfrutarla y gobernarla (Génesis 1:27-28; Salmo 8:6-8).

Mis pensamientos se vuelcan a uno de los «salmos de campamento» de mi familia: salmos que leemos sentados alrededor de una fogata: «¡Oh Señor nuestro, cuán glorioso es tu nombre en toda la tierra! Has puesto tu gloria sobre los cielos [...]. Cuando veo tus cielos, obra de tus dedos, la luna y las estrellas que tú formaste, digo: ¿Qué es el hombre, para que tengas de él memoria, y el hijo del hombre, para que lo visites?» (Salmo 8:1-4).

¡Qué maravilla que el Dios que creó el mundo en todo su esplendor se preocupe por ti y por mí! *ALK*

*Padre, gracias por diseñar un mundo
que nos muestra constantemente tu amor y tu esplendor.*

*Al entender lo sabio que es Dios,
confiamos en que puede cuidarnos.*

11 de febrero

Desde la niñez

Lectura:
2 Timoteo 3:14-17

Porque el Hijo del Hombre no vino para ser servido, sino para servir… (MARCOS 10:45).

El verano pasado, nuestra iglesia invitó a un joven a unirse al equipo pastoral. Mientras Caleb contaba que había crecido en Costa Rica cuando su familia estaba sirviendo a Cristo allí, reflexionó en las palabras de 2 Timoteo 3:14-17 y dijo que, desde su niñez, había conocido la Biblia. Sus padres se la habían enseñado para que pudiera ser «sabio para la salvación por la fe que es en Cristo Jesús» (v. 15). Reconoció que su preparación para ser pastor había comenzado en su infancia.

Nuestra congregación tuvo la oportunidad de «conocer» a su familia en Costa Rica a través de una videoconferencia. El papá de Caleb desafió a su hijo a aplicar las palabras que Jesús dijo acerca de sí mismo en Marcos 10:45. Le aconsejó: «Caleb, recuerda el lema de nuestra familia: "Estamos aquí para servir, no para ser servidos"». Era fácil comprender cómo este joven había llegado a ser maduro en la fe.

Los hijos que Dios nos ha confiado son regalos preciosos. Hay un buen fundamento que ayudará a cada uno de ellos a convertirse en un creyente maduro, «perfecto, enteramente preparado para toda buena obra» (2 Timoteo 3:17). Con la ayuda de Dios, podemos ceder el relevo de la fe a las generaciones futuras. ¡Qué gran privilegio poder ser siervas como lo fue Jesús! *CHK*

Padre, que podamos ser un ejemplo piadoso para las generaciones futuras.

Los hijos son joyas preciosas de Dios; ayúdalos a brillar para Cristo.

12 de febrero

Aliento de vida

Lectura:
Génesis 2:4-8

Entonces el Señor Dios […]
sopló en su nariz aliento de vida… (v. 7).

Una mañana fría y escarchada, mientras caminábamos con mi hija a la escuela, nos encantó ver cómo nuestro aliento se convertía en vapor, y nos reíamos ante las diferentes figuras que podíamos hacer. Ese momento me pareció un regalo, tanto por el deleite de estar con ella como por estar viva.

Nuestro aliento, que suele ser invisible, se percibía en el aire frío, y eso me hizo pensar en la Fuente de nuestro aliento y vida: Dios, nuestro Creador. Aquel que formó a Adán del polvo de la tierra y sopló en él aliento de vida, también nos da vida a nosotros y a todo ser viviente (Génesis 2:7). Todas las cosas proceden de Él; incluso nuestra propia respiración… inhalamos y exhalamos sin siquiera pensarlo.

Con todas las comodidades y las tecnologías de que disponemos, tal vez tendamos a olvidarnos de nuestros comienzos y de que Dios es quien da la vida. Sin embargo, cuando hacemos una pausa para pensar que Él es nuestro Creador, podemos agregar a nuestras rutinas diarias gratitud, pedirle al Señor que nos ayude y reconocer con un corazón humilde y agradecido el regalo de la vida. Que esta gratitud impacte e incentive a otros, para que ellos también den gracias al Señor por su bondad y fidelidad. *ABP*

Señor, gracias por darnos aliento de vida;
queremos servir a otros para tu gloria.

Demos gracias a Dios, nuestro Creador, quien nos da el aliento de vida.

13 de febrero

¿Debo perdonar?

Lectura:
Mateo 18:23-35

... De la manera que Cristo os perdonó, así también hacedlo vosotros (Colosenses 3:13).

Llegué temprano a mi iglesia para ayudar a preparar todo para una actividad, y vi a una mujer llorando al otro lado del salón. Como en el pasado había chismeado sobre mí con crueldad, me apuré a ahogar sus sollozos con una aspiradora. ¿Por qué iba a preocuparme por alguien que no me quería?

Entonces, el Espíritu Santo me recordó cuánto me había perdonado Dios, y crucé la sala. La mujer me dijo que hacía meses que su beba estaba en el hospital. Lloramos, nos abrazamos y oramos por su hija. Después de resolver nuestras diferencias, ahora somos buenas amigas.

En Mateo 18, Jesús compara el reino de los cielos con un rey que decidió ajustar cuentas. Un siervo que debía una cantidad exorbitante de dinero rogó pidiendo clemencia. Poco después de que el rey cancelara su deuda, ese siervo buscó y condenó a un hombre que le debía mucho menos. Cuando el rey se enteró, envió al siervo malvado a la cárcel por su propio espíritu rencoroso (vv. 23-34).

La decisión de perdonar no justifica el pecado, no excusa el mal que se nos hizo ni minimiza nuestras heridas. Simplemente, nos libera para disfrutar del regalo inmerecido de la misericordia divina, cuando permitimos que el Señor haga su obra de gracia y restaure la paz en nuestras vidas y relaciones. *XED*

Padre, gracias por perdonarme.
Ayúdame a no guardar rencor a nadie.

Perdonar expresa nuestra confianza en el derecho de Dios a juzgar según su perfección y su bondad.

14 de febrero

No nos falta nada

Lectura:
Marcos 6:7-12

Y poderoso es Dios para hacer que abunde en vosotros toda gracia, a fin de que [...] abundéis para toda buena obra (2 Corintios 9:8).

Imagina salir de viaje sin equipaje. Nada de artículos básicos ni de ropa; nada de dinero ni tarjetas de crédito. Suena bastante insensato y aterrador, ¿no? Sin embargo, esto es exactamente lo que Jesús les dijo a sus discípulos que hicieran cuando los mandó en su primer viaje misionero a predicar y a sanar: «Y les mandó que no llevasen nada para el camino, sino solamente bordón; ni alforja, ni pan, ni dinero en el cinto, sino que calzasen sandalias, y no vistiesen dos túnicas» (Marcos 6:8-9).

Incluso, tiempo después, cuando los estaba preparando para la labor después de que Él se fuera, les dijo: «el que tiene bolsa, tómela, y también la alforja; y el que no tiene espada, venda su capa y compre una» (Lucas 22:36).

¿Cuál es la idea en todo esto? Se trata de confiar en que Dios suplirá todo lo necesario.

Cuando el Señor volvió a referirse a aquel primer viaje, preguntó: «Cuando os envié sin bolsa, sin alforja, y sin calzado, ¿os faltó algo? Ellos dijeron: Nada» (v. 35). Los discípulos tuvieron todo lo necesario para llevar a cabo lo que Dios los había llamado a hacer. Él tenía la capacidad de darles poder para hacer la obra (Marcos 6:7).

¿Confiamos en que Dios suplirá todo lo que necesitamos? Tengamos fe en que lo hará. *PFC*

Señor, gracias por suplir todo lo que necesitamos.
Queremos confiar solo en ti.

«La voluntad de Dios hecha a la manera de Dios nunca carecerá de la provisión de Dios». Hudson Taylor

15 de febrero

Unidad familiar

Lectura:
Efesios 4:1-6

Solícitos en guardar la unidad del Espíritu en el vínculo de la paz (Efesios 4:3).

Con mi familia, tenemos una tradición que nos divierte. Sucede de cuando estamos en casa y alguno exclama: «¡Abrazo familiar!». Nuestro lugar de encuentro suele ser la cocina, donde yo abrazo a los niños y mi esposo extiende los brazos para abrazarnos a todos. Es nuestra manera de expresar amor y disfrutar de un momento de comunión.

Aunque nos encanta un ocasional abrazo grupal, no siempre es fácil mantener esa sensación de unidad. Después de todo, cada miembro de la familia es único. Tenemos diferentes necesidades, capacidades y puntos de vista; muy parecido a lo que sucede en la familia de Dios (Efesios 4:11-12).

A pesar de las inevitables diferencias con otros creyentes, Pablo nos llama a «guardar la unidad del Espíritu en el vínculo de la paz» (v. 3). La armonía con los demás hijos de Dios es importante porque refleja la unidad entre Jesús y su Padre celestial. Esta fue su oración por los creyentes: «para que todos sean uno; como tú, oh Padre, en mí, y yo en ti…» (Juan 17:21).

Cuando surgen problemas en la familia de Dios, la Biblia dice que debemos responder «con toda humildad y mansedumbre, [soportándonos] con paciencia los unos a los otros en amor» (Efesios 4:2). Así se experimenta la unidad familiar con personas que comparten los fundamentos de nuestra fe. *JBS*

Padre, ayúdame a cuidar la paz en tu familia.

Nuestros corazones están unidos por el amor de Cristo.

16 de febrero

Palabras sabias

Lectura:
Eclesiastés 9:13-18

Es mejor escuchar las suaves palabras del sabio… (v. 17 RVC).

Hace poco, el esposo de mi sobrina escribió en una red social: «Diría muchas cosas más por la web si no fuera por esta vocecita que me incita a no hacerlo. Como seguidor de Cristo, uno podría pensar que esa voz es el Espíritu Santo. Pero no, no es así. Es mi esposa».

La sonrisa que esto genera viene acompañada de una sobria reflexión: las advertencias de un amigo pueden reflejar la sabiduría divina. Eclesiastés 9 afirma que «es mejor escuchar las suaves palabras del sabio» (v. 17 RVC).

Las Escrituras nos exhortan a no ser sabias en nuestra propia opinión ni soberbias (Proverbios 3:7; Isaías 5:21; Romanos 12:16). En otras palabras, ¡no debemos creer que tenemos todas las respuestas! Proverbios 19:20 aconseja: «Escucha el consejo, y recibe la corrección, para que seas sabio en tu vejez». Ya sea que se trate de un amigo, un cónyuge, un pastor o un compañero de trabajo, Dios puede utilizar a otros para enseñarnos más de su sabiduría.

«En el corazón del prudente reposa la sabiduría», declara también Proverbios (14:33). Una manera de incorporar las verdades del Espíritu es descubrir cómo escuchar a los demás y aprender de ellos. *CHK*

Señor, gracias por tu Palabra que me enseña a amarte a ti y a los demás, y por las personas que has colocado en mi vida para recordarme tus verdades.

La sabiduría verdadera empieza y termina en Dios.

17 de febrero

El momento oportuno

Lectura:
Hebreos 9:11-22

... estando ya presente Cristo, sumo sacerdote de los bienes venideros... (Hebreos 9:11).

El director estaba en el podio, recorriendo con la vista al coro y la orquesta. Los miembros del coro se ubicaron en sus lugares, acomodaron la música en sus carpetas y las sostuvieron a una altura que les permitiera ver al director. Los miembros de la orquesta colocaron la partitura en los atriles, se sentaron y permanecieron quietos. El director esperó hasta que todos estuvieran listos. Entonces, tras una indicación con su batuta, los acordes del *Mesías* de Handel llenaron la catedral.

Envuelto por el sonido, sentí que me sumergía en la historia de Navidad; aquel momento oportuno cuando Dios con su batuta dio inicio a la obertura que comenzó con el nacimiento del Mesías, el «sumo sacerdote de los bienes venideros» (Hebreos 9:11).

Cada Navidad, cuando celebramos con música gloriosa la primera venida de Cristo, me viene a la mente que el pueblo de Dios, como los miembros de un coro y una orquesta, están preparándose para la próxima indicación del director, cuando el Señor venga otra vez. Aquel día, participaremos con Él en el movimiento final de la sinfonía de la redención divina, donde todo será hecho nuevo (Apocalipsis 21:5). Mientras aguardamos confiadamente, debemos mantener la vista puesta en el director y asegurarnos de estar listas. *JAL*

Señor, ayúdame a aguardar atenta tu venida.

El advenimiento de Cristo celebra su nacimiento y predice su regreso.

18 de febrero

La angustia de la espera

Lectura:
Salmo 90

Enséñanos de tal modo a contar nuestros días, que traigamos al corazón sabiduría (Salmo 90:12).

En los últimos años, dos miembros de mi familia recibieron diagnósticos graves. Para mí, la parte más difícil fue la incertidumbre constante. Siempre espero con desesperación una palabra decisiva del doctor, pero, en vez de darnos claridad, a menudo se nos pide que esperemos.

Es difícil soportar la angustia de la incertidumbre, y siempre nos preguntamos qué revelará la próxima prueba. ¿Tendremos semanas, meses, años o décadas antes de que la muerte nos separe? Pero, más allá de la enfermedad, todos moriremos algún día; cuestiones como el cáncer simplemente ponen en primer plano nuestra mortalidad.

Al enfrentarme a los recordatorios aleccionadores de nuestra mortalidad, me encuentro orando las palabras de Moisés. El Salmo 90 dice que, aunque nuestra vida es como la hierba que se marchita y se seca (vv. 5-6), tenemos un hogar eterno con Dios (v. 1). Al igual que Moisés, podemos pedirle a Dios que nos enseñe a contar nuestros días para que podamos tomar decisiones sabias (v. 12) y a hacer que nuestra vida lleve fruto, pidiendo que Dios confirme lo que hacemos (v. 17). El salmo nos recuerda que nuestra esperanza no está en ningún diagnóstico médico, sino en un Dios que es «desde la eternidad y hasta la eternidad» (LBLA). *ALP*

Padre, que cada día de nuestra vida pueda darte honra. Nuestra esperanza está en ti.

Podemos enfrentar la realidad de nuestra mortalidad porque confiamos en Dios.

19 de febrero

Héroes inadvertidos

Lectura:
Éxodo 17:8-15

... Aarón y Hur sostenían [las] manos [de Moisés], el uno de un lado y el otro de otro... (Éxodo 17:12).

La Biblia relata historias que nos hacen detener a pensar. Por ejemplo, cuando Moisés guiaba al pueblo de Dios a la tierra prometida y los amalecitas lo atacaron, ¿cómo supo que debía ir a la cima del monte y mantener en alto la vara de Dios? (Éxodo 17:8-15). No lo sabemos, pero sí se nos dice que, cuando Moisés levantaba la mano, los israelitas ganaban, y que, cuando la bajaba, vencían los amalecitas. Entonces, al cansarse Moisés, su hermano Aarón y otro hombre llamado Hur le sostenían los brazos para que los israelitas pudieran triunfar.

No se dice mucho sobre Hur, pero jugó un papel crucial en ese momento de la historia de Israel. Esto nos recuerda a los héroes inéditos; aquellos que sostienen y alientan a los líderes, y que suelen pasar inadvertidos. Tal vez los libros de historia mencionen a los líderes y los medios sociales los elogien, pero el Señor no ignora a aquellos que sirven en silencio y fielmente de otras maneras. Él ve a aquel que intercede diariamente por sus amigos y familiares; a la mujer que acomoda las sillas en la iglesia cada domingo; al vecino que se acerca con una palabra de aliento.

Dios nos utiliza, aunque nuestra tarea parezca insignificante. No olvidemos reconocer y dar gracias a los héroes inadvertidos que nos ayudan. *ABP*

Señor, quiero serte útil
cuando nadie me vea.

Dios siempre ve
a las héroes invisibles.

20 de febrero

¿Quién ocupa el centro?

Lectura:
Salmo 33:6-19

El consejo del Señor permanecerá para siempre; los pensamientos de su corazón por todas las generaciones (SALMO 33:11).

Hace poco, experimenté lo que, para mí, fue un «momento Copérnico»: yo no soy el centro del universo; el mundo no gira alrededor de mí; no se mueve a mi paso, en mis términos ni según mis preferencias.

Aunque desearíamos que fuera distinto, la vida no se trata de nosotros solamente: todo gira alrededor del Señor. En el Salmo 33, leemos que toda la naturaleza depende de Él y está bajo su control (vv. 6-9). Le asigna límites al mar y encierra el océano en grandes depósitos. Todo opera según las leyes que Dios ha establecido.

Las naciones también giran a su alrededor (vv. 10-12). Ningún plan ni complot pueden levantarse contra Dios, ya que, en última instancia, su plan permanece para siempre. Jamás pueden trastocarse sus intenciones.

Por último, toda la humanidad gira alrededor del Señor (vv. 13-19). Él ve a toda la raza humana. Hizo nuestro corazón y entiende todo lo que hacemos, y tiene poder para intervenir en nuestra vida y librarnos de situaciones fuera de control.

Nuestra vida fue creada para centrarse en Dios, no en nosotras mismas. ¡Qué agradecidas podemos estar de servir a un Dios tan poderoso! Todo aspecto de nuestra existencia está bajo su control. *PFC*

Señor, quiero que toda mi vida se centre en ti.
Ayúdame a mirarte y dar gracias por tu amor y tu poder.

Cuando morimos a todo lo que nos rodea,
vivimos para Dios en lo alto.

21 de febrero

Lugar para refugiarse

Lectura:
Salmo 61

…Estaré seguro bajo la cubierta de tus alas (Salmo 61:4).

Los vagabundos de Vancouver han descubierto una manera de dormir protegidos durante la noche. Un centro de caridad fabricó bancos especiales que se convierten en refugios temporales. La parte posterior del asiento se levanta para formar un techo que protege a la persona del viento y la lluvia. De noche, estos lugares para dormir son fáciles de encontrar porque tienen un mensaje luminoso que dice: ESTA ES UNA HABITACIÓN.

La necesidad de refugio puede ser tanto física como espiritual. Dios es un refugio para el alma cuando estamos angustiadas. El rey David escribió: «Clamaré a ti, cuando mi corazón desmayare. Llévame a la roca que es más alta que yo» (Salmo 61:2). Las cargas emocionales nos hacen más vulnerables a las tácticas del enemigo; el temor, la culpa y los deseos están entre sus preferidas. Por eso, necesitamos estabilidad y seguridad. Como expresó el salmista: «tú has sido mi refugio, y torre fuerte delante del enemigo. […] Estaré seguro bajo la cubierta de tus alas» (vv. 3-4).

Cuando estamos agobiadas, Jesucristo, el Hijo de Dios, nos ofrece paz y protección: «Estas cosas os he hablado para que en mí tengáis paz. En el mundo tendréis aflicción; pero confiad, yo he vencido al mundo» (Juan 16:33). *JBS*

Señor, ayúdame a encontrar paz y descanso en ti cuando estoy angustiada.

Dios es nuestro refugio.

22 de febrero

Esperar y ofrecer misericordia

Lectura:
Lucas 18:9-14

Mas el publicano [...] se golpeaba el pecho, diciendo: Dios, sé propicio a mí, pecador (Lucas 18:13).

Cuando me quejé por cómo me afectaban las decisiones pecaminosas de una amiga, la mujer con la que oraba todas las semanas respondió: «Oremos por todas nosotras».

—¿Por todas nosotras? —respondí, confundida.

—Sí —me dijo—. ¿Acaso no dices siempre que Jesús es nuestro estándar de santidad y que no tenemos que compararnos con los demás?

—Esa verdad duele —reflexioné—, pero tienes razón. Mi actitud sentenciosa y mi orgullo espiritual también son pecados.

—Y, al hablar de tu amiga, estamos chismeando. Entonces…

—Estamos pecando —dije, bajando la cabeza—. Por favor, ora por nosotras.

En Lucas 18, Jesús relató una parábola sobre dos hombres que oraron de maneras muy distintas (vv. 9-14). Al igual que el fariseo, podemos compararnos con los demás, presumir de nuestra conducta (vv. 11-12) y vivir como si tuviéramos el derecho a juzgar y la responsabilidad de cambiar a otros.

Sin embargo, cuando miramos a Jesús como nuestro ejemplo de santidad y experimentamos su bondad, al igual que el publicano, nuestra necesidad desesperada de la gracia de Dios es aun mayor (v. 13). Cuando hacemos nuestra la compasión amorosa y el perdón del Señor de manera personal, cambiamos para siempre y empezamos a esperar y otorgar misericordia, en lugar de condenar. *XED*

Padre, quiero mostrar a otros la misericordia que me has mostrado a mí.

Al ver nuestra necesidad de misericordia, podemos ser misericordiosas.

23 de febrero

El amor va primero

Lectura:
1 Juan 4:7-19

Nosotros le amamos a [Dios],
porque él nos amó primero (v. 19).

Una tarde, mi amiga me mostró una de las tres placas decorativas con las que adornaría la pared de su sala de estar. «¿Ves? Ya tengo la de *Amor* —dijo, sosteniendo la que llevaba esa palabra—. *Fe* y *Esperanza* vienen después».

Así que, el amor va primero —pensé—. ¡De inmediato, le siguen la fe y la esperanza!

Sin duda, el amor está primero, ya que se origina en Dios. En 1 Juan 4:19, se nos recuerda que «nosotros le amamos a él, porque él nos amó primero». El amor de Dios, descrito en 1 Corintios 13, explica una característica del amor verdadero: «El amor nunca deja de ser» (v. 8).

La fe y la esperanza son esenciales para el creyente. Al ser justificadas por la fe, «tenemos paz para con Dios por medio de nuestro Señor Jesucristo» (Romanos 5:1). Además, en Hebreos 6:19, se describe la esperanza como «un ancla firme y confiable para el alma».

Un día, no necesitaremos más fe, porque esta se convertirá en vista; ni tampoco esperanza, porque se concretará cuando veamos a nuestro Salvador cara a cara. Pero el amor es eterno, porque el amor es de Dios y Dios es amor (1 Juan 4:7-8). «Y ahora permanecen la fe, la esperanza y el amor, estos tres; pero el mayor de ellos es el amor»: es lo primero y lo último (1 Corintios 13:13). CHK

Señor, gracias por tu amor.
Ayúdame a mostrarlo hoy a otros.

Nosotras amamos porque, primero,
Dios nos amó a nosotras.

24 de febrero

Alabanza inmerecida

Lectura:
Lucas 5:27-32

No he venido a llamar a justos,
sino a pecadores al arrepentimiento (v. 32).

Antes de poder comprar un horno autolimpiante, me las arreglaba para mantenerlo en condiciones. Incluso las visitas comentaban: «Vaya, ¡qué limpio está tu horno! Parece nuevo». Yo aceptaba el elogio aunque sabía que no lo merecía… el secreto era que no usaba el horno muy seguido.

Me pregunto cuántas veces soy culpable de aceptar un reconocimiento inmerecido por mi vida «limpia». Es fácil dar la impresión de ser una persona virtuosa; simplemente, no hacer nada difícil, controversial o que desagrade a la gente. Pero Jesús dijo que debemos amar a los que disienten con nosotras, incluso a quienes les resultamos desagradables. El amor exige que no estemos ajenas a las dificultades de otras personas. A menudo, el Señor tenía problemas con los líderes religiosos que se preocupaban más de mantener una buena reputación que de la condición espiritual de aquellos a quienes supuestamente debían atender. Consideraban inmundos a Jesús y sus discípulos por mezclarse con pecadores, cuando lo único que intentaban era rescatar a la gente de su estilo de vida destructivo (Lucas 5:30-31).

Las verdaderas discípulas de Cristo están dispuestas a arriesgar su reputación para ayudar a otros a salir del lodo del pecado. *JAL*

Señor, dame compasión
por los perdidos en el pecado.

Cristo nos manda que salgamos
para invitar a otros a entrar.

25 de febrero

Flores eternas

Lectura:
Isaías 40:1-8

Sécase la hierba, marchítase la flor;
mas la palabra del Dios nuestro permanece para siempre (Isaías 40:8).

Cuando era pequeño, a mi hijo Xavier le gustaba traerme flores. Yo atesoraba cada uno de estos regalitos, hasta que se marchitaban y tenía que tirarlos.

Un día, me regaló un hermoso ramo de flores artificiales. Sonrió y me dijo: «¡Mira, mamá! Durarán para siempre. Así es como te amo».

Desde entonces, mi niño creció y se transformó en un jovencito. Los pétalos de seda se fueron desgastando, pero esas flores todavía me recuerdan su afecto. Además, me traen a la mente algo que dura para siempre: el amor ilimitado y eterno de Dios, revelado en su Palabra infalible y perdurable (Isaías 40:8).

Mientras los israelitas sufrían prueba tras prueba, Isaías los consoló con confianza en las palabras eternas de Dios (40:1). Proclamó que Él había pagado la deuda del pecado de los israelitas (v. 2), asegurando así su esperanza en el Mesías venidero (vv. 3-5). Ellos confiaron en el profeta porque se concentraba en Dios, no en las circunstancias.

En un mundo lleno de incertidumbres y aflicción, las opiniones de los hombres e incluso nuestros propios sentimientos siempre están cambiando y son tan limitados como nuestra existencia (vv. 6-7). Aun así, podemos confiar en el amor y el carácter inalterables de Dios, como aparecen revelados en su Palabra firme y eternamente veraz. *XED*

Padre, gracias por tu Palabra y amor eternos.

Dios afirma su amor a través
de su Palabra confiable, inmutable y eterna.

26 de febrero

El abuelo se esfumó

Lectura:
Salmo 16

Se alegró por tanto mi corazón, y se gozó mi alma; mi carne también reposará confiadamente (Salmo 16:9).

Mi primo Ken luchó valientemente contra el cáncer durante cuatro años. En sus últimos días, su esposa, tres hijos y varios nietos entraban y salían de la habitación, pasaban tiempo con él y compartían despedidas especiales. En un momento, cuando no había nadie en la habitación, pasó a la eternidad. Cuando la familia se dio cuenta de que había partido, una nieta pequeña dijo dulcemente: «El abuelo se esfumó». En un instante, el Señor estaba con Ken aquí en la Tierra; al momento siguiente, el espíritu de Ken estaba con el Señor en el cielo.

El Salmo 16 era el preferido de mi primo, y había pedido que lo leyeran en su funeral. Coincidía con el salmista David en que no hay tesoro más valioso que tener una relación personal con Dios (vv. 2, 5). Con el Señor como refugio, David también sabía que la tumba no les roba la vida a los creyentes. Declaró: «Porque no dejarás mi alma en el Seol…» (v. 10). Ni Ken ni nadie que haya aceptado a Cristo como Salvador serán abandonados al morir.

Por la muerte y la resurrección de Cristo, nosotras también resucitaremos un día (Hechos 2:25-28; 1 Corintios 15:20-22). Además, descubriremos que «en [la] presencia [de Dios] hay plenitud de gozo» (Salmo 16:11). AMC

Señor, ¡qué esperanza hermosa nos has regalado!
Ahora, estás aquí con nosotras,
y estamos cada vez más cerca de verte cara a cara.

Dios es nuestro tesoro ahora, y en el cielo, siempre disfrutaremos de su presencia.

27 de febrero

¿Qué encierra un nombre?

Lectura:
Juan 1:35-42

… tú eres Pedro, y sobre esta roca edificaré mi iglesia… (Mateo 16:18).

Un amigo mío le escribió una carta a su bebé recién nacido, la cual quería que leyera cuando creciera: «Mi querido hijo, papá y mamá desean que encuentres la Luz y que la sigas siempre. Tu nombre chino es Xin Xuan. Xin significa fidelidad, satisfacción e integridad; Xuan quiere decir calidez y luz». Él y su esposa escogieron un nombre según las esperanzas que tenían para el niño.

Cuando Jesús cambió el nombre de Simón por Pedro/Cefas (Juan 1:42), no lo escogió al azar. Pedro significa «piedra», pero le llevó un tiempo vivir a la altura de su nuevo nombre. El relato sobre su vida lo describe como un pescador conocido por su rudeza… un tipo inestable. Pedro disintió con Jesús (Mateo 16:22-23), hirió a un hombre con una espada (Juan 18:10-11) e incluso negó al Señor (Juan 18:15-27). Pero en Hechos, leemos que Dios obró en y a través de él para establecer su iglesia. Sin duda, Pedro se convirtió en una roca.

Si tú, como Pedro, sigues a Cristo, tienes una nueva identidad. En Hechos 11:26, leemos: «… a los discípulos se les llamó cristianos por primera vez en Antioquía». El nombre «cristianos» significa «de Cristo». Ahora, tu identidad está en Cristo. Dios es fiel y completará su buena obra en ti (Filipenses 1:6). *PFC*

Señor, gracias por mi nueva identidad en ti.

Honramos el nombre de Dios cuando lo llamamos Padre y vivimos como sus hijos.

28 de febrero

Pestañea y piensa en Dios

Lectura:
Deuteronomio 32:1-12

... Lo guardó como a la niña de su ojo (v. 10).

«Dios es como un párpado», dijo mi amiga Ryley, y yo pestañeé sorprendida. ¿Qué querría decir?

«Cuéntame más», respondí. Juntas, habíamos estado estudiando imágenes sorprendentes de Dios en la Biblia; cosas como Dios comparado con una madre en trabajo de parto (Isaías 42:14); o como un apicultor (7:18), pero esta otra metáfora era nueva para mí. Ryley me señaló Deuteronomio 32, donde Moisés alaba cómo Dios cuida a su pueblo. El versículo 10 dice que el Señor protege a su pueblo y lo guarda «como a la niña de su ojo».

Según Ryley, la palabra traducida niña significa literalmente «pupila». ¿Y qué rodea y protege la pupila? ¡El párpado, por supuesto! Dios es como el párpado, que, instintivamente, protege el ojo frágil. El párpado guarda el ojo del peligro y, al pestañear, ayuda a quitar el polvo, además de evitar que se meta sudor. También lubrica el globo ocular y lo mantiene saludable; y se cierra para permitir el descanso.

Al considerar la imagen de Dios como párpado, no pude evitar darle gracias por las muchas metáforas que nos ha dado para ayudarnos a entender su amor por nosotras. Cuando cerramos los ojos por la noche y los abrimos a la mañana, podemos pensar en Dios y alabarlo por su tierna protección y cuidado. *ALP*

Dios mío, gracias por tu dulce cuidado.
Me siento segura en ti.

Cuando pestañees, recuerda dar gracias a Dios por su protección.

1 de marzo

«Descansa»

Lectura:
Éxodo 20:8-11

En lugares de delicados pastos me hará descansar; junto a aguas de reposo me pastoreará (SALMO 23:2-3).

A veces, nuestro perro se altera tanto que tiene convulsiones. Para evitarlo, tratamos de calmarlo. Lo acariciamos y le hablamos con voz suave. Pero, cuando oye: «Acuéstate y descansa», mira para otro lado y empieza a quejarse. Finalmente, con un dramático suspiro de resignación, obedece y se tira al suelo.

En ocasiones, nosotras también necesitamos que nos recuerden que debemos descansar. En el Salmo 23, aprendemos que nuestro Buen Pastor «en lugares de delicados pastos [nos hace] descansar» y que nos guía «junto a aguas de reposo». Sabe que nos hace falta esa tranquilidad y descanso, aun si no nos damos cuenta.

Nuestro cuerpo está diseñado para descansar con regularidad. Dios mismo reposó al séptimo día, después de su obra creadora (Génesis 2:2-3; Éxodo 20:9-11). Jesús sabía que había un tiempo para servir a las multitudes y otro para descansar. Instruyó a sus discípulos: «Venid vosotros aparte [...] y descansad un poco» (Marcos 6:31). Cuando descansamos, nos renovamos y reenfocamos. Si llenamos todo el tiempo con actividades, Dios suele captar nuestra atención haciéndonos acostar y «descansar».

El descanso es una dádiva de nuestro Creador que sabe exactamente lo que necesitamos. Alabémoslo por hacernos descansar en delicados pastos. *CHK*

Señor, gracias por recordarme
que debo descansar.

«Si no nos retiramos y descansamos, podemos desmoronarnos». Havner

2 de marzo

Segura en sus brazos

Lectura:
Isaías 66:5-13

Como aquel a quien consuela su madre,
así os consolaré yo… (Isaías 66:13).

Acababan de operar a mi hija y yo estaba sentada a su lado en la sala de recuperación. Cuando abrió los ojos, se dio cuenta de que estaba dolorida y empezó a llorar. Le acaricié un brazo, intentando tranquilizarla, pero solo conseguí que estuviera más molesta. Entonces, una enfermera me ayudó y la pusimos en mi regazo. Le sequé las lágrimas y le aseguré que se sentiría cada vez mejor.

Por medio de Isaías, Dios les aseguró a los israelitas: «Como aquel a quien consuela su madre, así os consolaré yo a vosotros» (66:13). Prometió darles paz y llevarlos a su lado como lo hace una madre con un hijo. Este tierno mensaje era para aquellos que lo reverenciaban; los que temblaban ante su palabra (v. 5).

El poder de Dios para consolar a su pueblo y su deseo de hacerlo vuelven a verse en la carta de Pablo a los creyentes de Corinto, donde el apóstol dice que el Señor es quien «nos consuela en todas nuestras tribulaciones» (2 Corintios 1:3-4). Cuando estamos en dificultades, Él es bondadoso y compasivo con nosotras.

Un día, todo sufrimiento se acabará. Nuestras lágrimas se secarán por completo y estaremos seguras en los brazos de Dios para siempre (Apocalipsis 21:4). Mientras tanto, podemos descansar en que su amor nos sostendrá cuando suframos. *JBS*

Señor, que sienta hoy tu protección.

Dios consuela a su pueblo.

3 de marzo

Te presento a Shrek

Lectura:
Ezequiel 34:11-16

... yo mismo iré a buscar mis ovejas, y las reconoceré (EZEQUIEL 34:11).

Shrek era una oveja desertora. Se alejó de su rebaño y estuvo perdida durante seis años. La persona que la encontró viviendo en una cueva, en un lugar alto y escarpado de Nueva Zelanda, no se dio cuenta de que era una oveja. «Parecía una especie de bestia bíblica», declaró. En cierto modo, lo era. Shrek era un cuadro de lo que les sucede a las ovejas que se separan de su pastor.

Tuvieron que bajarla de la montaña, porque tenía la lana tan larga y pesada (27 kilos) que no podía caminar sin ayuda. Para aliviarla del peso de su rebeldía, la colgaron cabeza abajo, para que se quedara quieta y no se lastimara cuando el esquilador le cortaba el pesado vellón.

La historia de Shrek ilustra la metáfora que utilizó Jesús cuando se autodenominó el Buen Pastor (Juan 10:11), y cuando Dios se refirió a su pueblo como sus ovejas (Ezequiel 34:31). Tal como Shrek, no tomamos buenas decisiones cuando lo hacemos a solas, y el peso de las consecuencias nos aplasta (Ezequiel 33:10). Para aliviar ese peso, tal vez tengamos que caer de espaldas durante un tiempo. Y, cuando terminamos en esta posición, es bueno permanecer quietas y confiar en que el Buen Pastor hará su obra sin lastimarnos. *JAL*

Señor, gracias por ser nuestro Buen Pastor y guiarnos por buen camino. Ayúdame a permanecer en el redil.

Dios nos entrena para que crezcamos en la fe.

4 de marzo

Agradecida en todo

Lectura:
1 Tesalonicenses 5:12-22

Dad gracias en todo...
(1 Tesalonicenses 5:18).

Mi hija es alérgica al maní. Es tan sensible que comer un mínimo fragmento de este fruto pone en riesgo su vida. Por lo tanto, revisamos cuidadosamente las etiquetas de los alimentos. Dondequiera que vamos, llevamos una jeringa con medicina para contrarrestar las reacciones alérgicas. Y, cuando salimos a comer, llamamos con anticipación y averiguamos qué platos incluye el menú del restaurante.

A pesar de estas precauciones, no dejo de preocuparme por su seguridad, tanto ahora como en el futuro. Me cuesta estar agradecida por esta situación. No obstante, la Palabra de Dios desafía: «Dad gracias en todo, porque esta es la voluntad de Dios para con vosotros en Cristo Jesús» (1 Tesalonicenses 5:18). No hay vuelta que darle. Dios desea que demos gracias cuando el futuro es incierto, cuando se nos rompe el corazón y cuando escasean las provisiones.

Es difícil estar agradecida en medio de las dificultades, pero no es imposible. Daniel «oraba y daba gracias» (Daniel 6:10), aunque sabía que su vida corría peligro. ¡Jonás clamó «con voz de acción de gracias» (Jonás 2:9 LBLA) estando dentro del pez! Estos ejemplos, junto con la promesa de Dios de que todas las cosas obran para nuestro beneficio y para su gloria (Romanos 8:28), pueden estimularnos a dar gracias en todo. *JBS*

Padre, quiero darte gracias siempre.

En toda circunstancia, podemos darle gracias a Dios por estar a nuestro lado.

5 de marzo

Disfrutar su comida

Lectura:
1 Corintios 11:23-34

… haced esto en memoria de mí
(1 Corintios 11:24).

No tiene que ver con la forma de la mesa ni el material de las sillas; tampoco importa la comida, si fue hecha con amor. Una buena comida se disfruta cuando apagamos el televisor y los teléfonos, y nos concentramos en las personas con quienes la compartimos.

Me encanta sentarme y disfrutar de una buena charla con amigos y familiares sobre infinidad de temas. Sin embargo, la tecnología lo ha dificultado. A veces, nos interesa más lo que dicen otros (tal vez, a miles de kilómetros de distancia) que lo que comenta la persona que está al otro lado de la mesa.

Hemos sido invitadas a reunirnos alrededor de otra mesa para celebrar la Cena del Señor. No tiene que ver con que la iglesia sea grande o pequeña ni con el tipo de pan que se use. Se trata de apagar nuestros pensamientos para olvidar las preocupaciones y concentrarnos en Jesús.

¿Cuándo disfrutamos por última vez al participar de la mesa del Señor? ¿Gozamos de su presencia o nos preocupa más lo que sucede en otra parte? Esto es importante, porque «todas las veces que comiereis este pan, y bebiereis esta copa, la muerte del Señor anunciáis hasta que él venga» (1 Corintios 11:26). *KOH*

Señor, ayúdame a disfrutar la comunión con otros mientras recordamos lo que hiciste en el Calvario por nosotras.

Recordar la muerte de Cristo nos da fortaleza para hoy y esperanza para mañana.

6 de marzo

Desconectarse

Lectura:
Marcos 6:30-31, 45-47

... Venid vosotros aparte a un lugar desierto, y descansad un poco... (MARCOS 6:31).

Cuando nuestros hijos eran jóvenes, fuimos a visitar a mis abuelos. Donde ellos vivían, el televisor no tenía muy buena recepción, pero, para ellos, no era una cuestión muy importante. Después de que mi hijo manipuló el aparato durante un tiempo, me preguntó frustrado: «¿Qué se hace cuando se ve un solo canal y no te gusta lo que están transmitiendo?».

«Lo apagas», dije con una sonrisa, lo cual no fue exactamente el consejo que él esperaba. Tampoco es la respuesta que se espera hoy; en especial, con tantos artefactos que nos entretienen, informan y distraen.

A veces, necesitamos apagar todo y descansar la mente un rato. Simplemente, nos hace falta «desenchufarnos». Jesús solía apartarse durante un tiempo; en especial, cuando quería dedicarse a orar (Mateo 14:13). También instaba a los discípulos a hacer lo mismo, aunque fuera solo un rato (Marcos 6:31). Esta clase de soledad y de tiempo para reflexionar es beneficioso para todos. Es entonces cuando podemos acercarnos a Dios.

Sigue la sabiduría y el ejemplo de Cristo: apártate y descansa un poco. Será bueno para tu cuerpo, mente y espíritu. CHK

Señor, ayúdame a buscar aquellas cosas que provienen de ti, de lo alto. Quiero desconectarme de todo lo que me distrae y acercarme a ti.

Bajar el volumen de la vida te permite escuchar atentamente a Dios.

7 de marzo

Vengan a mí

Lectura:
Juan 6:30-40

... Yo soy el pan de vida; el que a mí viene, nunca tendrá hambre... (JUAN 6:35).

Cuando Jesús vivió en este mundo, invitaba a la gente a ir a Él, y hoy sigue haciendo lo mismo (Juan 6:35). Pero ¿qué tienen Él y su Padre celestial que nosotros necesitemos?

Salvación. Jesús es el único camino para obtener el perdón de pecado y la promesa del cielo: «para que todo aquel que en él cree, no se pierda, mas tenga vida eterna» (Juan 3:15).

Propósito. Debemos seguir a Jesús con todo el corazón, alma, mente y fuerzas: «Si alguno quiere venir en pos de mí, niéguese a sí mismo, y tome su cruz, y sígame» (Marcos 8:34).

Consuelo. En la prueba o la tristeza, el «Dios de toda consolación, [...] nos consuela en todas nuestras tribulaciones» (2 Corintios 1:3-4).

Sabiduría. Necesitamos una sabiduría superior a la nuestra para tomar decisiones: «si alguno de vosotros tiene falta de sabiduría, pídala a Dios, [...] y le será dada (Santiago 1:5).

Fuerza. Cuando estemos cansados, «El Señor dará fuerza a su pueblo» (Salmo 29:11 LBLA).

Vida abundante. La vida plena se encuentra en una relación personal con Jesús: «yo he venido para que tengan vida, y para que la tengan en abundancia» (Juan 10:10).

Jesús afirmó: «al que a mí viene, no le echo fuera» (Juan 6:37). ¡Vengan! *AMC*

*Padre, quiero acudir a ti
para saciar mi alma.*

**Jesús nos invita a ir a Él
para tener vida.**

8 de marzo

Lo bueno, lo malo y lo feo

Lectura:
1 Samuel 20:35-42

... No te desampararé, ni te dejaré
(HEBREOS 13:5).

Una amiga querida me mandó un mensaje de texto que decía: «¡Me alegra tanto que podamos contarnos lo bueno, lo malo y lo feo!». Somos amigas desde hace muchos años y hemos aprendido a compartir nuestras alegrías y fracasos. Reconocemos que estamos lejos de ser perfectas, por eso hablamos de nuestras luchas, pero también nos regocijamos en las victorias de la otra.

David y Jonatán también tenían una amistad sólida, la cual comenzó en los días buenos, cuando David derrotó a Goliat (1 Samuel 18:1-4). Compartieron sus temores durante los tiempos malos de celos del padre de Jonatán (18:6-11; 20:1-2). Finalmente, sufrieron juntos en la época fea en que Saúl planeaba matar a David (20:42).

Los buenos amigos no nos abandonan cuando las circunstancias externas cambian. Permanecen a nuestro lado en las buenas y en las malas. También nos aconsejan acudir a Dios en los momentos feos, cuando quizá nos sintamos tentadas a alejarnos de Él.

Los amigos auténticos son un regalo de Dios porque ejemplifican al Amigo perfecto, el cual permanece fiel en días buenos, malos y feos. Tal como nos recuerda el Señor: «No te desampararé, ni te dejaré» (Hebreos 13:5). *KOH*

Señor, gracias por ser mi Amigo fiel,
y por haber puesto amigos aquí que me acompañan en el camino.

Un amigo es aquel que aparece
cuando todo el mundo desaparece.

9 de marzo

Cuestiones del corazón

Lectura:
Proverbios 4:20-27

Sobre toda cosa guardada, guarda tu corazón;
porque de él mana la vida. (v. 23).

Nuestro corazón bombea a un ritmo de 70 a 75 latidos por minuto. Aunque suele pesar unos 300 gramos, un corazón saludable bombea unos 7.500 litros de sangre a través de casi 100.000 kilómetros de vasos sanguíneos cada día, y genera suficiente energía como para conducir un camión unos 30 kilómetros. En toda una vida, es el equivalente a un viaje de ida y vuelta a la luna. Un corazón saludable puede hacer cosas maravillosas. Pero, si no funciona bien, todo el cuerpo se resiente.

Lo mismo podría decirse de nuestro «corazón espiritual». En la Escritura, el corazón representa el centro de nuestras emociones, pensamientos y razonamientos.

Por eso, tiene mucho sentido que la Palabra aconseje: «Sobre toda cosa guardada, guarda tu corazón» (Proverbios 4:23). No obstante, nos cuesta aceptar este consejo. La vida siempre nos exige tiempo, energía y atención inmediata. En comparación, tomarse el tiempo para escuchar la Palabra de Dios quizá no parezca tan urgente. Tal vez no notemos las consecuencias de este descuido de inmediato, pero, con el tiempo, podemos llegar a experimentar un paro cardíaco espiritual.

Doy gracias a Dios por habernos dado su Palabra. Necesitamos su ayuda para no descuidarla y para alinear nuestro corazón con el suyo cada día. *PFC*

Señor, guarda nuestro corazón e inclínalo a ti.

Para mantener una buena salud espiritual, consulta al gran Médico.

10 de marzo

Camino en construcción

Lectura:
Jeremías 31:31-34

Pero ahora estamos libres de la ley, [...] de modo que sirvamos bajo el régimen nuevo del Espíritu... (ROMANOS 7:6).

En Michigan, donde vivo, bromeamos diciendo que tenemos dos temporadas: el invierno y la construcción de caminos. Los duros inviernos dañan las carreteras, así que los equipos de reparación empiezan a trabajar en cuanto el hielo se derrite y el terreno se descongela. Aunque lo llamamos «construcción», gran parte de lo que hacen parece una «destrucción». En algunos casos, solo tapar agujeros no basta; hay que reemplazar el camino viejo por otro nuevo.

Cuando el Señor obra en nuestra vida, se puede experimentar algo similar. En el Antiguo Testamento, Dios le dijo a su pueblo que esperara renovaciones importantes en el camino entre ambos (Isaías 62:10-11; Jeremías 31:31). Cuando envió a su Hijo, los judíos pensaron que se destruía el camino hacia Él. Sin embargo, Jesucristo no estaba destruyendo nada, sino completándolo (Mateo 5:17). El camino antiguo asfaltado de leyes se convirtió en uno nuevo pavimentado con el amor sacrificial de Cristo.

Dios sigue en la obra de reemplazar los antiguos caminos del pecado y el legalismo con el sendero de amor que Jesús completó. Cuando Él quita nuestras antiguas formas de pensar y comportarnos, tal vez parezca que está destruyendo todo lo conocido, pero no es así, sino que está construyendo un camino mejor. JAL

Señor, sigue trabajando en mi vida.

Un trastorno suele preceder
al progreso espiritual.

11 de marzo

¿Qué siembro?

Lectura:
Marcos 4:1-20

... el que siembra justicia tendrá galardón firme
(Proverbios 11:18).

La universidad donde estudié tiene una escultura titulada El Segador. Debajo, aparece una inscripción de Gálatas 6:7: «Todo lo que el hombre sembrare». La Universidad Estatal de Michigan continúa siendo un baluarte en investigación agrícola; pero, a pesar de los numerosos adelantos tecnológicos, esta verdad permanece inamovible: las semillas de trigo no producirán frijoles.

Jesús empleó muchas metáforas agrícolas para explicar el reino de Dios. En la parábola del sembrador (Marcos 4), comparó la Palabra de Dios con semillas sembradas en diferentes tipos de terreno. Tal como se indica allí, el sembrador siembra de manera indiscriminada, sabiendo que algunas semillas caerán en lugares donde no van a crecer.

Al igual que Jesús, debemos sembrar semillas buenas en todo lugar y sin cesar. Dios es responsable de dónde caen y de cómo crecerán. Lo importante es que sembremos. El Señor no quiere que cosechemos destrucción; por eso, desea que sembremos lo bueno y recto (Proverbios 11:18). El apóstol Pablo advirtió a los creyentes que no sembraran semillas de corrupción, sino aquellas que produjeran la vida eterna (Gálatas 6:8).

La respuesta a «¿qué siembro?» es: «Siembra lo que quieras cosechar». Para que tu vida produzca una buena cosecha, siembra semillas de bondad. *JAL*

Señor, quiero sembrar
buena semilla en todo tiempo.

Una semilla enterrada da fruto;
una vida generosa recoge una cosecha eterna.

12 de marzo

Ampliar la imagen

Lectura:
Deuteronomio 32:7-12

Así como el águila revolotea […] y anima a sus polluelos a volar, […] el Señor [lo] guio [a Jacob]… (DEUTERONOMIO 32:11-12 RVC).

Durante tres meses, pude ver de cerca la obra asombrosa de Dios. En el Jardín Botánico Norfolk, instalaron una videocámara que enfocaba el nido de una familia de águilas calvas, que permitía que los espectadores miraran por Internet.

Cuando se rompieron los cascarones, la mamá y el papá águilas atendían con cuidado a sus crías y se turnaban para ir a buscar comida y proteger el nido. Pero, un día, cuando los aguiluchos todavía parecían pompones peludos, ambos padres desaparecieron. Me preocupó pensar que algo podía dañar a los pequeños.

Sin embargo, mi preocupación era infundada, ya que el operador de la cámara amplió el cuadro, y allí estaba la mamá águila posada en una rama cercana.

Mientras reflexionaba en esta «ampliación» del cuadro, pensé en ocasiones cuando temí que Dios me hubiera abandonado. La perspectiva de aquellas aves en las alturas de un bosque me recordó que mi visión es limitada. Solamente veo una pequeña parte de la escena completa.

Moisés utilizó la imagen del águila para describir a Dios. Como las águilas llevan a sus crías, el Señor lleva en brazos a su pueblo (Deuteronomio 32:11-12). Aunque parezca lo contrario, el Señor «ciertamente no está lejos de cada uno de nosotros» (Hechos 17:27). Esto es cierto aun cuando nos sintamos abandonadas. JAL

Padre, gracias por cuidarme aunque no te vea.

Ya que el Señor nos cuida,
no debemos temer ningún peligro.

13 de marzo

Gracia en nuestro corazón

Lectura:
Efesios 2:4-10

Sea vuestra palabra siempre con gracia...
(Colosenses 4:6).

Hace unos años, en una cena formal en Washington, una consejera presidencial confundió al general Peter Chiarelli (en ese momento, el segundo más importante en el ejército estadounidense) con un mesero. Mientras el general estaba detrás de ella vestido con su uniforme, la consejera le pidió que le trajera una bebida. Entonces, ella se dio cuenta de su error, y el general la tranquilizó con mucha gracia, le llenó la copa y hasta la invitó a comer con su familia en algún momento.

«Gracia» puede suponer un acto de bondad o cortesía, como en el caso del general. Pero también tiene un significado más profundo para el seguidor de Cristo. Somos receptoras del increíble favor gratuito e inmerecido —la gracia— que Dios nos dio mediante su Hijo Jesús (Efesios 2:8).

Como recibimos gracia, debemos mostrarla en nuestra manera de tratar a los demás; por ejemplo, en nuestra forma de hablar: «Las palabras de la boca del sabio son llenas de gracia» (Eclesiastés 10:12). La gracia en nuestro corazón se derrama en nuestras palabras y acciones (Colosenses 3:16-17).

Mostrar la gracia que hay en nuestro corazón es una consecuencia lógica en la vida de la seguidora de Jesucristo, quien ofreció la mayor gracia de todas. CHK

Padre celestial, ayúdame a sazonar mis palabras con gracia y honrarte en todo lo que diga y haga.

La gracia de Dios en el corazón trae buenas obras en la vida.

14 de marzo

Reglas del desapego

Lectura:
Génesis 50:15-21; Juan 8:31-36

Así que, si el Hijo os libertare,
seréis verdaderamente libres (Juan 8:36).

En su libro *Throw Out Fifty Things* [Deshazte de 50 cosas], Gail Blanke bosqueja cuatro «reglas del desapego» para ayudar a la gente a liberarse del abarrotamiento en su vida. La primera declara: «Si [tal cosa] te aplasta, te atasca o te hace sentir mal, tírala, regálala, véndela, suéltala, y sigue adelante».

Pienso que esta regla del desapego también tiene una aplicación espiritual: no tenemos que seguir abrumados por los pecados del pasado. Los hermanos de José lucharon contra esto. Años después de haber vendido a José como esclavo, tuvieron miedo de la venganza (Génesis 50:15). Entonces, enviaron un mensajero para que le rogara a José que los perdonase (vv. 16-17), a pesar de que él había sido bueno con ellos y les había transmitido tranquilidad (45:4-15).

Muchas seguimos ligadas a agravios cometidos en el pasado, a pesar de la misericordia y la bondad de aquellos a quienes tal vez perjudicamos. Pero la verdadera libertad llega cuando confesamos nuestro pecado a Dios. El Señor nos perdona (1 Juan 1:9) y nos aleja del pecado (Salmo 103:12). ¡Arroja nuestros pecados a lo profundo del mar! (Miqueas 7:19). Por esta razón, podemos traer a la mente que el Hijo nos ha libertado y que, entonces, somos verdaderamente libres (Juan 8:36). *JBS*

Señor, gracias por tu perdonarme
y hacerme verdaderamente libre.

La sangre de Cristo pagó el precio
de nuestra liberación del pecado.

15 de marzo

Un siervo fiel

Lectura:
Josué 14:6-15

... el que sirve, que lo haga por la fortaleza que Dios da...
(1 Pedro 4:11 LBLA).

Madaleno es albañil. De lunes a jueves, construye paredes y repara techos. Es callado, confiable y trabajador. Después, de viernes a domingo, sube a las montañas a enseñar la Palabra de Dios. Habla náhuatl, un dialecto mejicano, lo que le permite comunicar sin problema la buena noticia de Jesús a la gente de esa región. Con 70 años, sigue construyendo casas, pero también edifica a la familia de Dios.

Lo han amenazado varias veces, ha dormido al aire libre y casi muere en accidentes automovilísticos y caídas. También lo han echado de algunos pueblos, pero él afirma que Dios lo ha llamado a esa actividad, y sirve con alegría. Como cree que la gente necesita conocer al Señor, confía en que Dios lo fortalecerá.

La fidelidad de Madaleno me recuerda la de Josué y Caleb, dos de los hombres que Moisés envió a explorar la tierra prometida para informar a los israelitas (Números 13; Josué 14:6-13). Sus compañeros regresaron atemorizados, pero ellos confiaban en Dios y estaban convencidos de que Él los ayudaría a conquistar la tierra.

La obra que se nos ha encomendado quizá sea diferente a la de Madaleno o la de Josué y Caleb, pero nuestra confianza puede ser igual. Para alcanzar a otros, no dependemos de nosotras mismas, sino del poder de nuestro Dios. *KOH*

Señor, quiero ser fiel
en lo que me has encomendado.

¿Eres fiel donde Dios te ha colocado
para que lo sirvas?

16 de marzo

¿Cómo provee Dios?

Lectura:
Deuteronomio 24:19-22

El que labra su tierra se saciará de pan…
(Proverbios 12:11).

Fuera de la ventana de mi oficina, las ardillas se apresuran a enterrar sus bellotas antes de que llegue el invierno. Me divierte su conmoción. Un rebaño de ciervos puede atravesar nuestro patio trasero sin que se oiga, pero una ardilla suena como una invasión.

Hay otra diferencia. Los ciervos no se preparan para el invierno. Cuando llega la nieve, comen cualquier cosa que encuentren en el camino. Pero las ardillas se morirían de hambre si siguieran su ejemplo; serían incapaces de hallar el alimento apropiado.

El ciervo y la ardilla representan las maneras en que Dios se ocupa de nosotros: permite que trabajemos y ahorremos para el futuro, y suple nuestra necesidad cuando escasean los recursos. Tal como enseña la literatura sapiencial, el Señor nos da temporadas de abundancia para que podamos prepararnos para los tiempos de necesidad (Proverbios 12:11). Y como dice el Salmo 23, nos guía a través de lugares peligrosos hacia pastos agradables.

Otra forma en que Dios provee es instruyendo a quienes tienen abundancia a que compartan con los necesitados (Deuteronomio 24:19). Así que, cuando se trata de proveer, la Biblia enseña: trabajemos mientras podamos, ahorremos lo que podamos, compartamos lo que podamos y confiemos en que Dios suplirá nuestras necesidades. *JAL*

Padre, gracias por ser mi Proveedor.
Confío en ti.

Nuestras necesidades nunca agotarán el suministro divino.

17 de marzo

Amor revelado

Lectura:
1 Juan 4:9-16

En esto se mostró el amor de Dios para con nosotros, en que Dios envió a su Hijo unigénito al mundo… (1 Juan 4:9).

Cuando varios carteles rosas que decían «Te amo» aparecieron misteriosamente en un pueblo de Canadá, una reportera local decidió investigar, pero no tuvo resultados. Semanas después, aparecieron otros carteles con el nombre de un parque, una fecha y una hora.

Junto con una multitud de lugareños curiosos, la reportera fue al parque a la hora señalada. Allí se encontró con un hombre vestido con un traje y la cabeza tapada. ¡Imagina la sorpresa cuando él le dio un ramo de flores y le propuso matrimonio! El misterioso hombre era su novio… y ella aceptó felizmente la propuesta.

Esta expresión de amor puede parecer un poco exagerada, ¡pero la manifestación del amor de Dios sí que fue insólita! «En esto se mostró el amor de Dios para con nosotros, en que Dios envió a su Hijo unigénito al mundo, para que vivamos por él» (1 Juan 4:9).

Jesús no es una simple muestra de amor, como una rosa que alguien le da a otra persona. Jesucristo es el Dios hombre que entregó voluntariamente su vida para que todo aquel que cree en Él sea salvo y viva para la eternidad con Dios. Nada puede separar a un creyente «del amor de Dios, que es en Cristo Jesús Señor nuestro» (Romanos 8:39). *JBS*

Padre, gracias por el gran amor que me has revelado y demostrado en Cristo. ¡Qué bueno es saber que nada puede separarme de ti!

Sabemos cuánto nos ama Dios porque envió a su Hijo para salvarnos.

18 de marzo

Código de honestidad

Lectura:
Lucas 16:1-10

El que es fiel en lo muy poco, también en lo más es fiel; y el que en lo muy poco es injusto, también en lo más es injusto (Lucas 16:10).

Muchas casas cerca de la nuestra ponen a la venta junto al camino alimentos frescos y plantas perennes. A veces, vamos en el auto hasta un puesto donde nadie atiende y que funciona bajo el «código de honestidad». Cuando elegimos lo que queremos, ponemos el dinero en una alcancía o en una vieja lata de café. Después, nos vamos a casa a disfrutar de las frutas y las verduras recién cosechadas.

Pero este sistema no siempre funciona. Mi amiga Jackie tiene un puesto de flores frente a su casa. Un día, vio por la ventana a una mujer bien vestida, que llenaba de plantas perennes la cajuela de su automóvil. Jackie sonreía mientras calculaba que ganaría 50 dólares por su trabajo en el jardín. Sin embargo, cuando revisó la alcancía más tarde, ¡estaba vacía! El código de honestidad reveló que esa mujer era deshonesta.

Tal vez, a ella le parecía que robar flores no era algo tan grave. Pero ser honestas en las pequeñeces indica cómo actuaremos en las cosas mayores (Lucas 16:10). La honestidad aplicada a todas las áreas de nuestra vida es una manera de honrar a Jesucristo, nuestro Salvador.

Para una seguidora de Cristo, el mejor «código de honestidad» es Colosenses 3:17: «Y todo lo que hacéis, sea de palabra o de hecho, hacedlo todo en el nombre del Señor Jesús…». CHK

Señor, quiero honrarte con mi honestidad
en todo lo que haga.

Honestidad significa
no tener nada que esconder.

19 de marzo

Amigos que oran

Lectura:
1 Tesalonicenses 3:6-13

Hermanos, orad por nosotros
(1 Tesalonicenses 5:25).

Me encontré para almorzar con mi amiga Ángela después de varios meses sin haberla visto. Cuando estábamos por despedirnos, sacó una hoja de papel con notas de nuestro último tiempo juntas. Era una lista con mis pedidos de oración por los que ella había estado orando desde aquel entonces. Fue leyendo cada uno y preguntándome si Dios ya había contestado o si tenía que actualizar algo. Después, hablamos de sus peticiones. ¡Qué alentador es tener una amiga que ora!

El apóstol Pablo mantenía una relación de oración con las iglesias a las que servía; entre ellas, la de Tesalónica. Le agradeció a Dios por la fe, el amor y la esperanza de sus miembros (1 Tesalonicenses 1:2-3). Anhelaba verlos, y le pedía al Señor «de noche y de día» poder visitarlos otra vez (3:10-11). También oraba para que Dios los hiciera «crecer y abundar en amor unos para con otros y para con todos» (v. 12), y para que sus corazones fueran irreprensibles delante de Él (v. 13). Es probable que se hayan sentido estimulados al leer que Pablo se interesaba y oraba por ellos. El apóstol también sabía cuánto necesitaba personalmente la compañía y el poder de Dios, y por eso, les rogó: «Hermanos, orad por nosotros» (5:25). *AMC*

Amado Padre, gracias por querer que hablemos contigo.
Enséñanos a ser amigas que oran.

Los mejores amigos son los que oran.

20 de marzo

El vínculo de la paz

Lectura:
Efesios 4:1-6

... solícitos en guardar la unidad del Espíritu en el vínculo de la paz (Efesios 4:3).

Cuando le envié un email a una amiga para confrontarla por una diferencia que habíamos tenido, no me respondió. ¿Me habría excedido? No quería empeorar las cosas acosándola, ni dejar todo sin resolver antes de que ella viajara al extranjero. Durante los días siguientes, cada vez que me venía a la mente, oraba por ella, sin saber cómo seguir. Entonces, una mañana, fui a caminar por el parque y la vi. Cuando me divisó, su rostro mostró el dolor que sentía. «Señor, gracias por permitirme hablar con ella», susurré mientras me acercaba con una sonrisa. Hablamos con sinceridad y pudimos resolver el problema.

A veces, cuando el dolor o el silencio se entrometen en nuestras relaciones, parece que la solución está fuera de nuestro control. Pero, como dice el apóstol Pablo en su carta a los efesios, somos llamadas a buscar la paz y la unidad a través del Espíritu de Dios, vistiéndonos de bondad, humildad y paciencia a medida que buscamos que Dios sane nuestra relación con otros. El Señor anhela que estemos unidas y, a través de su Espíritu, puede restaurar nuestra relación con los demás… incluso de forma inesperada, mientras paseamos por el parque. *ABP*

Señor, ayúdame a estar en paz con todos, en lo que de mí dependa. Quiero guardar la unidad del Espíritu en este hermoso vínculo de la paz.

Dios desea que los creyentes sean unidos.

21 de marzo

¡Con razón!

Lectura:
Cantares 1:1-4

Nosotros le amamos a él,
porque él nos amó primero (1 JUAN 4:19).

«Es justo para ti», me dijo mi amiga. Estaba hablando de un muchacho al que acababa de conocer. Dijo que tenía ojos agradables, una agradable sonrisa y un corazón agradable. Cuando lo conocí, tuve que reconocer que era cierto. Hoy es mi esposo… ¡con razón lo amo!

En Cantar de los Cantares, la esposa describe a su amado. Dice que es mejor que el vino y más fragante que los ungüentos; que su nombre es más dulce que cualquier otra cosa en el mundo. Por eso, concluye diciendo que es lógico que lo ame.

No obstante, hay Alguien mucho mayor que cualquier ser amado terrenal; Alguien cuyo amor es también mejor que el vino y que satisface toda necesidad. Su «fragancia» es mejor que cualquier perfume porque, cuando se entregó por nosotras, su sacrificio se convirtió en un olor fragante para Dios (Efesios 5:2). Además, su nombre es sobre todo otro nombre (Filipenses 2:9). ¡Con razón lo amamos!

Amar a Cristo es un privilegio. ¡Es la mejor experiencia de la vida! ¿Tomamos tiempo para decírselo? ¿Expresamos con palabras la belleza de nuestro Salvador? Si mostramos su belleza con nuestra vida, los demás dirán: «¡Con razón lo amas!». *KOH*

Señor Jesús, cuanto más te conozco,
más entiendo que la única posibilidad es amarte cada día más.
¡Eres todo para mí!

La Palabra de Dios nos habla de su amor;
nuestras palabras le dicen que lo amamos.

22 de marzo

Los caminantes más veloces

Lectura:
Lucas 10:38-42

Esta tenía una hermana que se llamaba María, la cual, sentándose a los pies de Jesús, oía su palabra (Lucas 10:39).

Según un estudio que medía el ritmo de vida de las ciudades en 32 países, las personas que viven más aceleradas son las que residen, como yo, en Singapur. Caminamos 18 metros en 10,55 segundos, comparado con los 12 segundos que les lleva a los neoyorkinos y los 31,60 segundos que se toman aquellos que viven en la ciudad africana de Blantyre, Malawi.

Pero, más allá de la ciudad donde vivas, el estudio muestra que la velocidad del paso ha aumentado un 10% en promedio, en los últimos 20 años. Si esto es un indicador del ritmo de vida, sin duda estamos mucho más ocupadas que antes.

¿Estás atrapada en el frenesí de una vida ajetreada? Detente y considera las palabras de Jesús a Marta: «… afanada y turbada estás con muchas cosas. Pero sólo una cosa es necesaria; y María ha escogido la buena parte, la cual no le será quitada» (Lucas 10:41-42).

Observa las palabras tiernas del Señor. No reprendió a Marta por querer ser una buena anfitriona, sino que le recordó sus prioridades. Marta había permitido que lo necesario adquiriera proporciones desmedidas, y su servicio le consumía tanto tiempo que no pudo sentarse a los pies de Jesús.

En nuestro deseo de ser productivas para el Señor, recordemos lo más importante: disfrutar del tiempo que pasamos con nuestro Salvador. *PFC*

Señor, quiero detenerme y sentarme a tus pies.

El deseo de Jesús de tener comunión con nosotras es mayor que el nuestro.

23 de marzo

Lucir bien

Lectura:
Mateo 23:23-31

… Limpia primero lo de dentro…
(Mateo 23:26).

«Qué saludable luce tu cabello —me comentó mi peluquera después de hacerme un nuevo corte—. Espero que se deba a que usas nuestros productos». «No, lo lamento —contesté—. Uso productos baratos y que tienen un aroma agradable». Pero, después, añadí: «También intento comer bien. Creo que eso hace una gran diferencia».

Cuando pienso en todo lo que hacemos para lucir bien, recuerdo algunas cosas que realizamos para guardar una buena apariencia espiritual. Jesús trató este tema con los líderes religiosos de Jerusalén (Mateo 23). Ellos seguían una serie de normas religiosas que sobrepasaban las que Dios les había dado. Se esforzaban por guardar las apariencias, para probar que eran mejores que los demás. Pero sus esfuerzos no impresionaban a Dios. Jesús les dijo: «… limpiáis lo de fuera del vaso y del plato, pero por dentro estáis llenos de robo y de injusticia» (v. 25). En realidad, lo que hacían los fariseos para lucir bien revelaba su desastrosa condición interior.

Cada sociedad valora distintas conductas y tradiciones religiosas, pero los valores del Señor trascienden las culturas. Y lo que Él valora no se mide por lo que ven los demás. A Dios le importa que tengamos un corazón limpio y motivaciones puras. La salud espiritual se expresa de adentro hacia fuera. *JAL*

Señor, limpia mi corazón
y mis motivaciones.

Podemos tener una apariencia externa agradable,
y aun así, no ser buenas en nuestro interior.

24 de marzo

El reloj perfecto

Lectura:
Lucas 2:36-40

Esta […] hablaba del niño a todos los que esperaban la redención en Jerusalén (Lucas 2:38).

De vez en cuando, visito a dos ancianas. Una no tiene preocupaciones económicas, está bien físicamente y vive en su propia casa. Sin embargo, siempre encuentra algo negativo para decir. La otra sufre de artritis y está bastante olvidadiza. Vive con sencillez y tiene un cuaderno donde anota todo, para no olvidar sus compromisos. No obstante, lo primero que escuchan los que la visitan es: «¡Dios es tan bueno conmigo!». Al alcanzarle su cuaderno de recordatorios, noté que, el día anterior, había escrito: «¡Mañana salgo a almorzar! ¡Qué maravilloso! Otro día feliz».

Ana era una profetisa en la época en que nació Jesús, y sus circunstancias eran difíciles (Lucas 2:36-37). Había quedado viuda siendo joven, y probablemente no tenía hijos, así que podría haberse sentido inútil y abandonada. No obstante, se concentraba en Dios y en servirlo. Anhelaba la llegada del Mesías, pero, mientras tanto, estaba ocupada en los negocios del Señor: oraba, ayunaba y les enseñaba a otros lo que había aprendido sobre Él.

Finalmente, cuando tenía más de 80 años, vio al Mesías bebé en brazos de su joven madre. Toda su paciente espera había valido la pena. Su corazón cantaba de alegría mientras alababa a Dios, y, luego, les comunicó a todos la feliz noticia. *MS*

Señor, quiero ser feliz sirviéndote.

El mejor lugar para estar es donde confluyen el plan de Dios y nuestra parte en él.

25 de marzo

Los planes de Dios

Lectura:
Josué 5:13–6:2

… «¿Qué órdenes tiene mi Señor para este siervo suyo?»
(Josué 5:14 rvc).

Un oficial del ejército puede tener un plan general, pero, antes de cada batalla, debe recibir y dar instrucciones nuevas. Josué, un líder del pueblo de Dios, tuvo que aprender esta lección. Después de que los israelitas pasaron 40 años en el desierto, el Señor escogió a Josué para que los liderara en la entrada a la tierra que Él les había prometido.

La primera fortaleza que enfrentaron fue la ciudad de Jericó. Antes de la batalla, Josué vio al «Príncipe del ejército del Señor» (probablemente, el Señor mismo) de pie frente a él, con una espada en su mano. Josué cayó postrado y adoró. En otras palabras, reconoció la grandeza de Dios y su propia debilidad. Luego, preguntó: «¿Qué órdenes tiene mi Señor para este siervo suyo?» (Josué 5:14 RVC). La victoria que logró en Jericó se debió a haber seguido las instrucciones de Dios.

No obstante, en otra ocasión, Josué y su gente «no consultaron al Señor» (9:14). Como resultado, fueron engañados para que acordaran un tratado de paz con los gabaonitas, enemigos que moraban en la tierra de Canaán. Esto desagradó a Dios (vv. 3-26).

Nosotros también dependemos del Señor al enfrentar las luchas de la vida. Su anhelo es que nos acerquemos a Él con humildad. Así, mañana volverá a darnos la victoria. *KOH*

Padre, que tu voluntad siempre guíe mis pasos.

La victoria espiritual es de quienes se humillan y buscan la voluntad de Dios.

26 de marzo

El don de la bienvenida

Lectura:
Hebreos 13:1-2

No os olvidéis de la hospitalidad...
(Hebreos 13:2).

La ocasión en que invitamos a comer a familias de cinco naciones sigue siendo un recuerdo maravilloso. De alguna manera, la conversación no se dio de a dos, sino que todos participamos del debate sobre la vida en Londres, aportando perspectivas de diferentes partes del mundo. Esa noche, mi esposo y yo reflexionamos en que habíamos recibido más de lo que habíamos dado, incluida la calidez que sentimos al desarrollar amistades nuevas y aprender sobre culturas diferentes.

El escritor de Hebreos concluyó sus conceptos con algunas exhortaciones respecto a la vida comunitaria; entre ellas, que sus lectores debían continuar recibiendo a los extranjeros. Al hacerlo, «algunos, sin saberlo, hospedaron ángeles» (13:2). Tal vez se refería a Abraham y Sara, quienes, como vemos en Génesis 18:1-12, recibieron a tres extraños, fueron generosos con ellos y les prepararon un festín, tal como se acostumbraba en los tiempos bíblicos. No sabían que las visitas eran ángeles que les llevaban un mensaje de bendición.

No invitamos a personas a nuestra casa esperando recibir algo a cambio, pero, a menudo, recibimos más de lo que damos. Que el Señor extienda su amor a través de nosotras y dé la bienvenida a aquellos con quienes compartimos. *ABP*

Señor, ayúdame a ser más hospitalaria
y mostrar así tu amor.

Cuando somos hospitalarias, compartimos la bondad y las dádivas de Dios.

27 de marzo

El don de las lágrimas

Lectura:
Juan 11:32-44

Jesús lloró
(Juan 11:35).

Cuando su madre murió, llamé a una amiga mía de años. Nuestras madres habían sido íntimas amigas, y ahora, las dos habían fallecido. Nuestra conversación se convirtió en una sucesión de emociones: lágrimas de tristeza por la muerte de su madre, y de risa, al recordar lo divertida que había sido.

Muchas hemos experimentado ese extraño paso de llorar en un momento y reírnos después. Los sentimientos de tristeza y gozo son un don asombroso que libera las tensiones de nuestro físico.

Como somos hechas a imagen de Dios (Génesis 1:26), y el humor es una parte integral de casi todas las culturas, me imagino que Jesús debe de haber tenido un maravilloso sentido del humor. Pero sabemos que también conoció la tristeza. Cuando su amigo Lázaro murió, vio que María lloraba y «se estremeció en espíritu y se conmovió». Poco después, Él también empezó a llorar (Juan 11:33-35).

Nuestra capacidad para expresar con lágrimas las emociones es un don, y Dios guarda un registro de todas ellas. El Salmo 56:8 afirma: «Mis huidas tú has contado; pon mis lágrimas en tu redoma; ¿no están ellas en tu libro?». Pero, un día, se nos promete que el Señor «enjugará toda lágrima» (Apocalipsis 7:17). *CHK*

Señor, gracias porque has prometido enjugar todas mis lágrimas.

Nuestro amoroso Padre celestial, quien lavó nuestros pecados, también secará nuestras lágrimas.

28 de marzo

Búsqueda diligente

Lectura:
Isaías 62:1-12

... Y a ti te llamarán: Buscada, ciudad no abandonada
(Isaías 62:12 LBLA).

Todos los sábados, nuestra familia bordea la pista de carreras para alentar a mi hija, mientras ella corre con su equipo de campo traviesa de la escuela. Después de cruzar la línea de llegada, los atletas se separan para unirse a sus compañeros, entrenadores y padres. A veces, es difícil encontrarla entre tantas personas. Con entusiasmo, examinamos la multitud hasta que la hallamos, ansiosos de abrazar a la única atleta a la que fuimos a ver: nuestra amada hija.

Después de 70 años de cautiverio en Babilonia, Dios llevó a los judíos de vuelta a Jerusalén y Judá. Isaías describe cómo se deleitaba Dios en ellos, y el trabajo de preparar los caminos para su peregrinación de regreso y las puertas para recibirlos. Dios reafirma su llamado para ellos como su pueblo santo y restaura su honor con un nombre nuevo: «Buscada, ciudad no abandonada» (Isaías 62:12 LBLA). Dios los buscó en la remota Babilonia para traerlos de regreso con Él.

Al igual que Israel, nosotras también somos las hijas amadas de Dios, a quienes busca con diligencia. A pesar de que nuestro pecado nos aislaba, el sacrificio de Jesús nos abrió el camino para regresar a Él. El Señor nos busca a cada una con atención entre los demás, esperando ansioso para abrazarnos con ternura. *KHH*

Padre, gracias por estar pendiente de mí
y por buscarme con amor.

Dios busca a sus amados hijos.

29 de marzo

Mira lo que Jesús ha hecho

Lectura:
Lucas 8:1-8

… abundad también en esta gracia
(2 Corintios 8:7).

El niño tenía solo ocho años cuando le anunció a Guille, un amigo de sus padres: «Amo a Jesús y, algún día, quiero servirlo en otro país». Durante diez años, Guille oró por él mientras lo veía crecer. Tiempo después, cuando este joven presentó una solicitud a una organización misionera para ir a Mali, Guille le dijo: «¡Ya era hora! Cuando escuché lo que querías hacer, invertí un poco de dinero y lo he estado ahorrando para ti, esperando esta noticia emocionante». El corazón de Guille vibraba por ayudar a otros y colaborar para que la gente conociera la buena noticia de Dios.

Jesús y sus discípulos necesitaron sustento financiero mientras viajaban de un lugar a otro anunciando la buena noticia de la salvación (Lucas 8:1-3). Un grupo de mujeres que habían sido sanadas de demonios y enfermedades los sustentaban «con sus bienes» (v. 3): María Magdalena, liberada de siete demonios; Juana, esposa de un funcionario de la corte de Herodes; Susana, de quien no se sabe nada; y «otras muchas» (v. 3). Pero sí sabemos que Jesús había suplido sus necesidades espirituales. Ahora, ellas lo ayudaban a Él y a sus discípulos con recursos financieros.

Cuando consideramos lo que Jesús ha hecho por nosotras, su corazón por los demás se hace nuestro. Preguntémosle cómo desea utilizarnos. *AMC*

Señor, te serviré con todo lo que tengo.

Jesús lo dio todo;
Él merece todo de nosotras.

30 de marzo

Mejor que una piñata

Lectura:
Efesios 2:1-10

... por gracia sois salvos...
(Efesios 2:5).

En México, no puede haber una fiesta sin piñata: un recipiente de cartón o arcilla lleno de golosinas. Los niños la golpean con un palo y tratan de romperla, con la esperanza de disfrutar de su contenido.

En el siglo XVI, los monjes usaban las piñatas como herramientas de enseñanza para los aborígenes de México. Eran estrellas con siete puntas que representaban los siete pecados capitales. Golpear la piñata simbolizaba la lucha contra el mal; la gente podía llevar a su casa las golosinas que caían como un recordatorio de las recompensas por guardar la fe.

Pero nosotras no podemos luchar solas contra el mal. Dios no está esperando ver nuestros esfuerzos para mostrarnos su misericordia. Efesios enseña: «por gracia sois salvos por medio de la fe; y esto no de vosotros, pues es don de Dios» (2:8). Nosotras no derrotamos el pecado; Cristo ya lo hizo.

Los niños luchan para conseguir los dulces de la piñata, pero los regalos de Dios nos llegan a todos cuando creemos en Jesús. Él «nos bendijo con toda bendición espiritual» (1:3). Tenemos perdón de pecados, redención, adopción, vida nueva, gozo, amor y mucho más. Estas bendiciones espirituales no las conseguimos por guardar la fe o ser fuertes, sino por creer en Jesús. Todo viene por gracia… ¡gracia inmerecida! *KOH*

Señor, gracias por la salvación en Cristo.

Fuimos salvos por gracia. Ahora, disfrutamos las bendiciones que esa gracia trae.

31 de marzo

El león ladrador

Lectura:
Proverbios 22:1-5

De más estima es el buen nombre que las muchas riquezas...
(Proverbios 22:1).

Los que visitaban el zoológico quedaron pasmados cuando el «león africano» empezó a ladrar en vez de rugir. El personal del lugar dijo que habían disfrazado un mastín tibetano, un perro muy grande, de león porque no tenían dinero para comprar el animal verdadero. No hace falta decir que el zoológico perdió su reputación y que la gente pensaba dos veces antes de visitarlo.

La reputación es frágil; una vez que se daña, es difícil de recuperar. Es común sacrificar una buena reputación en el altar del poder, el prestigio o las posesiones. Las Escrituras nos exhortan: «De más estima es el buen nombre que las muchas riquezas...» (Proverbios 22:1). El valor verdadero no debe basarse en lo que tenemos, sino en lo que somos.

El antiguo filósofo griego Sócrates declaró: «La forma de lograr una buena reputación es esforzarse para ser lo que uno desea parecer». Como seguidoras de Jesús, llevamos su nombre. Por su amor a nosotras, nos esforzamos para andar como es digno de Él, reflejando su semejanza en nuestras palabras y acciones.

Cuando fallamos, Él vuelve a levantarnos con su amor. Por nuestro ejemplo, los que nos rodean serán guiados a alabar a Dios, quien nos redimió y transformó (Mateo 5:16), porque el Señor es digno de gloria, honra y alabanza plena. *PFC*

Señor, quiero reflejarte
en mis palabras y acciones.

«El tesoro más puro que un mortal puede tener es una reputación impecable». Shakespeare

1 de abril

Bajar la escalera

Lectura:
2 Crónicas 12:1-8

Si se humillare mi pueblo [...] y oraren, [...] y se convirtieren [...] perdonaré sus pecados... (2 CRÓNICAS 7:14).

El video comienza con una perrita parada en la parte superior de una escalera, que tiene miedo de bajar. A pesar de todo el ánimo que le imparten las personas que están abajo, Camila no sabe cómo hacer. Está desesperada por llegar hasta ellos, pero el miedo le impide moverse. Entonces, aparece un perro más grande para ayudarla. Sultán empieza a subir y bajar la escalera, para mostrarle a Camila lo fácil que es. Camila no está convencida. Sultán intenta de nuevo, pero esta vez más lentamente. Camila trata de bajar, pero todavía tiene miedo. Una vez más, Sultán demuestra la técnica. Por fin, Camila deja que sus patas traseras sigan a las de adelante. Sultán permanece a su lado. ¡Lo logra! ¡Todos celebran!

¡Qué cuadro tan hermoso del discipulado! Pasamos mucho tiempo tratando de enseñarles a otros a subir, pero lo más importante y difícil es aprender a «bajar». A lo largo de todas las Escrituras, leemos que Dios desea que seamos humildes. Como el pueblo de Judá se había humillado, el Señor declaró: «no los destruiré» (2 Crónicas 12:7).

En numerosas ocasiones, Dios demostró humildad al haber descendido (Éxodo 3:7-8; 19:10-12; Miqueas 1:3). Finalmente, envió a Jesús, quien pasó su vida enseñando la técnica que debemos seguir (Filipenses 2:5-11). *JAL*

Señor, quiero tener
un corazón más humilde.

Si primero no aprendes a ser humilde, el resto de las lecciones no sirven para nada.

2 de abril

La armonía de nuestra vida

Lectura:
Job 29:1-6; 30:1-9

... mi fortaleza y mi canción es el Señor...
(Isaías 12:2).

La música afecta a las personas de manera diferente. El compositor la oye en el seno de su imaginación. La audiencia la escucha con sus sentidos y emociones. Los miembros de la orquesta oyen más claramente el sonido de los instrumentos que tienen más cerca.

En un sentido, nosotras integramos la orquesta de Dios. A menudo, solo escuchamos la música que está más cerca. Como no captamos la armonía general, somos como Job, quien clamó en su sufrimiento: «Y ahora yo soy objeto de su burla, y les sirvo de refrán» (Job 30:9).

El patriarca rememoraba el respeto que le tenían los príncipes y los oficiales. De su vida, decía: «Cuando lavaba yo mis pasos con leche, y la piedra me derramaba ríos de aceite» (29:6). Pero, ahora, era objeto de burla, y se lamentaba: «Se ha cambiado mi arpa en luto» (30:31). Sin embargo, le faltaban muchísimos instrumentos a esa sinfonía, y Job no podía escuchar la armonía completa.

Quizá, hoy solamente oigas las notas melancólicas de tu violín. Pero no te desanimes. Cada detalle de tu vida está incluido en la partitura divina. O tal vez escuches una flauta vibrante. Entonces, alaba al Señor por ella y comparte tu gozo.

Estamos interpretando la obra maestra de la redención, y Dios es el compositor de nuestra vida. *KOH*

Padre, confío en la obra maestra
de tu sinfonía para mi vida.

Confiar en la bondad de Dios
pone una canción en el corazón.

3 de abril

Árboles del sendero

Lectura:
Isaías 53:4-12

... Horadaron mis manos y mis pies. [...] y sobre mi ropa echaron suertes (SALMO 22:16-18).

A mi hija le fascina la historia de los indígenas que habitaban al norte de donde ella vive. Una tarde de verano, cuando fui a visitarla, me mostró un sendero con un cartel que decía: «Árboles del sendero», y me explicó que se creía que, hace mucho, los nativos doblaban los árboles jóvenes para indicar el camino hacia determinados lugares, y que, luego, esos árboles siguieron creciendo con formas extrañas.

El Antiguo Testamento tiene un propósito similar. Muchos mandamientos y enseñanzas de la Biblia guían nuestro corazón hacia el sendero por el que el Señor desea que andemos. Los Diez Mandamientos son un gran ejemplo. Además, los profetas señalaron el camino para el Mesías que iba a venir. Miles de años antes de que Jesús viniera, hablaron de Belén, el lugar donde Él nació (ver Miqueas 5:2 y Mateo 2:16), y describieron con sorprendente detalle su muerte en la cruz (ver Salmo 22:14-18 y Juan 19:23-24). Isaías 53:1-12 también se refiere al sacrificio que haría Jesús cuando Dios «cargó en él el pecado de todos nosotros» (v. 6; ver Lucas 23:33).

Mil años antes, los siervos de Dios del Antiguo Testamento ya apuntaban hacia el Hijo del Altísimo, Jesús, Aquel que «llevó [...] nuestras enfermedades, y sufrió nuestros dolores» (Isaías 53:4). Él es el camino a la vida. *CHK*

Señor, gracias por marcarnos el camino a ti.

Jesús sacrificó su vida por nosotras.

4 de abril

Conocimiento de Dios

Lectura:
Salmo 139:1-10

¡Oh profundidad de las riquezas de la sabiduría y de la ciencia de Dios! (Romanos 11:33).

En el sitio de Internet FlightAware [Rastreo de vuelo], Catalina verificaba el progreso del pequeño avión que su esposo pilotaba hacia Chicago. Con algunos clics, podía rastrear cuándo despegaba, dónde estaba durante el vuelo y la hora exacta en que aterrizaría. Unas décadas antes, cuando Carlos era piloto en África Occidental, el único contacto que tenía ella era una radio de alta frecuencia. Recuerda una ocasión cuando pasaron tres días antes de que pudiera contactarse con él. No tenía manera de saber si estaba a salvo ni de enterarse de que no había podido volar porque el avión tenía un desperfecto.

Sin embargo, Dios siempre estaba al tanto de la ubicación de Carlos y lo que estaba haciendo, tal como lo hace con nosotras (Job 34:21). Nada está fuera de su vista (Hebreos 4:13); conoce nuestros pensamientos y nuestras palabras (1 Crónicas 28:9; Salmo 139:4), y sabe qué sucederá en el futuro (Isaías 46:10).

Dios sabe todo (1 Juan 3:20), y nos conoce íntimamente (Salmo 139:1-10). Es consciente de cada tentación, cada enfermedad, cada preocupación, cada tristeza que enfrentamos.

Qué consuelo nos da experimentar el cuidado de parte de Aquel de quien se dice: «¡Oh profundidad de las riquezas de la sabiduría y de la ciencia de Dios!» (Romanos 11:33). *CHK*

Señor, ¡qué tranquilidad me da que me conozcas tan bien!

Podemos confiar en nuestro Dios omnisciente.

5 de abril

Amar a la perfección

Lectura:
1 Corintios 13:4-8

... [El amor] todo lo cree, todo lo espera, todo lo soporta. El amor nunca deja de ser... (vv. 7-8).

La voz le temblaba al hablar de los problemas que tenía con su hija. Preocupada por las amistades problemáticas de esta adolescente, la mamá le había confiscado el teléfono celular y la acompañaba a todas partes. La relación parecía ir de mal en peor.

Cuando hablé con la muchacha, descubrí que ama profundamente a su madre, pero que el amor asfixiante de la mamá la sofocaba. Anhelaba ser libre.

Al ser imperfectas, todas luchamos con las relaciones interpersonales. Seamos madres o hijas, solteras o casadas, nos cuesta expresar amor de la manera adecuada, y decir y hacer lo correcto en el momento apropiado. El amor va madurando durante toda la vida.

En 1 Corintios 13, el apóstol Pablo describe el amor perfecto. Sus estándares suenan maravillosos, pero ponerlos en práctica puede resultar desalentador. Gracias a Dios, tenemos a Jesús como ejemplo. Al interactuar con personas con diversas necesidades y circunstancias, nos demostró cómo es el amor perfecto en acción. A medida que caminemos con Él, permanezcamos en su amor e impregnemos nuestra mente con su Palabra, lo reflejaremos cada vez más. Seguimos cometiendo errores, pero Dios puede resolverlos y sacar algo bueno de cada situación, ya que su amor «todo lo soporta» y «nunca deja de ser». *PFC*

Padre, ayúdame a amar a otros como tú me amas.

Para mostrar su amor, Jesús murió por nosotras; para mostrar nuestro amor, nosotras vivimos para Él.

6 de abril

¡Puedes triunfar!

Lectura:
Mateo 28:1-10

¿Dónde está, oh muerte, tu aguijón?...
(1 Corintios 15:55).

El anuncio en la radio sonaba intrigante: «¡Puedes triunfar sobre la muerte… para siempre! Asiste a mi seminario y te mostraré cómo hacerlo». Por un instante, me pregunté qué método daría el orador para vencer la muerte. ¿Quizá algo relacionado con una dieta o ejercicios, o congelar el cuerpo? Sin embargo, después de escuchar un poco más, me di cuenta de que había dicho: «Puedes triunfar con la suerte… para siempre».

¡Nosotras podemos triunfar sobre la muerte porque Jesús pagó nuestra deuda y no nos dejó libradas a la suerte! (1 Corintios 15:55-57). Nuestro pecado nos separa de Dios, pero Cristo entregó su vida para saldar nuestra deuda. Al tercer día, cuando María Magdalena y otra María fueron al sepulcro para ungir el cuerpo del Señor, un ángel les dijo: «No está aquí, pues ha resucitado, como dijo…» (Mateo 28:6). Rebosantes de gozo, corrieron a contarles a los discípulos. Mientras iban, Jesús las encontró y las saludó (v. 9). El Señor había resucitado, y sus seguidores tenían una buena razón para estar alegres.

Jesucristo había quitado el aguijón de la muerte (1 Corintios 15:55). Ahora, nosotras también tenemos la victoria al creer en la muerte y resurrección del Hijo de Dios. Mediante la obra perfecta de Cristo, ¡podemos triunfar sobre la muerte… para siempre! *AMC*

Señor, ¡gracias por triunfar sobre la muerte!

Teníamos una deuda que no podíamos pagar;
Jesús pagó una deuda que no tenía.

7 de abril

Algo anda mal

Lectura:
Salmo 34:11-18

Cercano está el Señor a los quebrantados de corazón; y salva a los contritos de espíritu (Salmo 34:18).

La mañana después de que nació nuestro hijo Allen, el médico se sentó cerca de mi cama y dijo: «Algo anda mal». Nuestro bebé, tan perfecto por fuera, tenía un defecto congénito y debía ser trasladado de inmediato a un hospital a más de 1.000 kilómetros para ser operado de urgencia.

Cuando el médico te dice que algo anda mal con tu hijo, tu vida cambia. El temor puede hacerte tambalear y llevarte a buscar desesperadamente la fortaleza de Dios.

¿Puede un Dios amoroso permitir esto? —te preguntas— ¿Le importa mi bebé? ¿Dónde está Él? Aquella mañana, estos y otros pensamientos sacudieron mi fe.

Cuando mi esposo se enteró de la noticia, me dijo: «Jolene, oremos». Me tomó la mano y dijo: «Padre, gracias por darnos a Allen. Es tuyo, Dios, no nuestro. Tú lo amaste antes de que nosotros lo conociéramos. Acompáñalo; nosotros no podemos. Amén».

Hiram siempre ha sido un hombre de pocas palabras. Lucha para expresar sus ideas y, a menudo, ni lo intenta, ya que sabe que yo tengo suficientes palabras para llenar cualquier silencio. Sin embargo, el día en que mi corazón se rompió, mi espíritu se devastó y mi fe se fue, Dios le dio a mi esposo la fuerza para decir lo que yo no podía. A través de él, sentí que Dios estaba cerca. *JP*

Padre, gracias por estar siempre cerca y por darnos personas que nos sostienen y nos ayudan.

La mejor clase de amiga
es aquella que ora.

8 de abril

Problemas

Lectura:
Juan 16:25-33

*En el mundo tendréis aflicción; pero confiad,
yo he vencido al mundo* (Juan 16:33).

Me alegró ver que los últimos días del año se acercaban. Habían estado tan llenos de angustia, enfermedad y tristeza. ¡Estaba preparada para recibir enero con toda su algarabía!

Sin embargo, cuando llegó el primer mes del nuevo año, también lo hizo una noticia triste tras otra. Varios amigos perdieron a sus padres. Mi tío murió mientras dormía. Otros amigos se enteraron de que tenían cáncer. El hermano de un colega y el hijo de una amiga murieron en forma trágica e inesperada. En vez de que terminaran las tristezas, el nuevo año parecía traer una nueva oleada de angustia.

Juan 16:33 declara: «En el mundo tendréis aflicción». Ni siquiera a los hijos de Dios se les promete una vida fácil, próspera y con buena salud. Sin embargo, nunca estamos solas para enfrentar los problemas. Isaías 43:2 nos recuerda que, cuando atravesamos aguas profundas, Dios está con nosotras. Aunque no siempre entendamos los propósitos del Señor en las pruebas, podemos confiar en la intención de su corazón, porque lo conocemos.

Nuestro Dios abunda en amor y «ni la muerte, ni la vida, […] ni lo presente, ni lo por venir, […] nos podrá separar del amor de Dios, que es en Cristo Jesús Señor nuestro» (Romanos 8:38-39). Cuando surjan dificultades, Él prometió estar siempre con nosotras. CHK

Señor, gracias por estar conmigo siempre.

*Fe es creer que Dios está presente
cuando lo único que se oye es el silencio.*

9 de abril

Masa en el bol

Lectura:
Rut 2:1-12

Te ruego que me dejes recoger y juntar tras los segadores entre las gavillas... (Rut 2:7).

Mi hija y yo consideramos que los *brownies* son una de las siete maravillas del mundo culinario. Un día, mientras mezclábamos los ingredientes de nuestra receta favorita, mi hija me preguntó si podía dejar un poco de masa en el bol después de colocarla en el molde para hornear. Ella quería saborear lo que quedaba. Sonreí y le dije que sí. Después, agregué: «¿Sabes cómo se llama eso? Recoger y juntar. Y esto no comenzó con los *brownies*».

Mientras disfrutábamos los restos de nuestro proyecto de cocina, le expliqué que Rut había recogido las sobras de los granos, para que ella y su suegra Noemí tuvieran qué comer (Rut 2:2-3). Como ambas eran viudas, habían regresado a la tierra de Noemí. Allí, Rut conoció a Booz, un acaudalado terrateniente, y le pidió: «Te ruego que me dejes recoger y juntar tras los segadores entre las gavillas» (v. 7). Él accedió generosamente y les dijo a sus empleados que dejaran caer granos a propósito para ella (v. 16).

Tal como Booz, quien dio a Rut de la abundancia de sus campos, Dios también nos provee generosamente. Sus recursos son infinitos, y derrama sus bendiciones para nuestro beneficio. Con generosidad, nos alimenta, tanto física como espiritualmente. Toda buena dádiva proviene de Él. *JBS*

Querido Dios, te alabo por ser mi proveedor.

Nuestras mayores necesidades no superan nunca los recursos ilimitados de Dios.

10 de abril

Con un poco de azúcar

Lectura:
Salmo 19:7-14

... Los juicios del Señor son verdad, todos justos. [...] dulces más que miel, y que la que destila del panal (SALMO 19:9-10).

¿Dónde está Mary Poppins cuando la necesitas? Parece que añorara la época cuando las películas presentaban personajes como esa institutriz, pero lo que en verdad deseo es que haya personas con una visión realmente optimista del futuro. Quiero ver personas gozosas y creativas que puedan mostrarnos el lado positivo de lo que consideramos negativo, que sean capaces de recordarnos que «la peor medicina, con azúcar, gustará».

David escribió una canción que expresaba una verdad similar: «Los juicios del Señor son [...] dulces más que miel» (Salmo 19:9-10). Rara vez oímos que la verdad sea dulce. Lo más frecuente es escuchar que es amarga y difícil de absorber. Pero la verdad es mucho mejor que un remedio para tratar lo que anda mal. Es la dieta que previene la enfermedad. No es una inoculación, sino una comida gourmet que seduce al hambriento para que guste y vea que el Señor es bueno (34:8).

Cantamos «¡Jesús, qué dulce nombre!», pero algunas lo presentamos como si se hubiese vuelto amargo. La verdad pura, que no está manchada por la soberbia, es el sabor más dulce y renovador de todos para quienes están hambrientos de sustento espiritual. Y nosotras tenemos el privilegio de servírsela a un mundo que está muriendo de inanición. *JAL*

Señor, que podamos servirle al mundo
el platillo deleitoso y renovador de tu verdad.

«Tu justicia es justicia eterna, y tu ley la verdad».
Salmo 119:142

11 de abril

Dejar cosas

Lectura:
Juan 4:9-14, 27-29

... la mujer dejó su cántaro, [...] y dijo [...]: Venid, ved a un hombre que me ha dicho todo cuanto he hecho. ¿No será éste el Cristo?
(Juan 4:28-29).

Durante poco más de un año, después de que nuestro hijo adolescente obtuvo su licencia de conducir y comenzó a llevar billetera, recibimos varias llamadas de personas que la habían encontrado en distintos lugares. Le advertimos que fuera más cuidadoso y que no la dejara en cualquier lado.

De todos modos, dejar cosas no es siempre algo malo. En Juan 4, leemos sobre una mujer que había ido a buscar agua a un pozo. Sin embargo, ese día, después de encontrarse con Jesús, cambió inmediatamente de objetivo. Dejó el cántaro de agua y regresó a la ciudad para contarles a otros lo que el Señor le había dicho (vv. 28-29). Aun su necesidad física de agua perdió sentido frente a la oportunidad de hablarles a otros sobre el Hombre a quien acababa de conocer.

Pedro y Andrés hicieron algo parecido cuando Jesús los llamó: dejaron sus redes de pesca (que eran su medio de ganarse la vida) y siguieron al Señor (Mateo 4:18-20). Jacobo y Juan también dejaron sus redes, su barca e incluso a su padre, cuando Jesús los llamó (vv. 21-22).

Nuestra nueva vida, siguiendo a Jesucristo, tal vez implique dejar algunas cosas, incluso aquellas que brindan satisfacción durante algún tiempo. Aquello que anteriormente deseábamos no puede compararse con la vida y el «agua viva» que ofrece Cristo. *CHK*

Señor, estoy dispuesta a dejar todo para seguirte.

Cristo mostró su amor al morir por nosotras; nosotras mostramos el nuestro al vivir para Él.

12 de abril

Si hubiese sabido...

Lectura:
1 Pedro 1:3-9

... Dios [...] nos hizo renacer para una esperanza viva, por la resurrección de Jesucristo... (1 Pedro 1:3).

Mientras conducía al trabajo, escuché una hermosa canción que preguntaba: Si pudieras volver atrás, sabiendo lo que ahora sabes, ¿qué le dirías a tu yo más joven? Al escucharla, pensé en los bocadillos de sabiduría y advertencia que podría darle a la versión más joven y menos sabia de mí. En algún momento de nuestra vida, la mayoría nos hemos preguntado cómo podríamos haber actuado de otro modo... si tan solo pudiéramos hacer todo de nuevo.

Pero la canción también explica que, aunque el remordimiento por el pasado nos envuelva, todas esas experiencias nos han transformado en lo que somos. No podemos volver atrás ni cambiar las consecuencias de nuestras decisiones o nuestro pecado, pero alabemos a Dios porque no tenemos que acarrear las pesadas cargas y los errores de ese pasado. ¡Jesús ya lo ha hecho! «Bendito el Dios y Padre [...] que según su grande misericordia nos hizo renacer para una esperanza viva, por la resurrección de Jesucristo de los muertos» (1 Pedro 1:3).

Si acudimos a Él con arrepentimiento y fe, nos perdonará. Ese día, somos hechos nuevos y comenzamos el proceso de transformación espiritual (2 Corintios 5:17). No importa qué hayamos hecho (o qué no); somos perdonadas por lo que Él hizo. ¡En Cristo, somos libres! *ADK*

Señor, gracias porque cargaste
con mis pesadas cargas del pasado.

Entrégale al Señor tus cargas pesadas.

13 de abril

Se cometieron errores

Lectura:
Éxodo 32:1-5, 19-26

… ¿Quién tiene oro? Apartadlo. Y me lo dieron, y lo eché en el fuego, y salió este becerro (Éxodo 32:24).

«Se cometieron errores», dijo un gerente mientras se refería a la actividad ilegal en la que se había involucrado su empresa. Parecía afligido, pero les echaba la culpa a otros, sin admitir que él había hecho algo malo.

Algunos «errores» son simplemente errores: conducir en la dirección equivocada, que la comida se queme, calcular mal el saldo de la cuenta bancaria. Pero, además, hay actos deliberados que van mucho más allá, a los que Dios llama pecado. Cuando Dios le preguntó a Adán y a Eva por qué habían desobedecido, de inmediato, se culparon el uno al otro (Génesis 3:8-13). Aarón negó su responsabilidad cuando el pueblo hizo un becerro de oro para adorar en el desierto. Le explicó a Moisés: «me […] dieron [oro], y lo eché en el fuego, y salió este becerro» (Éxodo 32:24). Como si dijera: «Se cometieron errores».

A veces, es más fácil culpar a otro que admitir nuestros errores. Así de peligroso es también intentar minimizar nuestro pecado, llamándolo «un simple error», y no reconocer su verdadera naturaleza.

Cuando asumimos la responsabilidad, reconociendo nuestro pecado y confesándolo, el Señor «es fiel y justo para perdonar nuestros pecados, y limpiarnos de toda maldad» (1 Juan 1:9). Dios ofrece a sus hijos perdón y restauración. *CHK*

Señor, dame un corazón sensible y listo para reconocer mis errores.

El primer paso para recibir el perdón de Dios es admitir que lo necesitamos.

14 de abril

Isla bastante pequeña

Lectura:
Tito 3:1-7

Que a nadie difamen, que no sean pendencieros, sino amables, mostrando toda mansedumbre para con todos los hombres (Tito 3:2).

Singapur es una pequeña isla; tan pequeña que casi no se distingue en un mapamundi. (Si todavía no sabes dónde está, intenta encontrarla). Como está densamente poblada, es importante considerar al prójimo. Un hombre le escribió a su novia, que iría por primera vez: «Hay poco lugar. Por eso, [...] siempre debes pensar en lo que te rodea. Debes apartarte para no bloquear a nadie. La clave es la consideración».

El apóstol Pablo le escribió a Tito, un joven pastor: «Recuérdales a todos que deben mostrarse obedientes [...]. Siempre deben estar dispuestos a hacer lo bueno: a no hablar mal de nadie, sino a buscar la paz y ser respetuosos, demostrando plena humildad en su trato con todo el mundo» (Tito 3:1-2 NVI). Se ha dicho: «Nuestra vida quizá sea la única Biblia que algunos lean». El mundo sabe que, supuestamente, los cristianos deben ser diferentes. Si somos amargados, egoístas y rudos, ¿qué pensarán los demás de Cristo y del evangelio que compartimos?

Ser consideradas es una buena cualidad para poner en práctica, y es posible hacerlo si dependemos del Señor. Es una manera de imitar a Cristo y demostrarle al mundo que Él salva y transforma vidas. *PFC*

Dios amado, quiero que el mundo pueda verte reflejado en mí. Moldea mi corazón y mi carácter cada día.

Tu testimonio solo tiene poder si tu carácter lo acompaña.

15 de abril

Corazones descarriados

Lectura:
Éxodo 32:21-35

... este pueblo ha cometido un gran pecado, porque se hicieron dioses de oro (Éxodo 32:31).

El otoño pasado, una carretera de mi ciudad estuvo cerrada varias horas porque un camión con ganado había volcado. Las vacas habían escapado y vagaban por la autopista. Ver esta noticia sobre ganado a la deriva me hizo pensar en algo que hacía poco había estudiado en Éxodo 32 sobre el pueblo de Dios que se había alejado de Él.

En el reino dividido de la antigua Israel, el rey Jeroboam erigió dos becerros de oro para que el pueblo adorara (1 Reyes 12:25-32). Pero la idea de adorar trozos de oro no había sido originalmente suya. Aun después de escapar de una esclavitud brutal y ver el poder y la gloria del Señor, los israelitas de inmediato permitieron que sus corazones se alejaran de Él (Éxodo 32). Mientras Moisés estaba en el monte Sinaí recibiendo la ley del Señor, su hermano Aarón ayudó al pueblo a descarriarse construyendo un becerro de oro. El escritor de Hebreos nos recuerda que la ira de Dios se encendió ante esta idolatría y sobre los que andaban «vagando en su corazón» (Hebreos 3:10).

Dios sabe que nuestro corazón tiene tendencia a descarriarse. Su Palabra deja claro que Él es el Señor y que no debemos tener ni adorar «otros dioses» (Éxodo 20:2-6 LBLA).

«Porque el Señor es Dios grande, y Rey grande sobre todos los dioses» (Salmo 95:3). ¡Él es el único Dios verdadero! *CHK*

Señor, solo tú eres mi Dios.

«Todo aquello que desees más de lo que quieres a Dios es un ídolo». A. B. Simpson

16 de abril

Soltarse el cabello

Lectura:
Juan 12:1-8

… María tomó […] perfume de nardo puro, de mucho precio, y ungió los pies de Jesús, y los enjugó con sus cabellos… (Juan 12:3).

Poco antes de que crucificaran a Jesús, una mujer llamada María le derramó un frasco de un costoso perfume sobre los pies. Después, se los secó con el cabello (Juan 12:3). María no solo sacrificó lo que tal vez eran los ahorros de su vida, sino también su reputación. En esa cultura, las mujeres respetables nunca se soltaban el cabello en público. Pero, a la adoración verdadera, no le preocupa lo que los demás piensen (2 Samuel 6:21-22). Para adorar a Jesús, ella estuvo dispuesta a que la consideraran desvergonzada; tal vez, incluso, inmoral.

Algunas quizá nos sintamos presionadas a ser perfectas cuando vamos a la iglesia, para que la gente piense bien de nosotras. Nos esforzamos por tener «cada cabello en su lugar». No obstante, una iglesia saludable es un lugar donde podemos soltarnos el cabello y dejar de esconder nuestras debilidades detrás de una fachada de perfección. Al congregarnos, deberíamos poder revelar nuestras flaquezas para hallar fortaleza en vez de ocultar nuestros errores para parecer fuertes.

La adoración no supone comportarse como si nada estuviera mal, sino asegurarse de que todo esté bien; bien con Dios y con los demás. Cuando nuestro mayor temor es soltarnos el cabello, quizá nuestro peor pecado sea mantenerlo recogido. *JAL*

Padre, quiero adorarte con todo mi ser.

Nuestra adoración es correcta solo cuando estamos bien con Dios y con los demás.

17 de abril

Brazos abiertos

Lectura:
Salmo 139:17-24

Examíname, oh Dios, y conoce mi corazón; pruébame y conoce mis pensamientos (SALMO 139:23).

El día que mi esposo y yo empezamos nuestra travesía de cuidar a nuestros padres ancianos, fue como tomarnos del brazo y sentir que estábamos cayendo por un precipicio. No sabíamos que, durante ese proceso, la tarea más difícil sería permitir que Dios examinara y moldeara nuestros corazones a fin de usar ese tiempo especial para que aprendiéramos nuevas maneras de ser como Él.

Los días en que sentía que me hundía en la tierra en una descontrolada caída libre, Dios me mostraba mis prioridades, mis reservas, mis miedos, mi orgullo y mi egoísmo. Utilizó mis grietas para mostrarme su amor y su perdón.

El pastor de mi iglesia dice: «El mejor día es aquel en que ves quién eres en realidad: alguien desesperado sin Cristo. Luego, te ves como Cristo te ve: completo en Él». Esta fue la bendición que experimenté al cuidar a mis padres. Cuando veía para qué me había creado Dios, corría llorando hacia sus brazos, y clamaba con el salmista: «Examíname, oh Dios, y conoce mi corazón; pruébame y conoce mis pensamientos» (Salmo 139:23).

Esta es mi oración por ti: que, al verte en medio de tus circunstancias, corras hacia los brazos abiertos, amorosos y perdonadores de Dios. SJB

Señor, gracias por esperarme siempre con los brazos abiertos. Quiero refugiarme solo en ti.

Cuando la preocupación se instala, las fuerzas se van; pero estas vuelven cuando corremos hacia Dios.

18 de abril

Nada es inútil

Lectura:
1 Corintios 15:42-58

… nada de lo que hacen para el Señor es inútil
(1 Corintios 15:58 NTV).

En mi tercer año de pelear contra el desánimo y la depresión causados por una movilidad limitada y el dolor crónico, le confesé a una amiga: —Mi cuerpo se está cayendo a pedazos. Siento que no tengo nada de valor para ofrecerle a Dios ni a nadie.

—¿Te parece que no sirve de nada que te salude con una sonrisa o te escuche? ¿Me dirías que no vale que ore por ti o te diga una palabra amable? —respondió, tomándome de la mano.

Me acomodé en mi silla y respondí: —Por supuesto que sirve.

—Entonces, ¿por qué te dices esas mentiras? Haces todas esas cosas por mí y por otros.

Le di gracias a Dios por recordarme que nada de lo que hacemos para Él es en vano.

En 1 Corintios 15, Pablo nos asegura que nuestro cuerpo puede ser débil ahora, pero que «resucitará en gloria» (v. 43). Como Dios nos promete que resucitaremos a través de Cristo, podemos confiar en que usará cada pequeño esfuerzo hecho por Él para marcar una diferencia en su reino (v. 58).

Incluso si tenemos limitaciones físicas, una sonrisa, una palabra de ánimo, una oración o una muestra de fe durante la prueba pueden ministrar a los demás miembros del cuerpo de Cristo. Cuando servimos al Señor, no hay tarea o acto de amor demasiado insignificante. *XED*

Dios mío, gracias por darme tantas oportunidades de bendecir a otros con mis recursos limitados.

Haz lo que puedas con lo que tengas, y deja los resultados en manos de Dios.

19 de abril

¡Muy bien!

Lectura:
Génesis 1:24-31

Entonces Dios miró todo lo que había hecho, ¡y vio que era muy bueno!… (v. 31 NTV).

Hace poco, tuve uno de esos días que parecen tener un tema en común. Nuestro pastor empezó su sermón sobre Génesis 1 con dos minutos de fotografía secuencial de bellísimos capullos que florecían. Después, en casa, observé varias publicaciones de flores en las redes sociales. Más tarde, mientras paseaba por el bosque, vi toda clase de flores silvestres: aristoloquias, caléndulas y lirios silvestres.

Dios creó las flores y toda clase de vegetación el tercer día de la creación. Y dos veces ese día, declaró que lo que había hecho «era bueno» (Génesis 1:10, 12). Solo uno de los demás días de la creación, el sexto, Dios hizo esa doble declaración de «bueno» (vv. 24,31). Es más, aquel día, cuando creó al hombre y su obra maestra quedó completa, miró todo lo que había hecho, «¡y vio que era muy bueno!» (NTV).

En la historia de la creación, vemos a un Dios creador que se deleita en lo que hizo… y parece regocijarse en el mismo acto de crear. ¿Qué otra razón habría para diseñar un mundo con una variedad tan colorida y maravillosa? Y guardó lo mejor para el final, cuando «creó al hombre a su imagen» (v. 27). Como portadoras de su imagen, tenemos la bendición y la inspiración de la bellísima obra de sus manos. *ADK*

Señor, ¡gracias por crear tanta belleza!
Nuestro corazón se regocija al disfrutarla.

Toda la creación tiene el autógrafo de Dios.

20 de abril

Esperanza para un «embarrador»

Lectura:
Santiago 1:2-4

... la tribulación produce paciencia; y la paciencia, prueba; y la prueba, esperanza (ROMANOS 5:3-4).

Cuando mi esposo construyó una galería delante de nuestra casa, esperaba que, algún día, un pájaro hiciera allí su nido. Por eso, dejó una inclinación en la parte superior del poste esquinero. Más tarde, nos reímos cuando vimos que los petirrojos se esforzaban por construir su hogar ahí, aunque no lo lograban. Después de dos días de lluvia, vimos que había aparecido un nido en el mismo sitio que considerábamos imposible. Debido a la lluvia, la Sra. Petirrojo pudo hacer un poco de argamasa de barro. Entretejiéndolo con ramitas y hierba, se había construido un nido nuevo. Había perseverado.

¡Qué inspiradora es la perseverancia! Tratar de vivir una vida que honre a Cristo en medio de circunstancias difíciles puede frustrarnos y desanimarnos. Pero, cuando dependemos de la ayuda del Señor para atravesar los problemas, recibimos poder para seguir adelante, aun cuando no siempre podamos ver cómo solucionar nuestras dificultades. Gálatas 6:9 nos insta a que «no nos cansemos, pues, de hacer bien» y a que no nos rindamos.

¿Está Dios utilizando en tu vida un desafío aparentemente insuperable para producir perseverancia? Permítele que, a través de esa prueba, fortalezca tu carácter y, como consecuencia, aumente tu esperanza (Romanos 5:3-4). *CHK*

Padre, ayúdame a perseverar
en medio de las pruebas.

Cuando el mundo dice: «Ríndete»,
la esperanza susurra: «¡Inténtalo una vez más!».

21 de abril

Mis amigos y yo

Lectura:
1 Samuel 18:1-4; 23:15-18

E hicieron pacto Jonatán y David,
porque él le amaba como a sí mismo (1 Samuel 18:3).

Juan Crisóstomo (347-407), arzobispo de Constantinopla, dijo sobre la amistad: «Tal es la amistad, que por ella amamos lugares y estaciones; porque [...] como las flores dejan caer sus delicados pétalos sobre el suelo que las rodea, así los amigos imparten gracia incluso en los lugares donde habitan».

Jonatán y David ilustran la dulzura de una amistad genuina. La Biblia registra el vínculo entre ellos (1 Samuel 18:1). Mantuvieron viva su amistad demostrando lealtad (18:3; 20:16, 42; 23:18), y nutriéndola con expresiones mutuas de interés. Jonatán le entregó regalos a David (18:4) y lo protegió en medio de muchas dificultades (19:1-2; 20:12-13).

En 1 Samuel 23:16, vemos el momento más destacado de su amistad. Cuando David huía del padre de Jonatán, como fugitivo, «Jonatán hijo de Saúl fue a Hores para visitar a David, y lo animó a no perder su confianza en Dios» (RVC). Los amigos ayudan a encontrar fuerzas en el Señor en los momentos tristes de la vida.

En un mundo donde la mayoría de las relaciones interpersonales dependen de lo que podamos conseguir, seamos la clase de amigos que se centran en lo que pueden dar. Jesús, nuestro Amigo perfecto, nos mostró que «nadie tiene mayor amor que este, que uno ponga su vida por sus amigos» (Juan 15:13). *PFC*

Señor, quiero ser una amiga leal
y parecerme más a ti.

La gloria de la vida es amar, no ser amado;
dar, no recibir; servir, no ser servido.

22 de abril

Elige la vida

Lectura:
Deuteronomio 30:11-20

… escoge, pues, la vida, para que vivas tú y tu descendencia; amando al Señor tu Dios, atendiendo a su voz… (Deuteronomio 30:19-20).

¿Cuál es la voluntad de Dios para mi vida? Esta pregunta me atormentaba mientras crecía. ¿Qué pasaría si no la descubría? Su voluntad parecía como una aguja en un pajar.

Pero mi concepto de la voluntad de Dios estaba equivocado porque también lo estaba mi perspectiva de Él. Al Señor no le agrada vernos perdidas, vagando ni buscando, sino que quiere que conozcamos su voluntad. Por eso, ni siquiera presenta varias opciones, sino que da solo dos: «vida y bien» o «muerte y mal» (Deuteronomio 30:15). En caso de que no quede claro cuál es la mejor elección, también nos dice qué elegir: «escoge, pues, la vida» (v. 19). Escoger la vida es optar por Dios y por obedecer su Palabra.

En el último discurso de Moisés a los israelitas, les rogó que tomaran la mejor decisión: «cumplir todas las palabras de esta ley. Porque […] es vuestra vida» (32:46-47). La voluntad de Dios para nosotros es la vida. Su Palabra es vida. Y Jesús es la Palabra, el Verbo. Tal vez el Señor no nos dé una receta para todas las decisiones, pero sí nos ha dejado un ejemplo perfecto para seguir: Jesucristo. Quizá la decisión correcta no sea fácil, pero cuando el Verbo es nuestra guía y la adoración nuestra meta, Dios nos concederá sabiduría para tomar decisiones buenas para nuestra vida. *JAL*

Padre, enséñame a elegir bien
y a hacer tu voluntad.

La prueba de la guía divina puede verse más claramente al mirar hacia atrás.

23 de abril

Explosión maravillosa

Lectura:
Juan 13:31-35

... como yo os he amado, que también os améis unos a otros (Juan 13:34).

En el libro *Kisses from Katie* [Besos de Katie], Katie Davis relata el gozo de mudarse a Uganda y adoptar a varias niñas de aquel país. Un día, una de sus hijas le preguntó: «Mamá, si dejo que Jesús entre en mi corazón, ¿voy a explotar?». Al principio, Katie le dijo que no. Que Jesús entre en nuestro corazón es un acontecimiento espiritual.

Sin embargo, después de pensarlo un poco, Katie explicó que, cuando decidimos entregarle a Jesús nuestra vida, «explotamos de amor, compasión, tristeza por los que sufren y alegría por los que se gozan». Conocer a Cristo genera un profundo interés por los que nos rodean.

La Biblia nos desafía: «Gozaos con los que se gozan; llorad con los que lloran» (Romanos 12:15). La obra del Espíritu Santo en nuestro corazón hace que podamos mostrar permanentemente esta respuesta amorosa. Cuando recibimos a Cristo, el Espíritu Santo entra a morar en nosotras. El apóstol Pablo lo describe así: «... habiendo creído en [Cristo], fuisteis sellados con el Espíritu Santo de la promesa» (Efesios 1:13).

Ocuparse de los demás (con la ayuda sobrenatural de Dios) le muestra al mundo que somos seguidoras de Él (Juan 13:35). También nos recuerda su amor hacia nosotros. Jesús afirmó: «... como yo os he amado, que también os améis unos a otros» (v. 34). *JBS*

Señor, quiero mostrar tu amor a los que me rodean.

El amor que se da refleja el que uno ha recibido.

24 de abril

Una buena herencia

Lectura:
2 Timoteo 1:1-5

Trayendo a la memoria la fe no fingida que hay en ti, la cual habitó primero en tu abuela Loida, y en tu madre Eunice… (2 Timoteo 1:5).

Los abuelos Harris no tenían mucho dinero, pero se las arreglaban para hacer que cada Navidad fuera memorable para mis primos y para mí. Siempre había mucha comida, diversión y amor. Además, desde niños, aprendimos que quien hizo posible esta celebración fue Jesús.

Nosotros queremos dejarles el mismo legado a nuestros hijos. El año pasado, cuando nos reunimos para celebrar Navidad en familia, nos dimos cuenta de que esta maravillosa tradición había empezado con nuestros abuelos. No pudieron dejarnos una herencia monetaria, pero se ocuparon de plantar las semillas de amor, respeto y fe, para que nosotros, los hijos de sus hijos, imitáramos su ejemplo.

La Biblia habla de la abuela Loida y la madre Eunice, quienes le enseñaron a Timoteo sobre la fe auténtica (2 Timoteo 1:5). La influencia de estas mujeres preparó a este hombre para que compartiera el evangelio a muchos.

Al vivir en una íntima comunión con Dios, preparamos una herencia espiritual para aquellos cuyas vidas están bajo nuestra influencia. Hacemos realidad el amor de Dios al prestarles atención, mostrarles interés en lo que piensan y hacen, y compartir la vida con ellos. Cuando nuestras vidas reflejan la realidad del amor de Dios, les dejamos una herencia duradera. *KOH*

Padre, quiero dejar una herencia
piadosa e incorruptible.

Si alguien te dejó una herencia piadosa,
inviértela en los demás.

25 de abril

Crecer lleva tiempo

Lectura:
Efesios 4:11-16

... siguiendo la verdad en amor, crezcamos en todo en aquel que es la cabeza, esto es, Cristo (Efesios 4:15).

El primer día en preescolar, a la pequeña Charlotte le pidieron que dibujara un autorretrato. Su obra de arte incluía un redondel para el cuerpo, una cabeza ovalada y dos ojos redondos. El último día de escuela, le pidieron que hiciera lo mismo. Esta vez, mostraba a una niñita con vestido de colores, un rostro sonriente con sus distintos rasgos y unos hermosos bucles rojos. La escuela había usado una tarea sencilla para demostrar cómo actúa el tiempo en la madurez.

Si bien aceptamos que se requiere tiempo para que los niños maduren, podemos impacientarnos con nosotros mismos o con otros creyentes al ser lentos para crecer espiritualmente. Nos alegramos cuando vemos el «fruto del Espíritu» (Gálatas 5:22-23), pero nos descorazonamos ante una decisión pecaminosa. El escritor de Hebreos habló de esto: «Porque debiendo ser ya maestros, después de tanto tiempo, tenéis necesidad de que se os vuelva a enseñar cuáles son los primeros rudimentos de las palabras de Dios» (Hebreos 5:12).

Oremos unas por otras para crecer en Cristo, y ayudemos con paciencia a quienes aman a Dios pero parece costarles crecer espiritualmente. «Siguiendo la verdad en amor», animémonos mutuamente para que «crezcamos en todo en aquel que es la cabeza, esto es, Cristo» (Efesios 4:15). *CHK*

Señor, ayúdanos a crecer en ti
y tener paciencia con los demás.

La verdad dicha con amor
puede guiarnos a madurar en Cristo.

26 de abril

Por nuestra salud

Lectura:
1 Crónicas 16:7-14

Dad gracias al SEÑOR…
(1 Crónicas 16:8 lbla).

Según una investigación de una prominente universidad: «Si la gratitud fuera un medicamento, sería el producto mejor vendido en el mundo, por sus [beneficios saludables] para todos los sistemas importantes del organismo».

Para algunos, ser agradecido significa simplemente vivir con un sentimiento de gratitud, dedicando tiempo para reconocer lo que tenemos y enfocarnos en eso, en vez de pensar en lo que nos gustaría tener. La Biblia profundiza aun más el concepto y señala que dar gracias nos lleva a reconocer a Aquel que nos concede las bendiciones que disfrutamos (Santiago 1:17).

David sabía que Dios era responsable de que el arca del pacto llegara a salvo a Jerusalén (1 Crónicas 15:26). Esto lo llevó a escribir un cántico de gratitud centrado en el Señor, que comienza diciendo: «Dad gracias al Señor, invocad su nombre; dad a conocer sus obras entre los pueblos» (16:8). Luego, se regocija en la grandeza de Dios y enfatiza la salvación que Él ofrece, su poder creador y su misericordia (vv. 25-36).

Hoy podemos demostrar nuestra gratitud adorando al Dador, en lugar de enfocarnos en los regalos que disfrutamos. Centrarnos en las cosas buenas de nuestra vida puede beneficiar nuestro cuerpo, pero expresarle a Dios nuestra gratitud nos mejora el alma. *JBS*

Señor, gracias por todo lo que eres
y por tus bendiciones.

La verdadera acción de gracias se concentra en el Dador, no en las dádivas.

27 de abril

Se escapa entre los dedos

Lectura:
Isaías 40:9-17

¿Quién midió las aguas con el hueco de su mano…?
(Isaías 40:12).

Después de volcar torpemente mi vaso en la barra del restaurante, el líquido empezó a derramarse por el borde hasta el piso. Por la vergüenza, traté de atrapar el agua haciendo un hueco con las manos. Mis esfuerzos fueron inútiles, ya que casi toda la bebida se escapó entre mis dedos. Al final, en la palma de mis manos, apenas quedó una pequeña cucharadita, mientras que mis pies estaban en medio de un charco.

Muchas veces, mi vida es algo parecido. Lucho por resolver problemas, pasar detalles por alto y controlar las circunstancias. Por más que lo intento, mis frágiles manos son incapaces de manejar todas las piezas. Siempre se me escapa algo entre los dedos y se cae, y me deja abrumada. Aunque trate de contorsionar las manos o juntar más los dedos, no puedo controlar todo.

Sin embargo, Dios sí puede hacerlo. Isaías nos revela que el Señor puede medir las aguas del planeta —océanos, ríos, lluvia— en el hueco de sus manos (40:12). Solo sus manos son lo suficientemente grandes para contenerlas. No hace falta que intentemos sostener con nuestras manos más de la cucharadita para la que fueron diseñadas. Cuando las circunstancias nos superan, podemos poner nuestras preocupaciones y angustias en sus hábiles manos y confiar en Él. *KHH*

Padre, gracias porque tienes todo bajo control.
Descanso en ti.

Podemos confiar en que Dios maneje
todo aquello que nos abruma.

28 de abril

El precio del amor

Lectura:
Isaías 53:9-12

... por cuanto derramó su vida hasta la muerte...
(Isaías 53:12).

Mientras nos despedíamos de mis padres, mi hija rompió en llanto. Después de visitarnos en Inglaterra, ellos regresaban a Estados Unidos. «No quiero que se vayan», dijo ella. Comencé a consolarla, y mi esposo señaló: «Me temo que ese es el precio del amor».

Quizá sintamos dolor al separarnos de nuestros seres queridos, pero Jesús sintió la separación suprema cuando pagó el precio del amor en la cruz. Él, que era tanto humano como Dios, cumplió la profecía que Isaías había pronunciado 700 años antes, cuando llevó «el pecado de muchos» (Isaías 53:12). En este capítulo, vemos indicadores que señalan a Jesús como el Siervo sufriente. Por ejemplo, cuando dice que él «herido fue por nuestras rebeliones» (v. 5) —lo cual se cumplió cuando lo clavaron en la cruz y cuando un soldado le abrió el costado (Juan 19:34)— y al declarar que «por su llaga fuimos nosotros curados» (Isaías 53:5).

Por amor, Jesús vino a la Tierra como un bebé. Por amor, soportó el maltrato de los maestros de la ley, las multitudes y los soldados. Por amor, sufrió y murió para ser el sacrificio perfecto, al ocupar nuestro lugar ante el Padre. Vivimos gracias al amor.

Señor Jesús, ten misericordia de nosotros, y ayúdanos a ser misericordiosos con los demás. *ABP*

Señor, muéstranos cómo podemos
compartir tu amor con otros hoy.

Jesús fue el sacrificio perfecto
que murió para darnos vida.

29 de abril

Una obra en progreso

Lectura:
Juan 15:9-17

Antes bien, creced en la gracia y el conocimiento de nuestro Señor y Salvador Jesucristo… (2 Pedro 3:18).

Pablo Casals era considerado el violonchelista más destacado de la primera mitad del siglo xx. A mediados de su décima década de vida, mientras todavía ejecutaba su instrumento, un joven periodista le preguntó: «Señor Casals, usted tiene 95 años y es el mejor violonchelista que ha existido. ¿Por qué sigue ensayando seis horas por día?».

El músico respondió: «Porque me parece que estoy progresando».

¡Qué actitud tan excelente! Como creyentes en Cristo, nunca deberíamos estar satisfechas, pensando que hemos alcanzado algún autoproclamado pináculo de éxito espiritual, sino continuar creciendo «en la gracia y el conocimiento de nuestro Señor y Salvador Jesucristo…» (2 Pedro 3:18). En Juan 15:16, Jesús nos recuerda que Él nos escogió para que vayamos y llevemos fruto. El resultado de un crecimiento saludable es seguir dando fruto espiritual durante toda la vida. Nuestro Señor promete: «Yo soy la vid, vosotros los pámpanos; el que permanece en mí, y yo en él, éste lleva mucho fruto» (v. 5).

Si progresamos de manera fiel y constante para parecernos cada vez más a Aquel a quien amamos y servimos, podemos confiar en que el que comenzó en nosotras una «buena obra» continuará realizándola hasta que esté completamente terminada el día que Él regrese (Filipenses 1:6). *CHK*

*Señor, sigue formándome
a tu imagen.*

*La obra invisible de Dios en nuestro corazón
produce fruto visible en nuestra vida.*

30 de abril

Revolotea sobre nosotros

Lectura:
Deuteronomio 32:7-12

... Lo guardó como [...] el águila que [...]
revolotea sobre sus pollos... (Deuteronomio 32:10-11).

La hija de Beatriz llegó de un viaje al exterior y se sentía mal. Cuando el dolor se hizo insoportable, ella y su esposo la llevaron a una sala de emergencias. Los médicos y las enfermeras pusieron manos a la obra, y horas después, las enfermeras le dijeron a Betty: «¡Va a estar bien! La atenderemos y se sanará». En ese momento, un sentimiento de paz y amor brotó de su interior. Se dio cuenta de que, mientras revoloteaba ansiosamente sobre su hija, el Señor es el padre perfecto que alimenta a sus hijos y los consuela en los momentos difíciles.

En Deuteronomio, el Señor le recuerda a su pueblo la forma en que, mientras peregrinaban por el desierto, se había ocupado de ellos como un padre amoroso que revolotea sobre su cría. Nunca los abandonó, sino que fue como un águila que «extiende sus alas» para reunir a sus hijos y «los lleva sobre sus plumas» (32:11). Quería que recordaran que, aunque experimentaran dificultades y luchas en el desierto, no los abandonaría.

Nosotras también enfrentamos toda clase de desafíos, pero podemos experimentar consuelo y valor al recordar que nuestro Dios nunca nos abandona. Cuando sintamos que estamos cayendo, el Señor, como un águila, extenderá sus alas para tomarnos y darnos su paz. *ABP*

Padre celestial, gracias porque tu amor
supera todo lo imaginable.

Nuestro Dios revolotea sobre nosotras con amor.

1 de mayo

Lluvias refrescantes

Lectura:
Oseas 6:1-4

... vendrá a nosotros como la lluvia,
como la lluvia tardía y temprana a la tierra (Oseas 6:3).

Necesitaba un descanso y fui a caminar por un parque cercano. Mientras andaba por un sendero, una ráfaga de verde me llamó la atención. En medio del barro, aparecían brotes de vida que, en pocas semanas, se convertirían en alegres narcisos, anunciando la llegada de la primavera y el calor. ¡Había pasado otro invierno...!

Cuando leemos el libro de Oseas, ciertas partes pueden parecer un invierno implacable. El Señor le encomendó a este profeta la desagradable tarea de casarse con una mujer infiel, como un cuadro del amor del Creador por Israel (1:2-3). Gomer, la esposa de Oseas, rompió los votos matrimoniales, pero el profeta la recibió de nuevo, anhelando que ella lo amara con devoción (3:1-3). Del mismo modo, el Señor desea que lo amemos con una intensidad y consagración que no se evapore como el rocío matinal.

¿Cómo es nuestra relación con Dios? ¿Lo buscamos mayormente en los momentos difíciles, tratando de encontrar respuestas en medio de nuestra angustia, pero lo ignoramos durante las etapas felices? ¿Somos como los israelitas, fácilmente atraídas por los ídolos de nuestra época como el exceso de actividades, el éxito o la posición?

Consagrémonos hoy nuevamente al Señor, cuyo amor por nosotras es tan indudable como que las flores aparecen en primavera. *ABP*

Señor, quiero amarte con fervor siempre.

Aunque le seamos infieles a Dios,
Él nunca se alejará de nosotras.

2 de mayo

Pensar en la lluvia

Lectura:
Mateo 5:38-48

... vuestro Padre que está en los cielos, que hace salir su sol sobre malos y buenos, y que hace llover sobre justos e injustos (MATEO 5:45).

Mientras las lluvias torrenciales golpeaban las petunias que acababa de plantar, sentí pena por ellas. Quería meterlas en casa para protegerlas. Cuando la lluvia paró, sus caritas miraban al suelo, inclinadas por el peso del agua. Parecían tristes y débiles. Sin embargo, a las pocas horas, se reavivaron y levantaron la cabeza hacia el cielo. Al día siguiente, estaban derechas, firmes y fuertes.

¡Qué transformación! Después de golpearlas en la cabeza, la lluvia corrió por sus hojas, humedeció el suelo y resurgió a través de sus tallos, lo cual las fortaleció para que estuvieran erguidas.

Como prefiero la luz del sol, me molesta que la lluvia dañe mis plantas. A veces, me equivoco y considero que la lluvia es algo negativo. Pero los que han experimentado una sequía saben que es una bendición, ya que nutre la tierra para beneficiar tanto a los justos como a los injustos (Mateo 5:45).

Aun cuando las tormentas de la vida golpean con tanta intensidad que casi nos derrumban, la «lluvia» no es un enemigo. Nuestro Padre amoroso ha permitido que ocurra para fortalecernos. Él utiliza el agua que nos azota exteriormente para que maduremos por dentro y podamos pararnos firmes y fuertes. *JAL*

Padre, gracias por las lluvias de la vida que me fortalecen. Sostenme en medio de la tormenta hasta que salga el sol otra vez.

Dios usa para fortalecerte las tormentas que amenazan con destruirte.

3 de mayo

¿Abandonada? Jamás

Lectura:
Isaías 49:13-16

... yo nunca me olvidaré de ti. He aquí que en las palmas de las manos te tengo esculpida... (Isaías 49:15-16).

Hace años, mientras mi esposo y yo visitábamos el Museo Smithsoniano del Aire y el Espacio, en Washington, Estados Unidos, vimos que había un cochecito de bebé sin nadie cerca. Supusimos que los padres lo habían dejado allí y que estaban acarreando a su hijo en brazos, pero, cuando nos acercamos, había un bebé durmiendo. ¿Dónde estaban los padres... algún hermano... una niñera? Nos quedamos allí un rato antes de llamar a un empleado del museo. ¡Nadie aparecía para reclamar al precioso niño! La última vez que lo vimos, estaban llevándolo en su cochecito a un lugar seguro.

Esa experiencia me hizo pensar en cómo será sentirse abandonado. Es una sensación tremenda que nadie se preocupe por uno; un sentimiento terriblemente doloroso. Pero, aunque la gente nos abandone, el amor y la presencia de Dios están asegurados. Él promete que nunca nos dejará (Deuteronomio 31:8), que estará con nosotras dondequiera que vayamos, «todos los días, hasta el fin del mundo» (Mateo 28:20).

El Señor nunca dejará de cumplir lo que les prometió a sus hijos. Aunque los demás nos hayan abandonado, podemos confiar en su promesa de que nada «nos separará del amor de Cristo» (Romanos 8:35-39). *CHK*

Señor, gracias porque jamás nos abandonas.
¡Qué reconfortante son tu presencia y tu compañía!

La confianza en la presencia de Dios es nuestro consuelo.

4 de mayo

Halcones y leones

Lectura:
1 Pedro 5:5-11

... el diablo, como león rugiente,
anda alrededor buscando a quien devorar (1 Pedro 5:8).

Una mañana, observaba un conejo que mordisqueaba la hierba en el patio trasero de mi casa. De repente, un halcón se deslizó por el aire con la velocidad y la precisión de un rayo. Con las garras extendidas, se lanzó hacia su presa. Pero el conejo se dio cuenta del inminente peligro y salió corriendo para resguardarse, lo que logró solo unos centímetros por delante del halcón.

Como el conejo que se percató de su depredador y se escabulló, nosotras, como creyentes, tenemos que estar alertas para poder evadir a nuestro enemigo. «... el diablo, como león rugiente, anda alrededor buscando a quien devorar» (1 Pedro 5:8). Satanás quiere devorarnos al inducirnos a actuar como él desea, y esto lo hace jugando con la verdad (Juan 8:44) y tratando de engañarnos (Génesis 3:1).

Las artimañas del diablo reflejan su naturaleza deshonesta, y el propósito de sus trampas es tomarnos desprevenidas. Nuestra respuesta, como creyentes, debería ser mantenernos alertas y con la mente despejada (1 Pedro 5:8), para detectar las falsas doctrinas (1 Juan 4:1-3; 2 Juan 1:7-11) y vencer la tentación (Mateo 26:41).

Ten cuidado con tu depredador espiritual. ¿Qué clase de mentiras está susurrándote? ¿Cómo te está tentando? Resístelo, y huirá (Santiago 4:7). *JBS*

Señor, ayúdame a permanecer alerta
y a resistir al enemigo.

El primer paso en el camino a la victoria
es reconocer al enemigo.

5 de mayo

Roca sólida

Lectura:
Salmo 34:15-22

Los ojos del Señor están sobre los justos, y atentos sus oídos al clamor de ellos (Salmo 34:15).

Fue un triste día de mayo del 2003, cuando «El viejo de la montaña» se desprendió y se deslizó por la ladera. Este perfil de 12 metros del rostro de un anciano, esculpido por la naturaleza en una cadena montañosa de Estados Unidos, había sido una atracción turística y el emblema oficial del lugar donde se encontraba. Nathaniel Hawthorne se refirió a ese sitio en su cuento titulado *El gran rostro de piedra*.

Algunos residentes de los alrededores quedaron devastados cuando se desmoronó. Una mujer declaró: «Crecí pensando que alguien me cuidaba. Ahora me siento más desprotegida».

A veces, una presencia confiable desaparece. Algo o alguien de lo cual hemos dependido no está más, y nuestra vida se estremece. Tal vez sea la pérdida de un ser querido, de un trabajo o de la salud. Esa pérdida nos hace sentir inestables. Incluso, es probable que pensemos que Dios ya no está cuidándonos.

Sin embargo, «los ojos del Señor están sobre los justos, y atentos sus oídos al clamor de ellos» (Salmo 34:15); «cercano está el Señor a los quebrantados de corazón» (v. 18). Él es la Roca de cuya presencia podemos depender siempre (Deuteronomio 32:4).

La presencia de Dios es real. Él está cuidándonos permanentemente. Es una roca sólida. *AMC*

Señor, gracias por ser nuestra Roca firme.

La pregunta no es dónde está Dios, sino dónde no está.

6 de mayo

¡Acá está...!

Lectura:
Isaías 30:1-5, 18-19

... el [Señor] que tiene misericordia se apiadará de ti; al oír la voz de tu clamor te responderá (Isaías 30:19).

Uno de los primeros juegos entre padres e hijos es una especie de susto falso. El padre esconde la cara detrás de las manos y, de pronto, se descubre y dice: «¡Acá está...!». El niño se ríe ante la sonsera.

La diversión de este juego se termina el día que el niño se asusta de verdad. Entonces, ya no es asunto de risa. El primer susto real suele estar relacionado con separarse de los padres. Inocentemente, el niño va de un lado a otro tras cosas que lo atraen, hasta que se aleja. Pero, cuando se da cuenta de que está perdido, entra en pánico. De inmediato, los padres salen corriendo para que el niño sepa que no está solo.

Cuando crecemos, nuestros sustos falsos se vuelven sofisticados: libros de terror, películas, juegos en parques de diversiones. Tener miedo es tan estimulante que quizá comenzamos a tomar mayores riesgos para que la emoción aumente.

Sin embargo, cuando aparece algo realmente atemorizante, tal vez nos damos cuenta de que, como los israelitas, nos hemos alejado de Aquel que nos ama y se preocupa por nosotras. Ante el peligro, entramos en pánico.

Como un padre amoroso, Dios responde rápidamente porque anhela que vivamos bajo la protección de su amor, donde nunca hay motivo para tener miedo. *JAL*

Señor, gracias por estar atento a nuestro clamor y por guardarnos.

Confiar en la fidelidad de Dios ayuda a disipar nuestros temores.

7 de mayo

Adversario derrotado

Lectura:
Efesios 6:10-18

Sed sobrios, y velad; porque vuestro adversario el diablo, como león rugiente, anda alrededor buscando a quien devorar (1 Pedro 5:8).

El león rugiente es el legendario «rey de la selva». Sin embargo, los únicos leones que ve la mayoría de la gente son los aletargados felinos de los zoológicos. Pasan los días descansando y les sirven la comida sin que tengan que levantar ni una pata.

No obstante, en su hábitat natural, no siempre viven una vida reposada. El hambre les dice que vayan a cazar, y ellos buscan las presas jóvenes, débiles o lastimadas. Agazapados tras plantas altas, avanzan lentamente. Entonces, con un salto repentino, hunden sus garras en el cuerpo de sus víctimas.

Pedro utilizó un «león rugiente» como metáfora de Satanás, ya que este es un depredador seguro de sí mismo, que busca devorar una presa fácil (1 Pedro 5:8). Al tratar con este adversario, las hijas de Dios deben estar atentas y colocarse «toda la armadura de Dios». De este modo, pueden fortalecerse «en el Señor, y en el poder de su fuerza» (Efesios 6:10-11).

La buena noticia es que Satanás es un adversario derrotado. Aunque es poderoso, las que están protegidas por la salvación, la oración y la Palabra de Dios no tienen por qué paralizarse de miedo ante este león rugiente, ya que son «[guardadas] por el poder de Dios» (1 Pedro 1:5). Santiago 4:7 afirma: «resistid al diablo, y huirá de vosotros». CHK

Padre, gracias por protegernos
y por haber vencido al enemigo.

Ningún mal puede atravesar
la armadura de Dios.

8 de mayo

Su rostro maravilloso

Lectura:
1 Crónicas 16:8-27

Buscad al Señor y su poder;
buscad su rostro continuamente (1 CRÓNICAS 16:11).

Mi hijo de cuatro años está llenó de preguntas y habla todo el tiempo. Me encanta charlar con él, pero ha desarrollado un feo hábito de hablarme dándome la espalda. Muchas veces, termino diciendo: «No te escucho. Por favor, mírame cuando me hablas».

A veces, pienso que Dios quiere decirnos lo mismo; no porque no pueda oírnos, sino porque tendemos a hablar con Él sin «mirarlo». Oramos, pero seguimos envueltas en nuestras preguntas y enfocados en nosotras mismas, olvidándonos de quién es Aquel al que elevamos nuestra oración. Como mi hijo, hacemos preguntas sin prestar atención a la persona a quien le hablamos.

Muchas de nuestras preocupaciones se resolverían mejor si recordáramos quién es Dios y lo que Él ha hecho. Si tan solo reenfocamos nuestra mirada, encontramos consuelo en lo que ya sabemos de su carácter: el Señor es amoroso, perdonador, soberano y bondadoso.

El salmista estaba convencido de que debíamos buscar constantemente el rostro de Dios (Salmo 105:4). Cuando David designó líderes para la adoración y la oración, alentó al pueblo a alabar al Señor por sus atributos y su fidelidad en el pasado (1 Crónicas 16:8-27).

Al volver nuestra mirada hacia el rostro precioso de Dios, hallamos fortaleza y consuelo aun en la incertidumbre. *ABP*

Señor, quiero mirarte y descansar en ti.

Buscar el rostro de Dios puede fortalecer nuestra fe.

9 de mayo

De suma importancia

Lectura:
Lucas 2:41-52

Y Jesús crecía en sabiduría y en estatura, y en gracia para con Dios y los hombres (Lucas 2:52).

Crecí en un pueblo pequeño, sin gente famosa ni calles transitadas, y con poco que hacer. Sin embargo, siempre he estado agradecida por mi crianza tranquila y sin complicaciones.

Una noche, mientras mi esposo y yo asistíamos a una cena de negocios, una mujer que acabábamos de conocer me preguntó de dónde era. Cuando se lo dije, preguntó: «¿No te avergüenza reconocerlo?». Como no sabía si estaba bromeando, simplemente respondí: «No».

Aunque a mi pueblo a veces lo despreciaban por su falta de refinamiento, tenía cosas importantes. Mi familia formaba parte de una comunidad cristiana en la cual los padres criaban a sus hijos «en disciplina y amonestación del Señor» (Efesios 6:4).

Jesús también creció en un pequeño pueblo: Nazaret. Un hombre llamado Natanael preguntó: «¿De Nazaret puede salir algo de bueno?» (Juan 1:46). Jesús demostró que la respuesta es «sí». Aunque creció en un lugar insignificante, fue la persona más importante de la historia.

La experiencia me ha enseñado (y las Escrituras lo confirman) que lo importante no es dónde crecimos, sino cómo lo hemos hecho. A veces, nos sentimos insignificantes en comparación con personas de lugares destacados. Pero para Dios, somos importantes, y Él puede fortalecer nuestro espíritu y llenarnos de su sabiduría. *JAL*

Señor, ¡gracias porque soy importante para ti!

Aquello que llegamos a ser es más importante que nuestro lugar de procedencia.

10 de mayo

¿Hasta cuándo?

Lectura:
Habacuc 1:2-11

¿Hasta cuándo, oh Señor, clamaré…?
(Habacuc 1:2).

Cuando me casé, pensé que tendría hijos enseguida. Pero no fue así, y la angustia de la esterilidad me puso de rodillas. Solía clamar a Dios: «¿Hasta cuándo?». Sabía que Él podía modificar mi situación, pero ¿por qué no lo hacía?

¿Estás esperando en Dios? ¿Le preguntas cuánto tiempo falta para que la justicia prevalezca en este mundo, para que haya una cura para el cáncer, para que puedas saldar todas tus deudas?

El profeta Habacuc conocía bien ese sentimiento. En el siglo vii a.C., clamó al Señor: «¿Hasta cuándo, oh Señor, clamaré, y no oirás; y daré voces a ti a causa de la violencia, y no salvarás? ¿Por qué me haces ver iniquidad, y haces que vea molestia?» (Habacuc 1:2-3). Oró durante mucho tiempo, luchando para entender cómo un Dios justo y poderoso podía permitir que la maldad, la injusticia y la corrupción siguieran en Judá. Según él, el Señor ya tendría que haber intervenido. ¿Por qué Dios no hacía nada?

Hay días cuando nosotras sentimos lo mismo. Como Habacuc, le preguntamos continuamente a Dios: «¿Hasta cuándo?». Pero, como en su caso, Dios escucha sobre lo que nos agobia. Debemos seguir dejando todo en sus manos porque Él se ocupa de nosotras. Nos oye y, a su tiempo, nos responderá. *KAW*

Padre, qué difícil es no desanimarse ante lo que no cambia…
ayúdame a confiar en ti y perseverar.

No desesperes ante la maldad;
Dios tiene la última palabra.

11 de mayo

Ver a Dios

Lectura:
Éxodo 34:1-9

El Señor es lento para la ira [...] mas de ninguna manera tendrá por inocente al culpable... (NÚMEROS 14:18 LBLA).

Los caricaturistas colocan sus atriles en lugares públicos y dibujan a personas dispuestas a pagar un moderado precio por una imagen cómica de sí mismas. Estos dibujos son divertidos porque exageran algún rasgo físico, de modo que sea reconocible pero cómico.

En cambio, las caricaturas de Dios no son divertidas. Exagerar uno de sus atributos presenta una visión distorsionada que las personas rechazan fácilmente. Al igual que con una caricatura, nadie toma en serio una imagen alterada de Dios. Los que lo ven como un juez enojado y exigente se dejan llevar por cualquiera que haga énfasis en la misericordia. Aquellos que ven al Señor como un abuelo bondadoso rechazan esa imagen cuando necesitan justicia.

A los que ven a Dios como una idea intelectual en vez de un ser vivo y amoroso, terminará resultándoles más atractiva alguna otra cosa. Los que lo consideran su mejor amigo suelen dejarlo de lado cuando encuentran amigos humanos que les agradan más.

Dios declara que es misericordioso y piadoso, pero también justo para castigar al culpable (Éxodo 34:6-7).

Al poner nuestra fe en acción, evitemos representar a Dios solamente con nuestros atributos preferidos. Debemos adorar todo lo que es, no solo lo que nos gusta. *JAL*

Padre, quiero adorarte y honrarte
por todo lo que eres.

Solo Dios es Dios.

12 de mayo

Mi Padre está conmigo

Lectura:
Marcos 14:32-50

... me dejaréis solo; mas no estoy solo, porque el Padre está conmigo (Juan 16:32).

Una amiga que luchaba contra la soledad, escribió en su muro de Facebook: «No es que me sienta sola por no tener amigos. Tengo muchos. Sé que cuento con personas que pueden sostenerme, animarme, hablar conmigo, interesarse en mis cosas y pensar en mí, pero no pueden estar conmigo todo el tiempo y para todo».

Jesús entiende esa clase de soledad. Me imagino que, durante su ministerio terrenal, vio soledad en la mirada de los leprosos y la escuchó en la voz de los ciegos. Pero, sobre todo, es probable que la haya experimentado cuando sus amigos cercanos lo abandonaron (Marcos 14:50).

No obstante, al predecir la deserción de sus discípulos, también confesó su inconmovible confianza en la presencia de su Padre con Él: «me dejaréis solo; mas no estoy solo, porque el Padre está conmigo» (Juan 16:32). Poco después de que Jesús pronunciara estas palabras, tomó la cruz por nosotras e hizo posible que tú y yo restauráramos nuestra relación con Dios y fuéramos miembros de su familia.

En nuestra condición de seres humanos, todas experimentaremos momentos de soledad, pero Cristo nos ayuda a entender que nuestro Padre celestial está con nosotras siempre. Él es omnipresente y eterno; el único que puede acompañarnos todo el tiempo y para todo. *PFC*

Padre, gracias por estar siempre conmigo.

Si conoces a Jesús, nunca andarás sola.

13 de mayo

Conciencia de imagen

Lectura:
2 Corintios 3:1-3, 17-18

Por tanto, nosotros todos [...] somos transformados [...] por el Espíritu del Señor (v. 18).

Cuando mis primos y yo miramos fotos antiguas de la familia, bromeamos sobre los rasgos físicos que hemos heredado. En primer lugar, observamos los negativos: piernas cortas, dientes torcidos, remolinos en el cabello. Todos podemos identificar fácilmente en nuestros antepasados la parte que menos nos gusta de nuestro cuerpo. Pero también heredamos rasgos del carácter… algunos buenos y otros no tanto. Sin embargo, a estos no siempre les prestamos mucha atención.

Según mis observaciones sin respaldo científico, la gente hace todo lo posible para superar las imperfecciones físicas: ejercicios, dietas, maquillajes, tinturas, cirugías estéticas. Pero los defectos del carácter, en vez de tratar de vencerlos, tendemos a usarlos como excusas para portarnos mal. Supongo que se debe a que es más fácil cambiar nuestra imagen. Imagina cuánto mejor sería invertir la energía en mejorar el carácter.

Como hijas de Dios, nuestra constitución genética no nos limita, sino que podemos entregarnos a Él y permitirle que desarrolle el potencial que tenía en mente cuando nos creó como expresiones únicas de su amor. El poder del Espíritu Santo y la vida del Hijo de Dios están obrando en nosotras y conformándonos a su imagen (2 Corintios 3:18). *JAL*

Señor, quiero parecerme cada día más a ti.

El Espíritu desarrolla en nosotras la clara imagen de Cristo.

14 de mayo

Vida y muerte

Lectura:
Génesis 50:22-26

Yo voy a morir; mas Dios ciertamente os visitará, y os hará subir de esta tierra… (Génesis 50:24).

Nunca voy a olvidar haber estado sentada al lado de la cama del hermano de mi amiga cuando él murió. La sensación fue que lo extraordinario visitaba lo común y corriente. Éramos tres los que conversábamos en voz baja cuando nos dimos cuenta de que Richard empezaba a tener dificultades para respirar. Lo rodeamos, mirándolo, esperando y orando. Cuando exhaló su último aliento, fue como un momento sagrado; la presencia de Dios nos envolvió en medio de las lágrimas tras la muerte de un hombre maravilloso de poco más de 40 años de edad.

Muchos héroes que compartían nuestra fe experimentaron la fidelidad de Dios cuando murieron. Por ejemplo, Jacob anunció que, en breve, se reuniría con los suyos (Génesis 49:29-33). Su hijo, José, mientras daba instrucciones a sus hermanos sobre cómo permanecer firmes en la fe, también anticipó que moriría pronto: «Yo voy a morir». Al parecer, tenía paz, pero estaba ansioso de que sus hermanos confiaran en el Señor (50:24).

Nadie sabe cuándo ni cómo dará su último aliento, pero podemos pedirle a Dios que nos ayude a confiar en que Él estará a nuestro lado. Podemos tener la certeza de que Jesús está preparando un lugar para nosotros en la casa de su Padre (Juan 14:2-3). *ABP*

Señor, gracias por la esperanza eterna que nos regalaste.

El Señor nunca nos abandonará; en especial, en el momento de nuestra muerte.

15 de mayo

Primera respuesta

Lectura:
Santiago 5:13-16

Por nada estéis afanosos, sino sean conocidas vuestras peticiones delante de Dios [...]. Y la paz [...] guardará vuestros corazones... (Filipenses 4:6-7).

Cuando llevaron a mi esposo al hospital para operarlo de urgencia, empecé a llamar a mis familiares. Mi hermana y su esposo vinieron de inmediato para estar conmigo, y oramos mientras esperábamos. La hermana de mi marido escuchó la ansiedad de mi voz por el teléfono y, al instante, dijo: «Cindy, ¿puedo orar contigo?». Cuando llegaron mi pastor y su esposa, él también oró por nosotros (Santiago 5:13-16).

Oswald Chambers escribió: «Tendemos a usar la oración como último recurso, pero Dios quiere que sea nuestra primera medida defensiva. Oramos cuando no queda otra cosa por hacer, pero el Señor desea que oremos antes de hacer cualquier otra cosa».

En esencia, orar es simplemente conversar o hablar con Dios, esperando que Él oiga y conteste. No debe ser un último recurso. En su Palabra, el Señor nos insta a comprometerlo en oración (Filipenses 4:6). También nos prometió que, «donde dos o tres se reúnen» en su nombre, Él estará «en medio de ellos» (Mateo 18:20).

Por lo general, aquellos que han experimentado el poder del Todopoderoso tienden a clamar a Él en primer lugar. Andrew Murray, un pastor del siglo XIX, declaró: «La oración abre el camino a la presencia misma de Dios para que haga su obra en y a través de nosotros». *CHK*

Padre, que mi primer recurso
sea siempre acudir a ti.

En primer lugar, ¡ora!

16 de mayo

Reflejos en las ventanas

Lectura:
Salmo 34:1-10

Abre mis ojos, y miraré las maravillas de tu ley
(SALMO 119:18).

Durante nuestras vacaciones en Alaska, vi gran parte del panorama a través de las ventanillas de vehículos en movimiento. Estaba agradecida por los vidrios que me permitían ver la belleza y mantenerme seca y abrigada. Pero las ventanillas también representaban un desafío: cuando llovía, las gotas por fuera obstaculizaban la visión, y cuando cambiaba la temperatura, se empañaban por dentro.

Esos desafíos me ayudaron a entender por qué no podemos ver la vida como Dios la diseñó. El pecado oscurece la belleza que el Señor quiere que disfrutemos. A veces, el pecado está adentro: nuestro egoísmo nos empaña la visión, y hace que nos consideremos más importantes de lo que somos y olvidemos los intereses de los demás. Otras veces, ese pecado está afuera: las injusticias de otros nos hacen llorar desconsolados y las lágrimas nos impiden ver la bondad del Señor. Venga de donde venga, el pecado no nos permite observar cuán maravillosa y gloriosamente diseñó Dios la vida.

Aunque «ahora vemos todo de manera imperfecta, como reflejos desconcertantes» (1 Corintios 13:12 NTV), percibimos lo suficiente como para saber que Dios es bueno (Salmo 34:8). Las muchas cosas extraordinarias que Él ha revelado nos ayudarán a dejar el pecado y actuar para reducir sus consecuencias en el mundo. *JAL*

Señor, revélate más hoy a mi vida.

La única manera de ver la vida claramente es enfocándonos en Cristo.

17 de mayo

Cuando «sí» implica «no»

Lectura:
Romanos 8:22-28

Al Señor clamé estando en angustia, y él me respondió (Salmo 120:1).

Di gracias a Dios por poder cuidar a mi mamá durante su batalla contra la leucemia. Cuando los medicamentos empezaron a hacer más daño que bien, ella decidió dejar el tratamiento. «Ya no quiero sufrir más —dijo—. Quiero disfrutar de mis últimos días con mi familia. Dios sabe que estoy lista para irme con Él».

Oré con fervor a nuestro amoroso Padre y poderoso Médico, sabiendo que podía hacer un milagro. Pero, para responder «sí» a mi mamá, Él tendría que decirme «no». Sollozando, me rendí a su voluntad.

Poco después, Jesús recibió a mi mamá en una eternidad libre de dolor.

En este mundo caído, habrá sufrimiento hasta que Cristo vuelva (Romanos 8:22-25). Nuestra naturaleza pecaminosa, nuestra visión limitada y el temor al dolor pueden distorsionar nuestra capacidad para orar. Pero, felizmente, el Espíritu «conforme a la voluntad de Dios intercede por los santos» (v. 27). Dios obra para bien de aquellos que lo aman (v. 28), incluso cuando su «sí» para alguien implique un desgarrador «no» para nosotras.

Podemos hacer eco del lema de mi mamá: «Dios es bueno. Cualquiera que sea su decisión, estoy en paz». Al estar seguras de la bondad del Señor, podemos confiar en que responderá según su voluntad y para su gloria. *XED*

Señor, gracias porque siempre responces con sabiduría a mis oraciones.

Las respuestas de Dios son más sabias que nuestras oraciones.

18 de mayo

La oveja que falta

Lectura:
Lucas 15:1-10

… Pueblo suyo somos, y ovejas de su prado
(Salmo 100:3).

Laura cargó una cabra y una oveja prestadas en un camión para llevarlas a la iglesia al ensayo de una obra en vivo de Navidad. Los animales se pelearon y se acosaron por un rato, y, después, se calmaron. Laura partió para la iglesia, pero tuvo que detenerse a cargar combustible.

Mientras estaba allí, ¡vio que la cabra estaba parada en el área de estacionamiento… y que la oveja había desaparecido! En medio del lío para subirlas, había olvidado trabar una de las cerraduras. Llamó a la policía y a algunos amigos, los cuales buscaron desesperadamente por todas partes hasta que oscureció. Muchos oraban para que encontrara los animales prestados.

Al día siguiente, salieron a poner carteles que decían: «Se perdió una oveja». Fueron a la gasolinera y, allí, un cliente que escuchó lo que hablaban dijo: «¡Me parece que sé dónde está!». Un vecino suyo la había visto en su granja y la metió en el corral, para que pasara la noche.

Al Señor le interesan las ovejas perdidas, incluidas tú y yo. Jesús vino del cielo a la Tierra para mostrarnos su amor y salvarnos (Juan 3:16), y no escatima esfuerzos para encontrarnos (Lucas 19:10).

Cuando Laura encontró la oveja, la llamó Milagros. Para nosotros, la salvación en Dios es un milagro de su gracia. *AMC*

Señor, gracias por cuidarme
y por ser mi buen Pastor.

«… el buen pastor su vida da por las ovejas».

Juan 10:11

19 de mayo

Personas comunes y corrientes

Lectura:
Jueces 6:11-16

Pero tenemos este tesoro en vasos de barro…

(2 Corintios 4:7).

Gedeón era una persona común y corriente. Su historia, registrada en Jueces 6, me resulta inspiradora. Era agricultor, y, además, tímido. Cuando Dios lo llamó para que libertara a Israel de los madianitas, su primera reacción fue: «¿con qué salvaré yo a Israel? He aquí que mi familia es pobre en Manasés, y yo el menor en la casa de mi padre» (Jueces 6:15). El Señor le prometió estar con él y capacitarlo para llevar a cabo lo que se le había pedido que hiciera (v. 16). La obediencia de Gedeón le devolvió la victoria a su pueblo, y lo colocó en la lista de los héroes de la fe (Hebreos 11:32).

Muchos otros tuvieron un papel importante en este plan de salvar a los israelitas de una poderosa fuerza enemiga. Dios le dio a Gedeón 300 hombres, todos héroes valerosos, para ganar la batalla. No se nos dan sus nombres, pero su bravura y obediencia quedaron registradas en las Escrituras (Jueces 7:5-23).

Actualmente, Dios sigue llamando a personas comunes y corrientes como nosotras para hacer su obra, y promete acompañarnos mientras la hacemos. Al ser personas así, pero utilizadas por Dios, es evidente que el poder procede de Él y no de nosotras. *PFC*

Padre, gracias por haber puesto tu presencia en mí. Quiero que me utilices para cumplir tu voluntad, y darte toda la honra.

Dios usa personas comunes y corrientes para llevar a cabo su plan fuera de lo común.

20 de mayo

Confía en mí

Lectura:
Salmo 121

Cuando pases por las aguas, yo estaré contigo;
y si por los ríos, no te anegarán (Isaías 43:2).

Cuando era niña, mis tíos me llevaron al Lago Michigan. Mientras algunos de mis primos se atrevían a internarse más allá del rompiente de las olas, yo jugaba cerca de la orilla. Entonces, mi tío Norm me preguntó: «¿Sabes nadar?». «No», confesé. «No te preocupes —dijo él—, yo te llevaré hasta allí». «Pero es muy profundo», protesté. «Solo aférrate a mí —me aseguró—; ¿confías en mí?» Así que, lo tomé de la mano y empezamos a caminar hacia el interior del lago.

Cuando mis pies ya no pudieron tocar más el fondo, el tío Norm me levantó en sus brazos y me aseguró: «Yo te tengo. Yo te tengo». Al rato, dijo finalmente: «Está bien, baja los pies. Aquí puedes pararte». Yo tenía miedo porque pensaba que todavía estábamos en un lugar profundo, pero confié en él y, felizmente, descubrí que estaba de pie sobre un banco de arena.

¿Alguna vez estuviste tan desesperada que te parecía que estabas hundiéndote en el agua profunda? Las dificultades de la vida pueden ser agobiantes. Dios no promete que escaparemos de los mares turbulentos de la vida, pero sí que no nos desamparará ni nos abandonará (Hebreos 13:5).

Podemos confiar en que nuestro fiel Señor está presente en todas nuestras luchas. «Cuando pases por las aguas, yo estaré contigo; y si por los ríos, no te anegarán» (Isaías 43:2). *CHK*

Padre, gracias porque puedo confiar en ti.

Antes de que tu carga te aplaste, confía en Dios y Él pondrá sus brazos debajo de ti.

21 de mayo

Arrullo consolador

Lectura:
Isaías 66:12-16

*Como aquel a quien consuela su madre,
así os consolaré yo a vosotros…* (v. 13).

Mi amiga me confió el privilegio de sostener a su preciosa hija de cuatro días de edad. Poco después de tomarla en mis brazos, la bebé empezó a protestar. La abracé un poco más, puse suavemente mi mejilla contra su cabeza, y empecé a hamacarla y a tararearle con delicadeza para calmarla. A pesar de mis denodados esfuerzos y mis más de quince años de criar hijos, no lo logré. Se ponía cada vez peor, hasta que volví a colocarla en el hueco arrullador del brazo de su mamá. La paz la envolvió casi de inmediato; dejó de llorar y su cuerpecito recién nacido se relajó en la seguridad en la cual ya confiaba. Mi amiga sabía exactamente cómo sostener y palmear a su hijita para aliviar su malestar.

Dios consuela a sus hijos como lo hace una madre: mostrando ternura, confiabilidad y diligencia al esforzarse para calmar a su bebé. Cuando estamos cansadas o decepcionadas, el Señor nos arrulla en sus brazos. Como nuestro Padre y Creador, nos conoce íntimamente. Por eso, podemos decir con el profeta: «¡Tú guardarás en perfecta paz a todos los que confían en ti; a todos los que concentran en ti sus pensamientos!» (Isaías 26:3 NTV).

Cuando los problemas nos agobien, el consuelo está en saber que Él nos protege y lucha por nosotras, sus hijas, como un padre amoroso. *KHH*

*Padre, ¡qué hermoso
es estar en tus brazos!*

*El consuelo de Dios
nos calma por completo.*

22 de mayo

Lluvia milagrosa

Lectura:
1 Reyes 18:1, 41-45

… yo soy Dios, y no hay otro… (Isaías 46:9).

La vida no es fácil para los aldeanos que viven en un terreno montañoso de la provincia de Yunnan, en China. Su principal fuente de alimentos es el maíz y el arroz. Sin embargo, en mayo de 2002, una grave sequía azotó la región y los granos se secaban. Todos estaban preocupados; por eso, se llevaron a cabo varias prácticas supersticiosas para intentar poner fin a la tragedia. Cuando nada funcionó, la gente empezó a culpar a los cinco cristianos de la aldea de ofender a los espíritus de sus antepasados.

Esos creyentes se reunieron para orar. Poco después, el cielo se oscureció y se oyó un trueno. Cayó una lluvia torrencial que duró hasta el día siguiente. ¡Los granos se salvaron! Algunos de los aldeanos creyeron que Dios había enviado la lluvia y quisieron saber más de Él y de Jesús.

En 1 Reyes 17–18, leemos sobre una tremenda sequía en Israel. Pero, en ese caso, se nos dice que fue el resultado del juicio de Dios sobre su pueblo (17:1). El pueblo había empezado a adorar a Baal, el dios cananeo, creyendo que podría enviar lluvia para sus granos. A través del profeta Elías, Dios mostró que Él es el Dios verdadero que controla las lluvias.

El Señor todopoderoso oye nuestras oraciones y siempre responde con lo mejor para nuestra vida. *PFC*

Señor, gracias por escucharnos y responder a nuestro clamor.

Mediante la oración, recurrimos al poder del Dios infinito.

23 de mayo

Detrás de escena

Lectura:
Daniel 10:1-14

... fueron oídas tus palabras; y a causa de tus palabras yo he venido (DANIEL 10:12).

Mi hija le envió un mensaje de texto a una amiga, esperando que le respondiera pronto. Apenas momentos después, empezó a disgustarse y a quejarse molesta por la demora. La irritación dio lugar a la preocupación, y mi hija se preguntó si la falta de respuesta indicaría un problema entre ella y su amiga. Al rato, llegó la respuesta, y mi hija se sintió aliviada. Simplemente, su amiga había estado resolviendo los detalles necesarios para responder.

El profeta Daniel también esperaba con ansias una respuesta. Después de recibir una visión espantosa de una gran guerra, ayunó y buscó a Dios en humilde oración (10:3, 12). Durante tres semanas, no hubo respuesta (vv. 2, 13). Por fin, apareció un ángel y le aseguró que sus oraciones habían sido escuchadas «desde el primer día». Desde entonces, el ángel había estado batallando a favor de esas oraciones. Aunque Daniel no lo sabía, Dios había estado obrando cada día desde su primera oración hasta la llegada del ángel.

Saber que Dios oye nuestras oraciones (Salmo 40:1) puede ponernos ansiosas si su respuesta no llega rápido. Solemos preguntarnos si le importará lo que nos pasa. Sin embargo, la experiencia de Daniel nos recuerda que Dios obra a favor de aquellos que ama, aunque no podamos verlo. *KHH*

Señor, gracias por escucharme y obrar en mi vida, aun cuando no te veo.

Dios siempre está obrando a favor de su pueblo.

24 de mayo

Tú no

Lectura:
1 Crónicas 17:1-4, 16-25

... haz como has dicho. Permanezca, pues, y sea engrandecido tu nombre para siempre... (vv. 23-24).

David había hecho los planos. Diseñó el mobiliario, reunió los materiales, organizó todo (ver 1 Crónicas 28:11-19), pero el primer templo que se construyó en Jerusalén se conoce como el templo de Salomón, no de David.

El Señor había dicho: «Tú no» (1 Crónicas 17:4). Había decidido que Salomón, el hijo de David, construyera el templo. La reacción de David ante esta negativa fue ejemplar. Se enfocó en lo que Dios haría, no en lo que él no podría hacer (1 Crónicas 17:16-25). Mantuvo un espíritu de gratitud, hizo todo lo que pudo y consiguió hombres talentosos para que ayudaran a Salomón en la construcción (ver 1 Crónicas 22).

Un comentarista bíblico escribió: «Tal vez tengamos que aceptar que el servicio que anhelamos no es aquello para lo que Dios nos ha llamado [...]. Como David, quizá nos espere algo más grandioso».

David deseaba que el Señor fuera glorificado, no él. Con fidelidad, hizo todo lo que pudo por el templo de Dios, colocando un fundamento sólido para aquel que viniera después de él para concluir la obra. ¡Que nosotras, del mismo modo, aceptemos la tarea que el Señor ha elegido para darnos y que lo sirvamos con un corazón agradecido! Nuestro Dios amoroso está haciendo algo «más grandioso». PFC

Padre, ayúdame a aceptar lo que me has dado para hacer, y a glorificarte con mi esfuerzo.

Dios tal vez esconda el propósito de sus caminos, pero sus caminos siempre tienen sus propósitos.

25 de mayo

Un territorio desconocido

Lectura:
2 Timoteo 3:14-17

… la palabra de Dios es viva y eficaz…
(Hebreos 4:12).

Yo estudiaba el mapa mientras viajábamos con mi esposo por la costa este de Virginia, en Estados Unidos. Buscábamos un camino que nos llevara hasta el mar. Finalmente, encontré uno. A los pocos minutos, nos reímos cuando, justo antes de llegar a la costa, nos encontramos con una reserva nacional de vida salvaje. ¡Todo era movimiento y ruido; un entorno maravilloso! Habíamos llegado a las islas Chincoteague y Assateague, famosas por el evento anual de natación de caballos de una isla a la otra. Mucho antes, otras personas habían descubierto su valor y belleza, pero, para nosotros, era un territorio desconocido.

Para muchos, las Escrituras son como «un territorio desconocido». Jamás han descubierto los valiosos tesoros que se encuentran en las palabras eternas de la Biblia. La Palabra de Dios es viva, eficaz y más cortante que toda espada de dos filos, y pone de manifiesto nuestros íntimos pensamientos y deseos (Hebreos 4:12). Es como una lámpara que ilumina nuestro camino (Salmo 119:105), y se nos dio para equiparnos, a fin de cumplir los propósitos del Señor (2 Timoteo 3:16-17).

Abre la Biblia y léela para que puedas encontrar estos tesoros. Es hora de… ¡descubrir! *CHK*

Señor, ¡quiero descubrir cada día un poco más tu Palabra y desenterrar sus tesoros!

Los ricos tesoros de la verdad de Dios esperan que tú los descubras.

26 de mayo

En medio de leones

Lectura:
Daniel 6:19-28

… él es el Dios viviente y permanece por todos los siglos… (Daniel 6:26).

Cuando visité un museo en Chicago, vi uno de los Leones Andantes originales de Babilonia. Era un relieve mural inmenso de un león alado con una expresión feroz. Como símbolo de Istar, la diosa babilonia del amor y la guerra, este era uno de 120 leones similares que enmarcaban una vía procesional durante 604-562 a.C.

Los historiadores afirman que, después de que los babilonios conquistaron Jerusalén, los cautivos hebreos habrían visto estos leones durante el reinado de Nabucodonosor. Además, es probable que algunos hayan creído que Istar había vencido al Dios de Israel.

Daniel, uno de los esclavos hebreos, no compartía estos interrogantes que tal vez hayan afligido a algunos israelitas. Su visión y su compromiso con Dios permanecieron firmes. Oraba tres veces al día, con la ventana abierta, incluso cuando sabía que esto lo llevaría al foso de los leones. Después de que Dios rescató a Daniel de los hambrientos animales, el rey Darío exclamó: «[El Dios de Daniel] es el Dios viviente y permanece por todos los siglos […]. Él salva y libra» (Daniel 6:26-27). La fidelidad de Daniel le permitió influenciar a los líderes babilonios.

Permanecer fiel a Dios a pesar de la presión y el desánimo puede inspirar a otros a glorificarlo. *JBS*

Padre, quiero serte fiel y que los demás puedan verte en mí.

La fidelidad a Dios inspira a otros.

27 de mayo

¡Mira a Jesús!

Lectura:
Salmo 73:3-28

… en cuanto a mí, el acercarme a Dios es el bien…
(Salmo 73:28).

He estado pensando en amigos míos de la iglesia que han tenido problemas con sus trabajos. Me brotaban las lágrimas y trataba de orar, pero las palabras no salían. Entonces, tomé mi Biblia y retomé la lectura de ayer: el Salmo 73. Lo escribió Asaf, uno de los músicos de David, así que podríamos decir que él también trabajaba en la «iglesia».

Asaf envidiaba a los soberbios cuando los veía prosperar (v. 3). Parecían no tener problemas y conseguir todo lo que querían aunque fueran deshonestos. Se preguntaba si valía la pena ser honesto cuando lo único que él tenía eran problemas (vv. 13-14). Pero luego se dio cuenta de su amargura y de lo insensato que le habrá parecido a Dios (vv. 21-22). Entonces, recordó que le pertenecía al Señor, quien sostenía su mano y nunca lo abandonaría (vv. 23-24).

Fue como si una luz se encendiera cuando Asaf exclamó: «¿A quién tengo yo en los cielos sino a ti? […] Mi carne y mi corazón desfallecen; mas la roca de mi corazón y mi porción es Dios para siempre. […] en cuanto a mí, el acercarme a Dios es el bien» (vv. 25-28).

Cuando quitamos los ojos del Señor y vemos a los que nos rodean, nuestro corazón se abate y nos desalentamos. Como Asaf, necesitamos recordar que le pertenecemos a Dios y que Él es nuestra fortaleza. *JS*

Señor, ayúdame a mirarte solo a ti.

¿Me estás mirando a mí? Más bien, ¡mira a Jesús!

28 de mayo

Obras sin terminar

Lectura:
Romanos 7:14-25

... ¿Quién me libertará de esta vida dominada por el pecado...? [...] Jesucristo nuestro Señor... (ROMANOS 7:24-25 NTV).

Al morir, el gran artista Miguel Ángel dejó muchos proyectos sin terminar. Sin embargo, cuatro de sus esculturas quedaron incompletas a propósito. El Esclavo barbudo, el Esclavo atlante, el Esclavo despertándose y el Joven esclavo, aunque parecen obras sin terminar, son exactamente lo que Miguel Ángel tenía en mente. El artista quería expresar la sensación de estar esclavizado para siempre.

En lugar de esculpir figuras encadenadas, Miguel Ángel las modeló atascadas en el mismo mármol del cual las talló. Los cuerpos emergen de la piedra, pero hasta cierto punto. Los músculos se contraen, pero las figuras nunca pueden liberarse.

Me resulta fácil identificarme con estas esculturas de esclavos. Su situación no es tan diferente de mi lucha con el pecado. No puedo liberarme. Al igual que las esculturas, estoy atrapada, cautiva «a la ley del pecado que está en mis miembros» (Romanos 7:23). No importa cuánto me esfuerce, no puedo cambiar. Pero, gracias a Dios, no quedaremos incompletas para siempre. En el cielo, seremos una obra completa, pero, mientras tanto, al permitir la obra transformadora del Espíritu Santo, Él nos cambia. Dios promete perfeccionar la buena obra que comenzó en nosotras (Filipenses 1:6). *ABP*

Señor, gracias porque prometiste completar tu obra en mí.

Él es el alfarero;
nosotras somos el barro.

29 de mayo

¡Derriben ese muro!

Lectura:
Efesios 2:14-18

Justificados, pues, por la fe, tenemos paz para con Dios por medio de nuestro Señor Jesucristo… (Romanos 5:1-2).

El Muro. Para las personas que han vivido en Alemania Oriental desde hace más de 50 años, estas dos palabras eran las únicas que necesitaban para describir la barrera erigida el 13 de agosto de 1961 para separar Alemania Oriental de Alemania Occidental. Con el tiempo, el muro se tornó casi imposible de atravesar porque estaba protegido por alambres de púas y hombres armados. Pero, en 1989, fue derribado.

Hay otro muro que también debe quitarse: el que separa a la humanidad de Dios. Esta barrera se construyó en el huerto de Edén, cuando un hombre y una mujer cometieron el primer acto de rebelión contra Dios (Génesis 3). Desde entonces, ¡todos seguimos rebelándonos! Isaías 59:2 dice: «vuestras iniquidades han hecho división entre vosotros y vuestro Dios».

Sin embargo, la muerte y la resurrección de Jesús han posibilitado la reconciliación con Dios (2 Corintios 5:17-21). Para todos aquellos que aceptan el sacrificio de Cristo por el pecado, la barrera se destruirá y serán reconciliados con Dios. La muerte de Cristo también echó abajo otras paredes divisorias: entre judíos y gentiles, esclavos y libres, hombres y mujeres (Gálatas 3:28).

No permitas que tu propio «muro» de indecisión impida que aceptes el regalo de la salvación divina. *CHK*

Señor, ¡gracias por derribar la pared que me separaba de ti!

«La Biblia registra la ruina total del hombre en el pecado y el remedio completo en Cristo». Barnhouse

30 de mayo

Bienvenida de regreso

Lectura:
Nehemías 9:7-21

... tú eres Dios que perdonas, clemente y piadoso...
(Nehemías 9:17).

Santi decidió seguir a Cristo a los diez años, pero quince años después, su compromiso se había desvanecido. En un momento, todo parecía caerse a pedazos: tuvo problemas en el trabajo y tres familiares murieron casi simultáneamente. Temores y dudas comenzaron a invadir a Santi, y nada parecía ayudar… hasta que un día, leyó el Salmo 121:2: «Mi socorro viene del Señor, que hizo los cielos y la tierra». Estas palabras penetraron el temor y la confusión de su corazón. Recurrió a Dios en busca de ayuda, y el Señor lo recibió con agrado.

La travesía espiritual de Santi me recuerda la antigua historia de Israel. Los israelitas tenían una relación singular con Dios: eran su pueblo escogido (Nehemías 9:1-15). No obstante, pasaron muchos años en rebeldía e ignorando la bondad del Señor, y alejándose para seguir sus propios caminos (vv. 16-21). Sin embargo, cuando se volvieron a Él y se arrepintieron, Dios se mostró «clemente y piadoso, tardo para la ira, y grande en misericordia» (v. 17).

Estas cualidades divinas nos animan a acercarnos al Señor… aun después de habernos alejado de Él. Cuando humildemente abandonamos nuestras conductas rebeldes y volvemos a consagrarnos a sus caminos, Dios muestra compasión y nos recibe con agrado de regreso a la comunión con Él. *JBS*

Señor, gracias por tu misericordia.

Los brazos acogedores de Dios
están siempre abiertos.

31 de mayo

Prueba de fuego

Lectura:
Santiago 1:1-12

Bienaventurado el varón que soporta la tentación; porque cuando haya resistido la prueba, recibirá la corona de vida… (Santiago 1:12).

El invierno pasado, mientras visitaba un museo de historia natural, aprendí algunas cosas notables sobre los álamos. Un bosque entero de estos delgados árboles puede desarrollarse a partir de una sola semilla y compartir el mismo sistema de raíces. Este sistema puede existir miles de años sin producir árboles, dormido bajo tierra, hasta que un incendio, una inundación o una avalancha permite que las raíces perciban el sol y se abran paso entre las sombras del bosque. La savia que sube se convierte en árbol.

Lo que hace posible que crezcan los álamos es la devastación producida por un desastre natural. Santiago también escribe que las dificultades nos hacen crecer en la fe: «tened por sumo gozo cuando os halléis en diversas pruebas, sabiendo que la prueba de vuestra fe produce paciencia. Mas tenga la paciencia su obra completa, para que seáis perfectos y cabales, sin que os falte cosa alguna» (Santiago 1:2-4).

Es difícil tener gozo durante las pruebas, pero podemos hallar esperanza al saber que Dios utilizará las circunstancias problemáticas para ayudarnos a crecer espiritualmente. Como los álamos, cuando las dificultades despejan nuestro corazón para que la luz de Dios nos alcance, la fe puede crecer. *ABP*

Señor, gracias por usar las pruebas
para ayudarme a crecer.

Las pruebas pueden
acercarnos más a Dios.

1 de junio

¡Es hermoso!

Lectura:
Marcos 14:3-9

Pero Jesús dijo: Dejadla, ¿por qué la molestáis? Buena obra me ha hecho (Marcos 14:6).

Cuando regresaba de un viaje, Roberto quiso elegir unos regalitos para sus hijos. El empleado de una tienda del aeropuerto le recomendó varios, pero eran muy caros. Entonces, Roberto le dijo: «No traigo tanto dinero. Necesito algo más barato». El empleado trató de hacerlo sentir como un tacaño, pero Roberto sabía que sus hijos estarían felices con cualquier cosa que les llevara, porque él lo haría de corazón. Y tenía razón… los regalos les encantaron.

Durante la última visita de Jesús a Betania, María quiso mostrarle que lo amaba (Marcos 14:3-9). Entonces, tomó «un vaso de alabastro de perfume de nardo puro de mucho precio» y lo ungió con él (v. 3). Los discípulos preguntaron enojados: «¿Para qué este desperdicio?» (Mateo 26:8). Para que dejaran de molestarla, Jesús declaró: «Buena obra me ha hecho» (Marcos 14:6). Otra traducción dice: «Ella ha hecho una obra hermosa conmigo» (NVI). A Jesús le encantó el regalo de María, porque procedía de un corazón amoroso. ¡Incluso fue hermoso que lo ungiera para la sepultura!

¿Qué te gustaría darle al Señor para mostrarle tu amor: tu tiempo, tus talentos, tus tesoros? No importa que sea barato o caro, ni que otros te entiendan o te critiquen. Para Él, todo lo que surge de un corazón lleno de amor es hermoso. *AMC*

Señor, hoy quiero expresarte mi amor.

Un corazón sano palpita de amor a Jesús.

2 de junio

Bien preparada

Lectura:
Efesios 6:10-20

Por tanto, también vosotros estad preparados; porque el Hijo del Hombre vendrá a la hora que no pensáis (Mateo 24:44).

La idea de estar siempre preparada me recuerda a un vecino de mi infancia. Cuando el Sr. Nienhuis llegaba, siempre estacionaba su automóvil marcha atrás en el garaje. Eso me resultaba extraño, hasta que mi madre me explicó que era bombero voluntario. Si recibía una llamada, debía estar listo para salir rápidamente hacia la estación. Por eso, entraba marcha atrás.

Estar preparados es importante en muchas áreas de la vida. «Si tuviera ocho horas para talar un árbol, dedicaría seis para afilar mi hacha», dijo Abraham Lincoln. Nos preparamos para una profesión estudiando. Contratamos un seguro por si tenemos un accidente automovilístico o se nos incendia la casa. Incluso, a veces nos preparamos para el final de la vida y hacemos un testamento a favor de nuestros seres queridos.

La Biblia nos dice que también debemos prepararnos espiritualmente. Lo hacemos al ponernos la armadura de Dios para protegernos de los ataques espirituales (Efesios 6:10-20), preparar nuestra mente para vivir una vida santa (1 Pedro 1:13), asegurarnos de estar capacitadas para responder sobre la esperanza que tenemos (3:15) y para tener la certeza de que estamos listas para el regreso de Jesucristo (Mateo 24:44).

¿Estás preparada para el futuro? Pídele al Señor que te ayude y te guíe. *CHK*

Señor, ayúdame a estar preparada
para lo que venga.

Solo triunfan espiritualmente
las que están preparadas para la batalla.

3 de junio

En el borde

Lectura:
Josué 3:9-17

… el pueblo salió de sus tiendas para pasar el Jordán con los sacerdotes llevando el arca del pacto delante… (v. 14 LBLA).

Mi hijita estaba de pie, temerosa, en el borde de la piscina. Como todavía no sabía nadar, estaba recién aprendiendo a sentirse cómoda en el agua. Su instructor la esperaba dentro de la piscina con los brazos extendidos. Mientras ella vacilaba, pude percibir las preguntas a través de sus ojos: *¿Me sostendrás? ¿Qué pasará si se me hunde la cabeza?*

Quizá los israelitas se preguntaban qué podría suceder cuando cruzaran el río Jordán. ¿Podían confiar en que Dios haría aparecer el lecho seco? ¿Estaba Él guiando a Josué, su nuevo líder, como había guiado a Moisés? ¿Los ayudaría a derrotar a los amenazadores cananeos que vivían al otro lado del río?

Para averiguar las respuestas a estas preguntas, tenían que probar su fe mediante una acción: «… partió el pueblo de sus tiendas para pasar el Jordán, con los sacerdotes delante del pueblo llevando el arca del pacto» (Josué 3:14). Poner en práctica su fe les permitió ver que Dios estaba con ellos, que seguía dirigiendo a Josué y que los ayudaría a establecerse en Canaán (vv. 7, 10, 17).

Si enfrentas una prueba de fe, puedes avanzar confiando en el carácter de Dios y en la infalibilidad de sus promesas. Depender del Señor te ayudará a dar un paso hacia donde Él desea que estés. *JBS*

Padre, gracias porque siempre
estás listo para sostenerme.

El miedo desaparece
cuando confiamos en nuestro Padre.

4 de junio

Fuera de contexto

Lectura:
Lucas 4:1-13

... tu palabra es verdad
(Juan 17:17).

Cuando un amigo empezó a hacer afirmaciones desesperadas y sin sentido, la gente se preocupó por él y empezó a consolarlo y a aconsejarlo. Resultó ser que simplemente estaba divirtiéndose mientras citaba letras de canciones fuera de contexto, solo para iniciar una conversación. Sus amigos perdieron el tiempo ofreciéndole ayuda que no necesitaba y consejos que no quería. No hubo consecuencias graves, pero, al ocupar tiempo para responder a su falsa necesidad, alguien podría haber descuidado una situación importante de otra persona.

Algunos que sacan palabras de contexto solo quieren llamar la atención o salirse con la suya en una discusión. Pero otros son más perversos. Tuercen la verdad para conseguir poder sobre los demás. Estos no solo ponen en peligro la vida de otros, sino también el alma.

Cuando las personas usan palabras para manipular a otros para que se comporten de determinada manera, o peor aún, cuando citan la Biblia fuera de contexto para inducir a otros a actuar mal, hay una única defensa: debemos saber qué dice realmente Dios en su Palabra. Jesús pudo resistir la tentación con la verdad (Lucas 4). Nosotros tenemos el mismo recurso. Dios nos ha dado su Palabra y el Espíritu Santo como guía para impedir que nos engañen o nos desvíen. *JAL*

Señor, gracias por guiarme
con tu Espíritu.

Si nos aferramos a la verdad de Dios,
no nos atraparán las mentiras de Satanás.

5 de junio

Suficiente

Lectura:
2 Reyes 4:42-44

... comieron, y les sobró, conforme a la palabra del Señor (2 Reyes 4:44).

Cuando a mi esposo y a mí nos pidieron recibir y liderar un grupo pequeño de la iglesia en nuestra casa, lo primero que dije fue que no. Me sentía incapaz. No teníamos asientos para todos y nuestra casa era pequeña. Tampoco sabía si estábamos capacitados para dirigir las charlas. Temía que me pidieran que preparara comida; algo que no me gustaba y para lo que no disponíamos de fondos. Creía que no teníamos «suficiente» para hacerlo, y me parecía que yo no era lo «suficiente» como para realizarlo. Pero queríamos servir a Dios y a nuestra comunidad, así que, a pesar de nuestros temores, accedimos. Durante los cinco años siguientes, recibimos gozosos al grupo en nuestra sala de estar.

Observo una actitud similar de reticencia y duda en el hombre que le llevó pan a Eliseo, el siervo de Dios. Eliseo le había ordenado que lo diera a la gente, pero él cuestionó si 20 panes podrían alimentar a 100 hombres. Desde su perspectiva humana, quizá pensó que no era suficiente. Sin embargo, fue más que suficiente (2 Reyes 4:44) porque Dios tomó esa dádiva, dada en obediencia, e hizo que bastara.

Cuando nos sentimos inadecuadas o incapaces de ofrecer lo suficiente, recordemos que Dios nos pide que demos con fidelidad y obediencia lo que tenemos. Él lo hace «suficiente». *KHH*

Señor, toma lo que soy y tengo,
y hazlo «suficiente».

Una ofrenda dada en obediencia fiel es suficiente.

6 de junio

Roca de refugio

Lectura:
Salmo 94:3-23

Mas el Señor me ha sido por refugio,
y mi Dios por roca de mi confianza (SALMO 94:22).

Durante unas vacaciones, caminaba por la orilla de un gran lago. Al acercarme a un montón de rocas, noté un pequeño hueco entre ellas y vi que una pequeña planta se había arraigado allí. Parecía estar absorbiendo la cantidad justa de luz solar y de agua, y también obtenía algo más: protección. Ni los aguaceros ni las tormentas de viento afectarían sus delicadas hojas.

El hábitat seguro de la planta me recordó la letra de este conocido himno: «Roca de la eternidad, fuiste abierta para mí; sé mi escondedero fiel». Estas palabras expresan lo que muchas queremos cuando nos encontramos con gente con malas intenciones; personas caracterizadas por el orgullo, la crueldad y un desprecio hacia Dios (Salmo 94:4-7). Cuando somos el blanco de la maldad de alguien, podemos recordar el testimonio del salmista: «Mas el Señor me ha sido por refugio, y mi Dios por roca de mi confianza» (v. 22).

Como nuestra roca, el Señor es confiable y fuerte. Como nuestro refugio, puede brindarnos seguridad hasta que pasen los problemas. El salmista nos recuerda: «… debajo de sus alas estarás seguro…» (Salmo 91:4). Con Dios como nuestro defensor, no debemos temer lo que hagan los demás. Podemos confiar en que Él nos sostendrá cuando surjan dificultades. *JBS*

Señor, gracias por
ser mi roca y mi refugio.

Puedes encontrar refugio
en la Roca de los siglos.

7 de junio

Compartir el consuelo

Lectura:
2 Corintios 1:3-11

… así como sois compañeros en las aflicciones, también lo sois en la consolación (2 Corintios 1:7).

Una amiga me envió unas artesanías de cerámica que había hecho. Cuando abrí la caja, descubrí que las preciosas piezas se habían dañado en el viaje.

Mi esposo reparó una de las piezas y yo exhibí la taza sobre un estante, con sus hermosas imperfecciones. Al igual que esa cerámica restaurada, yo también tengo cicatrices que prueban que puedo seguir de pie después de los tiempos difíciles que Dios me ayudó a superar. Esa taza de consuelo me recuerda que hablar de cómo el Señor ha obrado en nuestra vida puede ayudar a otros.

El apóstol Pablo alaba a Dios porque es «Padre de misericordias y Dios de toda consolación» (2 Corintios 1:3). El Señor usa nuestras pruebas y sufrimientos para hacernos más parecidas a Él. Su consuelo en nuestras aflicciones nos prepara para reconfortar a otros al contarles lo que Él ha hecho por nosotras (v. 4).

Al reflexionar en el sufrimiento de Cristo, podemos recibir inspiración para perseverar en medio del dolor, confiando en que Él utiliza nuestras experiencias para fortalecernos y animar a otros a resistir con paciencia (vv. 5-7). Como Pablo, recibimos consuelo al saber que el Señor redime nuestras pruebas para su gloria. Podemos compartir sus «tacitas de consuelo» para llevar esperanza al que sufre. *XED*

Señor, quiero llevar tu consuelo
a todo el que lo necesite.

Dios consuela a otros cuando hablamos de cómo nos consoló en nuestro dolor.

8 de junio

¡Otra vez!

Lectura:
2 Tesalonicenses 2:13-17

... Dios os haya escogido desde el principio para salvación...
(2 Tesalonicenses 2:13).

Mientras leía el mensaje en mi teléfono, empezó a subirme la temperatura y me hervía la sangre. Estaba a punto de responder con otro mensaje desagradable, cuando una voz interior me dijo que me calmara y que contestara al día siguiente. Después de dormir bien, el tema que me había molestado tanto parecía una tontería. Había reaccionado en forma desmedida porque no quería dar prioridad a las necesidades de otra persona. No estaba dispuesta a incomodarme para ayudar a alguien.

Lamentablemente, estoy tentada a responder con enojo más a menudo de lo que me gustaría reconocer. Con frecuencia, tengo que poner en práctica verdades bíblicas conocidas, tales como «airaos, pero no pequéis» (Efesios 4:26), y «no mirando cada uno por lo suyo propio, sino cada cual también por lo de los otros» (Filipenses 2:4).

Menos mal que Dios nos ha dado su Espíritu, quien nos ayuda en nuestra batalla contra el pecado. Los apóstoles Pablo y Pedro lo denominaron: «la santificación por el Espíritu» (2 Tesalonicenses 2:13; 1 Pedro 1:2). Sin su poder, estamos indefensas y vencidas. Sin embargo, con Él, podemos alcanzar la victoria. *PFC*

Padre, gracias por darnos tu Espíritu para santificarnos
y poder reaccionar como tú deseas.

El crecimiento espiritual del creyente
es un trabajo de toda la vida.

9 de junio

Vigilancia sobrenatural

Lectura:
Mateo 6:1-6, 16-18

... tu Padre que ve en lo secreto
te recompensará en público (Mateo 6:18).

Cerca de casa, las autoridades colocaron una cámara para fotografiar a los conductores que no respetan los semáforos. Los infractores reciben por correo una multa con una «fotografía de luz roja», la prueba visual de la infracción de tránsito.

A veces, pienso que Dios se parece un poco a esa cámara, como si estuviera siempre atento y esperando atraparnos en algún error. Si bien Él ve nuestro pecado (Hebreos 4:13), también observa y se ocupa de nuestras buenas obras. Su vigilancia sobrenatural percibe cuánto nos sacrificamos al dar dinero a la iglesia y a los necesitados (Marcos 12:41-44). Él oye nuestras oraciones secretas (Mateo 6:6), y cuando ayunamos, podemos seguir con nuestra vida como de costumbre, sabiendo que nuestro «Padre [...] ve en lo secreto...» (v. 18).

Saber que Dios ve todo nos libera de la carga de pensar en las miradas atentas de los demás. Cuando hacemos lo correcto, no necesitamos que nos aplaudan; cuando pecamos, no debemos preocuparnos por nuestra reputación después de arreglar las cosas con Dios y con aquellos a quienes lastimamos. Podemos descansar tranquilas al saber que «... los ojos del Señor contemplan toda la tierra, para mostrar su poder a favor de los que tienen corazón perfecto para con él...» (2 Crónicas 16:9). *JBS*

Señor, gracias porque
nada se escapa a tu mirada.

Los demás ven lo que hacemos,
pero Dios ve lo que nos motiva.

10 de junio

Dar el primer paso

Lectura:
1 Juan 4:7-21

Nosotros le amamos a él,
porque él nos amó primero (1 Juan 4:19).

Con paciencia, nos esforzamos para ayudar a nuestro hijo a sanarse interiormente y adaptarse a su nueva vida con la familia. El trauma de su pasado en un orfanato generaba algunas conductas negativas. Aunque yo tenía gran compasión por él, sentía una lejanía emocional debido a estas conductas. Avergonzada, le conté mi lucha a su terapeuta. Su respuesta me conmovió: «Él necesita que des el primer paso… que le muestres que es digno de amor antes de que él pueda demostrar el suyo».

Juan lleva a los lectores de su carta a una profundidad increíble de amor, citando el amor de Dios como la fuente y la razón para amarse unos a otros (1 Juan 4:7, 11). Admito que muchas veces no muestro ese amor a los demás. Sin embargo, las palabras de Juan encienden en mí una voluntad y una capacidad renovadas de hacerlo: Dios dio el primer paso. Envió a su Hijo a demostrar la plenitud de su amor por cada una de nosotras. Estoy tan agradecida de que Él no responda dejando de amarnos, como tendemos a hacerlo nosotras.

Aunque nuestro pecado no invita el amor de Dios, Él no duda en dárnoslo (Romanos 5:8). Su amor, que toma la iniciativa, nos impulsa a amarnos unos a otros en respuesta a ese amor y como un reflejo de lo que hemos experimentado. *KHH*

Padre, gracias por amarnos
y enseñarnos a amar.

Dios nos amó primero
para que pudiéramos amar a otros.

11 de junio

Limpiar la casa

Lectura:
1 Pedro 1:22–2:5

Desechando, pues, toda malicia, todo engaño, hipocresía, envidias, y todas las detracciones… (1 Pedro 2:1).

Hace poco, cambié de habitación en casa. Me llevó más tiempo de lo que esperaba, porque no solo quería transferir mi desorden; deseaba empezar de cero. Después de horas de limpiar y clasificar —un proceso agotador—, tenía una hermosa habitación donde me entusiasmaba estar.

Mi proyecto me dio una perspectiva renovada de 1 Pedro 2:1: «Entonces, ¡limpien la casa! Descarten por completo la malicia y el fingimiento, la envidia y las palabras hirientes» (*The Message*, trad. libre). Es interesante que, después de celebrar su nueva fe en Cristo (1:1-12), Pedro animara a los creyentes a desechar hábitos destructivos (1:13–2:3). Cuando nuestro caminar con el Señor parece desordenado y hay tensión en nuestro amor por los demás, esto no debe llevarnos a cuestionar nuestra salvación. No cambiamos nuestras vidas para ser salvas, sino porque ya lo somos (1:23).

Los malos hábitos no desaparecen de la noche a la mañana. Así que, a diario, necesitamos «limpiar la casa» y desechar cualquier cosa que evite que amemos plenamente a los demás (1:22) y que crezcamos (2:2). Entonces, en ese espacio nuevo y limpio, podemos experimentar la maravilla de ser edificadas y renovadas (v. 5) por el poder y la vida de Cristo. *MRB*

Dios amado, ayúdame a «limpiar mi casa» para experimentar mejor tu presencia y tu poder.

Rechacemos los hábitos destructivos y experimentemos la nueva vida en Jesús.

12 de junio

El don del sueño

Lectura:
Salmo 121

Por demás es que os levantéis de madrugada, y vayáis tarde a reposar […]; pues que a su amado dará Dios el sueño (Salmo 127:2).

Dormir es esencial para la buena salud. Los científicos no saben con exactitud por qué es necesario, pero sí conocen qué sucede si no dormimos lo suficiente. Hay riesgo de envejecer prematuramente, de aumentar de peso o de padecer enfermedades. Lo que Dios hace en nuestro cuerpo mientras dormimos no deja de ser un milagro. Renueva nuestra energía, recompone y restaura nuestras células, y reorganiza la información en nuestro cerebro.

Hay muchas razones que impiden dormir lo suficiente, y algunas no podemos resolverlas; pero la Biblia señala que el exceso de trabajo no debe ser una de ellas (Salmo 127:2). Dormir es un don de Dios que debemos recibir con gratitud. Si nos cuesta dormir, tenemos que averiguar el porqué. ¿Nos levantamos temprano y nos acostamos tarde para ganar dinero y adquirir cosas innecesarias? ¿Participamos de ministerios que pensamos que nadie más es capaz de llevar a cabo?

A veces, me siento tentada a creer que el trabajo que yo hago cuando estoy despierta es más importante que el que Dios hace mientras duermo. Pero rehusar el don divino del sueño es como decirle que mi labor es más importante que la suya.

Dios no quiere que seamos esclavas del trabajo, sino que disfrutemos del sueño que nos regala. JAL

Señor, gracias por el
regalo del sueño.

«Si uno no se retira y descansa, se desmorona». Havner

13 de junio

¡Signo de exclamación celestial!

Lectura:
1 Reyes 8:22-30

Los cielos cuentan la gloria de Dios…
(Salmo 19:1).

En agosto de 2011, la NASA presentó una compleja imagen tomada por el telescopio Hubble que hizo sonreír a la gente. Muestra dos galaxias que empiezan a colisionar entre sí, y se observa algo parecido a un signo de exclamación celeste. La última estadística que leí dice que hay unas 100.000 millones de galaxias visibles en el universo. Cada una tiene millones de estrellas, y siguen descubriéndose más.

Cuando vi la imagen del signo de exclamación, me vino a la mente nuestro asombroso Creador. Los cielos declaran su gloria (Salmo 19:1), pero Él es aun más maravilloso que los cielos que ha creado. Cuando Salomón terminó de construir un templo para que morara allí la presencia del Señor, oró: «Pero ¿es verdad que Dios morará sobre la tierra? He aquí que los cielos, los cielos de los cielos, no te pueden contener; ¿cuánto menos esta casa que yo he edificado?» (1 Reyes 8:27). Sabía que, si los cielos no podían contener la presencia de Dios, sin duda, tampoco lo haría un templo en la Tierra.

El Señor es mucho más grande que lo que nuestra mente finita puede captar. Sin embargo, se reveló a través de su Hijo Jesucristo, a quien envió a vivir en esta Tierra, a morir por nosotras y a resucitar. Cuando creemos en Él, ¡nuestra vida se une a los cielos para proclamar su gloria! *AMC*

Señor, ¡cuán grandes
son tus obras!

En la creación, vemos la mano de Dios;
en la redención, su corazón.

14 de junio

Necesitamos esperanza

Lectura:
Colosenses 1:3-14

Bendito el varón que confía en el Señor,
y cuya confianza es el Señor (Jeremías 17:7).

Adán y Eva no necesitaban esperanza; tenían todo. No había por qué dudar de que la vida siguiera siendo agradable, con tantas cosas buenas que Dios les había dado para disfrutar. Sin embargo, arriesgaron todo por lo único que la serpiente dijo que el Señor no les había dado: el conocimiento del bien y del mal (Génesis 2:17; 3:5). Por eso, cuando Satanás hizo su ofrecimiento, Eva cedió de inmediato y Adán la siguió sin vacilar (3:6). Consiguieron lo que querían: conocimiento. Pero perdieron lo que tenían: inocencia. Y con esta pérdida nació la necesidad de esperanza… esperanza de que se les quitara la culpa y la vergüenza, y de que el bien fuera restaurado.

Aunque todavía faltan unos meses para que llegue la Navidad, solemos asociar esa época con la esperanza. Los niños esperan el juguete o el juego más popular y novedoso. Las familias esperan que todos se junten para la celebración. Pero la esperanza que se conmemora en esa fecha es mucho mayor que nuestros deseos de festejar. ¡Ha venido Jesús, «el Deseado de todas las naciones» (Hageo 2:7)! Él «nos ha librado de la potestad de las tinieblas», comprado nuestra redención y perdonado nuestros pecados (Colosenses 1:13-14). Incluso hizo posible que fuéramos sabias para el bien e inocentes para el mal (Romanos 16:19). Cristo en nosotras nos da esperanza de gloria. *JAL*

Señor, gracias por la esperanza
que nos has dado.

La esperanza del creyente es segura…
porque se apoya en Cristo.

15 de junio

Mas Dios...

Lectura:
Romanos 5:8-11

Mas Dios muestra su amor para con nosotros, en que siendo aún pecadores, Cristo murió por nosotros (v. 8).

Howard Sugden, pastor de la iglesia donde yo asistía cuando estaba en la universidad, predicó muchos sermones inolvidables. Después de todos estos años, el mensaje titulado «Mas Dios…» todavía hace que me detenga a pensar cuando leo esas palabras en la Biblia. A continuación, aparecen algunos versículos que me animan haciéndome recordar la intervención justa de Dios en los asuntos humanos:

«Vosotros pensasteis mal contra mí, mas Dios lo encaminó a bien…» (Génesis 50:20).

«Sus cuerpos se pudrirán en el sepulcro, […]. Pero Dios me rescatará de las garras del sepulcro y con él me llevará» (Salmo 49:14-15 NVI).

«Mi carne y mi corazón pueden desfallecer, pero Dios es la fortaleza de mi corazón y mi porción para siempre» (Salmo 73:26 LBLA).

«Ciertamente, apenas morirá alguno por un justo; con todo, pudiera ser que alguno osara morir por el bueno. Mas Dios muestra su amor para con nosotros, en que siendo aún pecadores, Cristo murió por nosotros» (Romanos 5:7-8).

«… Cosas que ojo no vio, ni oído oyó, […] son las que Dios ha preparado para los que le aman. Pero Dios nos las reveló a nosotros por el Espíritu…» (1 Corintios 2:9-10).

Cuando te sientas desanimada, busca algunos versículos que digan «mas Dios…» y reconfórtate al saber que Él participa en la vida de aquellos que lo aman. *JAL*

La participación de Dios en nuestra vida debe darnos certeza de que nos ama.

16 de junio

Oraciones con los dedos

Lectura:
Santiago 5:13-18

... orad unos por otros... (v. 16).

La oración es una conversación con Dios, no una receta. Sin embargo, a veces, quizá tengamos que usar un «método» para vigorizar nuestro tiempo de oración. Podemos orar los Salmos o cualquier otro pasaje de la Escritura (como el Padrenuestro), o usar un método de pasos sencillos, como el de adoración, confesión, acción de gracias y súplica. Hace poco, descubrí esta «Oración de los cinco dedos» para usar como guía al orar por otros:

• Cuando entrecruzas las manos, el pulgar está más cerca de ti. Entonces, comienza orando por los que están más cerca: tus seres queridos (Filipenses 1:3-5).

• El índice es el que señala. Ora por los que enseñan: los maestros bíblicos y los predicadores, y aquellos que enseñan a los niños (1 Tesalonicenses 5:25).

• El próximo dedo es el mayor. Nos recuerda orar por aquellos que tienen autoridad: los líderes nacionales y locales, y tu supervisor en el trabajo (1 Timoteo 2:1-2).

• El cuarto dedo suele ser el más débil. Ora por los que están sufriendo o pasando dificultades (Santiago 5:13-16).

• Después, está el meñique. Te recuerda tu pequeñez en relación con la grandeza de Dios. Pídele al Señor que supla tus necesidades (Filipenses 4:6, 19).

No importa qué método uses, habla con tu Padre. Él quiere oír lo que hay en tu corazón. *AMC*

Señor, gracias por estar atento
a mi oración.

Las palabras no son lo importante al orar,
sino el estado del corazón.

17 de junio

Servir y ser servido

Lectura:
Filipenses 4:10-19

... la disposición la tenían, pero les faltaba la oportunidad
(FILIPENSES 4:10 RVC).

Hacía semanas que Marilín estaba enferma, y muchos la habían animado en ese tiempo difícil. ¿Cómo podré compensarlos por su amabilidad?, pensaba, preocupada. Entonces, un día, leyó: «Ora para que [los demás] desarrollen humildad, lo cual no solo les permita servir, sino también ser servidos». De repente, Marilín se dio cuenta de que no hacía falta equilibrar ninguna balanza, sino simplemente dar gracias y permitir que los demás experimentaran el gozo de servir.

En Filipenses 4, el apóstol Pablo expresó su gratitud por todos aquellos que participaban con él en sus dificultades (v. 14). Él dependía del sostén de los demás para predicar el evangelio. Entendía que las ofrendas que recibía cuando pasaba necesidad eran simplemente una extensión del amor de las personas por Dios; sus ofrendas eran «olor fragante, sacrificio acepto, agradable a Dios» (v. 18).

Tal vez no te resulte fácil recibir; en especial, si en general has sido la primera en ayudar a otros. Pero, con humildad, podemos permitir que Dios nos cuide mediante diversas maneras cuando necesitamos ayuda.

Pablo escribió: «Mi Dios, pues, suplirá todo lo que os falta» (v. 19). Fue algo que aprendió durante una vida de pruebas. Dios es fiel y su provisión para nosotras no tiene límite. CHK

Señor, danos gracia para brindar
y recibir ayuda.

Recibe amor. Da amor.
Repite el ciclo.

18 de junio

Fracasar no es la muerte

Lectura:
Juan 18:15-27

... tú eres el Cristo, el Hijo del Dios viviente
(Juan 6:69).

El Primer Ministro Winston Churchill sabía cómo levantar el ánimo del pueblo británico durante la Segunda Guerra Mundial. El 18 de junio de 1940, le dijo a una multitud atemorizada: «Hitler sabe que tendrá que destruirnos [...] o perder la guerra [...]. Por lo tanto, apuntalémonos [...] y sostengámonos de tal manera que, si el Imperio Británico [perdura] por mil años, los hombres sigan diciendo: "¡Esa fue su hora de gloria!"».

A todos nos gustaría que nos recordaran por nuestra hora de gloria. Tal vez, la de Pedro fue cuando proclamó: «tú eres el Cristo, el Hijo del Dios viviente» (Juan 6:69). Sin embargo, en ocasiones, permitimos que nuestros fracasos sean lo que nos define. Después de que Pedro dijo varias veces que no conocía a Jesús, salió y lloró amargamente (Mateo 26:75; Juan 18).

Como Pedro, todos fallamos: en nuestras relaciones interpersonales, en nuestra lucha contra el pecado y en nuestra fidelidad a Dios. Pero «fracasar no es la muerte», como señaló también Churchill. Felizmente, esto se aplica a nuestra vida espiritual. Jesús le perdonó su fracaso al arrepentido Pedro (Juan 21) y lo utilizó para predicar y guiar a muchos al Salvador.

Fracasar no es la muerte. Con amor, Dios restaura a los que vuelven a Él. *CHK*

Señor, gracias por tu perdón
y restauración.

Cuando Dios perdona, quita el pecado
y restaura el alma.

19 de junio

Imparable

Lectura:
Números 22:10-34

Entonces el Señor abrió los ojos de Balaam, y vio al ángel del Señor que estaba en el camino... (NÚMEROS 22:31).

«De ninguna manera ni por ningún medio, nada ni nadie impedirá que lo haga». A menudo, oigo personas que manifiestan este tipo de actitud cuando tienen una idea o ven una oportunidad que consideran buena y provechosa. Invierten todos sus recursos para lograr el objetivo.

Para probar que esta manera de pensar puede ser errónea, presentaré como testigo una asna que le pertenecía a un hombre llamado Balaam.

Un rey vecino le ofreció a Balaam una tarea rentable, y este le pidió permiso a Dios para aceptarla (Números 22). Cuando Dios le dijo que no, los embajadores del rey mejoraron la oferta. Pensando que el Señor podía cambiar de idea, aquel hombre volvió a preguntarle. Entonces, Dios le permitió que fuera con ellos, pero con ciertas condiciones. Conocía el corazón de Balaam y no le agradó; por eso, puso a su ángel en el camino. El hombre no podía verlo, pero su asna sí. Cuando esta se negó a seguir avanzando, Balaam se enojó con el animal por impedirle continuar el camino.

La historia de Balaam nos enseña que no hay que vencer todos los obstáculos. Dios coloca algunos para impedir que hagamos cosas insensatas. Cuando algo se interpone en nuestros planes, no debemos suponer que es Satanás el que trata de detenernos. Quizá sea Dios que intenta protegernos. *JAL*

*Padre, gracias por los obstáculos
que colocas para cuidarme.*

Dios siempre nos protege; aun cuando
no comprendemos que lo necesitamos.

20 de junio

El poder de la gente

Lectura:
Efesios 4:7-16

Todo el cuerpo, […] según la actividad propia de cada miembro, recibe su crecimiento… (Efesios 4:16).

Un hombre estaba subiendo a un tren en Perth, Australia, cuando resbaló y la pierna le quedó atrapada en el espacio entre el vagón y la plataforma de la estación. Decenas de personas se acercaron rápidamente para ayudarlo. Con todas sus fuerzas, empujaron el vagón hacia el costado, ¡y el hombre fue liberado! En una entrevista, el vocero del servicio ferroviario declaró: «De algún modo, todos participaron. Fue el poder de la gente que salvó a alguien de un posible daño grave».

En Efesios 4, leemos que el poder de la gente es el plan de Dios para desarrollar su familia. Él ha dado a cada creyente un don especial de su gracia (v. 7) para un propósito específico: «todo el cuerpo, bien concertado y unido entre sí por todas las coyunturas que se ayudan mutuamente, según la actividad propia de cada miembro, recibe su crecimiento para ir edificándose en amor» (v. 16).

Cada persona tiene una tarea que realizar en la familia de Dios; no hay espectadores. Lloramos y reímos juntas; compartimos las cargas; oramos unas por otras y nos alentamos; nos desafiamos y nos ayudamos a alejarnos del pecado. Pidámosle a nuestro Padre celestial que nos muestre cuál es nuestra función en su familia. *PFC*

Señor, gracias por hacernos
habitar en familia.

Nos necesitamos mutuamente para llegar adonde Dios quiere que vayamos.

21 de junio

Un corazón gozoso

Lectura:
2 Crónicas 7:1-10

Cantad alegres a Dios, habitantes de toda la tierra
(Salmo 100:1).

La melodía favorita de mi nieta es una marcha de John Philip Sousa. Sousa, el «rey de las marchas», fue un compositor de fines del siglo XIX. Moriah no está en una banda musical; tiene solo 20 meses de vida. Simplemente, le encanta la melodía y hasta puede tararear algunas notas. La asocia con momentos de alegría. Cuando nuestra familia se reúne, solemos canturrear esta canción mientras aplaudimos, y los nietos bailan o desfilan al ritmo de la melodía. Siempre termina con niños mareados y muchas risas.

Nuestro alegre canto me recuerda el salmo que nos implora «[adorar] al Señor con gozo» (Salmo 100:2 NTV). Cuando el rey Salomón dedicó el templo, los israelitas celebraron con alabanzas (2 Crónicas 7:5-6). El Salmo 100 quizá haya sido una de las canciones que entonaron. Declara: «Cantad alegres a Dios, habitantes de toda la tierra. Servid al Señor con alegría; venid ante su presencia con regocijo. [...]. Entrad por sus puertas con acción de gracias, por sus atrios con alabanza; alabadle, bendecid su nombre» (vv. 1, 4). ¿Por qué? «Porque el Señor es bueno; para siempre es su misericordia» (v. 5).

¡Nuestro buen Dios nos ama! En respuesta a esto y con gratitud, ¡cantemos «alegres a Dios»! (Salmo 100:1). *ADK*

¡Señor, quiero alabarte con gozo!

La alabanza es el desbordamiento de un corazón gozoso.

22 de junio

¿Para qué preocuparme?

Lectura:
Isaías 40:25-31

Echa sobre el Señor tu carga, y él te sustentará… (Salmo 55:22).

Un hombre se preocupaba constantemente por todo. Sin embargo, un día, sus amigos lo oyeron silbar alegremente y lo notaron llamativamente relajado.

—¿Qué pasó? —le preguntaron asombrados.

—Le estoy pagando a alguien para que se preocupe por mí.

—¿Cuánto le pagas?

—Dos mil dólares por semana.

—¡Vaya! ¿Cómo puedes pagarle tanto?

—No puedo —respondió—. De eso, tiene que preocuparse él.

Aunque esta manera humorística de manejar el estrés no funciona en la vida real, los hijos de Dios pueden entregarle sus preocupaciones a Aquel que tiene todo perfectamente bajo control; incluso, y en especial, cuando nos parece que no es así.

El profeta Isaías nos recuerda que Dios hace salir las estrellas y las llama por su nombre (40:25-26); que por «la grandeza de su fuerza, y el poder de su dominio» (v. 26), no falta ninguna de ellas: y que, así como Él sabe sus nombres, también nos conoce a nosotros en forma personal. Estamos bajo su cuidado (v. 27).

Si tendemos a angustiarnos, podemos entregar esa preocupación al Señor. Él nunca está demasiado ocupado o cansado como para no prestarnos atención. Tiene todo el poder y la sabiduría, y le encanta usar estas cosas para nuestro beneficio. El Santo que guía las estrellas nos rodea con sus brazos de amor. *PFC*

Señor, gracias porque siempre me escuchas y me guías.

La preocupación termina donde empieza la fe.

23 de junio

¿Qué a ti?

Lectura:
Juan 21:15-22

… ¿qué a ti? Sígueme tú
(Juan 21:22).

Cuando uno asiste a un concierto coral de niños, no debe sorprender que miren hacia todos lados, menos al director. Se sonríen, se mueven y se codean unos a otros. Se ponen de puntillas para buscar a los padres entre la audiencia. Cuando los ven, levantan la mano para saludarlos. Ah, sí… a veces, también cantan. Nos reímos de sus travesuras; ese comportamiento es agradable en los pequeños. Pero no lo es tanto cuando los miembros adultos de un coro no miran al director. La buena música surge cuando le prestan atención al conductor para poder cantar juntos.

En ocasiones, los creyentes somos como los niños de un coro. En vez de mirar a Jesús, el gran Director de la sinfonía de la vida, nos distraemos mirándonos unos a otros u observando a la audiencia.

Jesús reprendió a Pedro por comportarse así. Cuando le dijo lo que esperaba que hiciera, Pedro señaló a Juan y preguntó: «¿Y qué de éste?». Jesús le respondió con otra pregunta: «¿Qué a ti? Sígueme tú» (Juan 21:21-22).

A veces, nos distraemos mirando lo que hacen los demás. Pensamos que el plan de Dios para sus vidas es mejor que el que tiene para nosotras. Pero el designio divino para cada ser humano es el mismo: seguir a Cristo. Si fijamos nuestra mirada en Él, no nos distraerá el propósito que tiene para los demás. *JAL*

Padre, gracias por tu propósito
para mi vida.

Cada hija de Dios tiene
un lugar especial en el plan divino.

24 de junio

Un momento hermoso

Lectura:
Isaías 40:6-11

... toda carne es hierba, y toda su gloria como flor del campo (Isaías 40:6).

Un clic en el obturador y listo... un hermoso momento queda guardado para la eternidad. El sol de finales del verano, que se reflejaba sobre las olas rompientes, hacía que el agua pareciera oro líquido salpicando la costa. Si mi amigo no hubiera estado allí con su cámara, la ola habría pasado inadvertida, como muchas otras que vienen y van.

¿Quién puede imaginar cuántas olas ha enviado el mar hacia la orilla? No obstante, cada una es única. Tal como se ve en cada onda del mar, Dios hace que las cosas aparentemente comunes se conviertan en una belleza extraordinaria. Con el agua y el aire, elabora obras de arte maravillosas. Disfrutamos de su galería en los cielos, la tierra y el mar. Pero la mayor parte de la belleza de este planeta permanece imperceptible; Dios es el único que la ve.

El Señor utiliza otra galería para exhibir su gloria: los seres humanos. Nosotras también estamos hechas de algo común y corriente: el polvo (Génesis 2:7), pero Él nos agregó un ingrediente extraordinario: su aliento (v. 7). Como las olas del mar y las flores del campo (Isaías 40:6), nuestra vida es breve y pocos la ven. Aun así, cada vida es un «momento» hermoso creado por Dios para decirle al mundo: «¡Ved aquí al Dios vuestro!», cuya Palabra permanece para siempre (vv. 8-9). *JAL*

Señor, gracias por deleitarnos con tus obras.

Cumplimos nuestro propósito cuando servimos a nuestro Creador.

25 de junio

Prohibido tocar

Lectura:
Romanos 5:1-8

... de tal manera amó Dios al mundo, que ha dado a su Hijo unigénito, para que todo aquel que en él cree, [...] tenga vida eterna (JUAN 3:16).

Cuando tenía doce años, sentí curiosidad por ver la Biblia que le habían regalado a mi papá cuando se jubiló. Venía en una caja especial con las palabras SANTA BIBLIA, y yo supuse que «santa» significaba «prohibido tocar». Aun así, di una mirada para ver qué había adentro. En el centro, tenía una ilustración de Jesús colgado en una cruz, junto con las palabras de Juan 3:16.

De vez en cuando, cuando nadie me veía, tomaba el santo Libro del estante, abría la caja y miraba la imagen de Jesús en la cruz, leía el versículo y me preguntaba sobre este Hombre y la razón de su muerte. No estaba segura de si su amor tenía que ver conmigo o si era también algo prohibido.

Años después, oí un mensaje que explicaba que Dios había hecho posible acceder a su amor por medio de Jesús. Romanos 5:1-2 declara: «... tenemos paz para con Dios por medio de nuestro Señor Jesucristo; por quien también tenemos entrada por la fe a esta gracia en la cual estamos firmes». Creí en Jesucristo y lo recibí para que me salvara de mi pecado.

¿Acaso no estás agradecida de que la Biblia y el amor de Dios no digan «Prohibido tocar»? Recibe su perdón; está destinado a personas que no son santas, como tú y yo. AMC

Señor, gracias por haberte acercado a mí
y por regalarme tu perdón.

La Biblia es la carta de amor
de Dios para nosotras.

26 de junio

Desde lombrices hasta batallas

Lectura:
Jueces 6:11-16, 36-40

Pero el Señor le dijo [a Gedeón]:
Paz a ti; no tengas temor, no morirás (JUECES 6:23).

Cleo tenía diez años cuando fue a pescar por primera vez. Mientras miraba el recipiente con la carnada, parecía vacilar. Finalmente, le dijo a mi esposo: «¡Ayúdame, L-L-M-D-M!». Cuando mi esposo le preguntó qué pasaba, Cleo respondió: «¡L-L-M-D-M! ¡Las lombrices me dan miedo!».

El miedo también puede paralizar a los adultos. Tal vez Gedeón sintió temor cuando el ángel del Señor se le acercó mientras él aventaba cebada en secreto, escondido de los enemigos madianitas (Jueces 6:11). El ángel le dijo que Dios lo había escogido para que liderara al pueblo en la batalla (vv. 12-14).

¿Qué contestó Gedeón? «Ah, señor mío, ¿con qué salvaré yo a Israel? He aquí que mi familia es pobre en Manasés, y yo el menor en la casa de mi padre» (v. 15). Después de asegurarle que el Señor estaría con él, Gedeón todavía parecía atemorizado, y pidió señales que le confirmaran que Dios lo utilizaría para salvar a Israel, como había prometido (vv. 36-40). Dios le concedió sus pedidos. Los israelitas triunfaron en la batalla y tuvieron paz durante 40 años.

Todas tenemos miedo a diferentes clases de cosas… desde lombrices hasta batallas. La historia de Gedeón nos enseña que podemos confiar en que, si Dios nos pide que hagamos algo, nos dará las fuerzas y el poder para hacerlo. *AMC*

Señor, gracias por capacitarme
para lo que me pides que haga.

Para quitar el temor en la vida,
pon tu fe en el Dios vivo.

27 de junio

Imposible esconderse

Lectura:
Génesis 3:6-13, 22-24

... Al que nos amó, y nos lavó de nuestros pecados con su sangre
(Apocalipsis 1:5).

Sentí olor a quemado y fui corriendo a la cocina. No había nada en las hornillas ni en el horno. Recorrí todos los cuartos de la casa hasta que, finalmente, bajé las escaleras. El olfato me llevó a mi oficina y, después, a mi escritorio. Miré hacia abajo y allí, mirándome fijamente con sus ojos grandes que pedían ayuda, estaba Maggie, nuestra terriblemente «fragante» perrita. Lo que olía a quemado desde arriba era ahora un inconfundible olor a zorrino. Maggie había ido hasta el rincón más escondido de nuestra casa para huir del olor nauseabundo, pero no podía alejarse de ella misma.

El dilema de Maggie me hizo pensar en la gran cantidad de veces que he tratado de huir de circunstancias desagradables, para descubrir que el problema no era la situación, sino yo misma. Desde que Adán y Eva se escondieron después de haber pecado (Génesis 3:8), todos hemos seguido su ejemplo. Huimos pensando que podemos escapar de lo desagradable, pero luego nos damos cuenta de que el problema somos nosotras.

La única manera de escapar de nosotras mismas es dejar de escondernos, reconocer nuestra perversidad y permitir que Jesús nos limpie (Apocalipsis 1:5). Doy gracias porque, cuando pecamos, Jesucristo está dispuesto a darnos una nueva oportunidad de empezar. *JAL*

Señor, gracias porque siempre
me das otra oportunidad.

La contaminación del pecado
exige la purificación del Salvador.

28 de junio

Empaparnos de la Palabra

Lectura:
Deuteronomio 6:1-9

Grábate en el corazón estas palabras que hoy te mando. Incúlcaselas continuamente a tus hijos… (DEUTERONOMIO 6:6-7 NVI).

Cuando nuestro hijo Xavier era pequeño, visitamos el acuario de la bahía de Monterey. Al entrar, señalé una escultura colgante. «Miren. Una ballena jorobada». Xavier la miró, asombrado. «Enorme», musitó.

Mi esposo me miró y dijo: «¿Cómo sabe esa palabra?». «Seguramente, nos escuchó decirla». Me encogí de hombros, sorprendida de que nuestro pequeño hubiera absorbido vocabulario que no le habíamos enseñado intencionalmente.

En Deuteronomio 6, Dios animó a su pueblo a enseñar a los más jóvenes a conocer y obedecer la Escritura. A medida que conocieran más a Dios, ellos y sus hijos respetarían al Señor y disfrutarían de las recompensas de conocerlo íntimamente, amarlo y obedecerle (vv. 2-5).

Si saturamos nuestro corazón y nuestra mente de la Escritura (v. 6), estaremos mejor preparadas para compartir el amor y la verdad de Dios con nuestros hijos durante las actividades cotidianas (v. 7). Al guiar con el ejemplo, podemos preparar y animar a los jóvenes a reconocer y a respetar la autoridad y la relevancia de la verdad inmutable de Dios (vv. 8-9).

Si las palabras de Dios fluyen con naturalidad de nuestro corazón y nuestra boca, podemos dejar un legado sólido de fe para transmitir de generación en generación (4:9). *XED*

Señor, gracias por darnos
tu santa Palabra.

Las palabras que adoptamos determinan
lo que decimos y transmitimos.

29 de junio

Espacio compartido

Lectura:
1 Corintios 12:12-27

Antes bien los miembros del cuerpo que parecen más débiles, son los más necesarios (1 Corintios 12:22).

Millones de personas manejan su negocio desde sus hogares, pero algunos han descubierto que trabajar sin compañía puede ser bastante desolador. Para darle una comunidad a esta gente solitaria, se han diseñado espacios de «compañeros de trabajo». Se alquilan grandes instalaciones donde las personas que trabajan solas pueden compartir el lugar con otras. Tienen su propio sector de trabajo, pero pueden intercambiar ideas con otros trabajadores independientes.

A veces, los creyentes creen que trabajan mejor solos, pero fuimos diseñadas para servir junto con otras personas en la iglesia. Cada creyente ha sido colocado en «el cuerpo de Cristo» (1 Corintios 12:27), y el Señor desea que participemos en comunión con una comunidad local de creyentes, para usar nuestros dones y trabajar juntos en su obra.

No obstante, por diversas razones, algunos no son capaces de integrarse al grupo. Por cuestiones de salud, quizá estén recluidos en sus casas o no sepan cómo encajar en una iglesia. Aun así, son una parte necesaria del cuerpo (vv. 22-25). Allí es donde otros pueden satisfacer su necesidad de compañerismo. Hagamos lo que nos corresponde para que otros puedan sentir que forman parte de la comunidad de la fe. Trabajamos mejor juntas que solas. AMC

Señor, enséñanos a trabajar en equipo con otras creyentes.

La comunión nos edifica y nos une.

30 de junio

Tu corazón

Lectura:
Nehemías 1

Cuando oí estas palabras me senté y lloré, e hice duelo por algunos días, y ayuné y oré delante del Dios de los cielos (NEHEMÍAS 1:4).

Me encantó la oración de Malcolm el otro día en la iglesia. Con solo siete años de edad, se puso de pie y oró: «Jesús, gracias porque algunos podemos jugar al fútbol e ir a la iglesia, por habernos cuidado para llegar aquí, por el perdón de nuestros pecados y por la vida eterna. Te amamos, Jesús. ¡Por favor, nunca olvides cuánto te amamos!».

Se me llenaron los ojos de lágrimas mientras él le expresaba al Señor el sentir de su corazón. Como adultas, a veces pulimos un poco nuestras oraciones, pensando que sonará mejor a los oídos de Dios o de los demás. Pero me parece que el Padre celestial se deleita al escuchar simplemente lo que está en el corazón de sus hijos.

El corazón de Nehemías estaba muy preocupado por el bienestar de Jerusalén, su tierra natal, cuando oyó que el pueblo estaba angustiado y que el muro que rodeaba la ciudad había sido destruido (Nehemías 1:3). Deseoso de hacer algo, habló con Dios al respecto. Lo alabó por su Persona (v. 5), pidió perdón por el pecado (v. 6), le recordó su promesa (v. 9) y le pidió que el rey tuviera misericordia (v. 11). Dios cuidó a Nehemías y a su pueblo durante todo el proceso de reconstrucción.

¿Qué tienes en mente? ¿Gratitud o preocupaciones? Sea lo que sea, tu Dios amoroso desea oír lo que hay en tu corazón. AMC

Señor, gracias por
escucharme siempre.

La oración en su máxima expresión procede de las profundidades de un corazón humilde.

1 de julio

Una nueva creación

Lectura:
2 Corintios 5:16-21

De modo que si alguno está en Cristo, nueva criatura es; las cosas viejas pasaron; he aquí, todas son hechas nuevas (2 Corintios 5:17).

El verano pasado tuve un trabajo de medio tiempo en un taller de impresión. Me pagaron por realizar la tediosa tarea de colocar etiquetas en catálogos: seis por minuto durante seis horas.

No es exactamente el trabajo que alguien sueña tener. Y tampoco el mejor lugar donde compartir mi fe. Cada operario estaba en su pequeño mundo. Y yo no era la excepción: sentada, pegando, apilando, totalmente absorta en mi música y ajena a los demás. Así soy yo… no el tipo de persona a quien llamarías sociable o extrovertida.

Pero, un día, 2 Corintios 5:17 me impactó: «si alguno está en Cristo, nueva criatura es; las cosas viejas pasaron; he aquí, todas son hechas nuevas». Por primera vez, capté lo que significa ese versículo. Y Dios me desafió a demostrarlo en el trabajo: prestando atención a lo que sucedía a mi alrededor, sonriendo y comunicándome con los demás, esforzándome por honrar a Dios con mis acciones.

Todos tenemos personalidades diferentes, seas creyente en Jesús o no. Pero, cuando lo aceptamos como Salvador, debemos comenzar a reflejarlo. Volvernos más afectivos, generosos e interesados por los demás. Para mí, eso significó abrirme y ser amigable.

Cada persona avanza a su propia velocidad para demostrar lo que Dios ha hecho en su vida: ¡una nueva criatura! *Brittany Lodge*

Ser una nueva criatura es el resultado de la salvación.

2 de julio

Un gran amor

Lectura:
1 Juan 3:1-8

Mirad cuál amor nos ha dado el Padre, para que seamos llamados hijos de Dios; por esto el mundo no nos conoce… (1 JUAN 3:1).

Hace poco, llevamos a Moriah, nuestra nieta de 22 meses, a dormir a casa por primera vez sin sus hermanos mayores. Le brindamos muchísimo amor y atención ininterrumpida, y nos divertimos haciendo lo que a ella le gusta. Al día siguiente, después de llevarla a su casa, nos despedimos y nos dirigimos a la puerta. Entonces, Moriah tomó su bolsito, que todavía estaba junto a la puerta, y comenzó a seguirnos.

La imagen me quedó grabada en la memoria. Moriah en pañales y con sandalias que no hacían juego, estaba lista para partir con sus abuelos. Cada vez que lo recuerdo, sonrío. Estaba ansiosa de pasar más tiempo de calidad con nosotros.

Aunque todavía no tiene la capacidad de expresarlo con palabras, nuestra nieta se siente amada y valorada. En una escala muy pequeña, nuestro amor por Moriah representa el amor de Dios por nosotros, sus hijos. «Miren cuánto nos ama el Padre, que nos ha concedido ser llamados hijos de Dios. Y lo somos…» (1 Juan 3:1 RVC).

Cuando creemos en Jesús como nuestro Salvador, nos transformamos en sus hijas y empezamos a entender el espléndido amor que derramó al morir en nuestro lugar (v. 16). Empezamos a desear agradarle en lo que hacemos y decimos (v. 6), y a amarlo y a anhelar pasar tiempo con Él. *ADK*

Señor, ayúdanos a ser ejemplos de tu amor
con todos los que conozcamos.

¡Cuán profundo es el amor del Padre por nosotros!

3 de julio

Alguien en quien confiar

Lectura:
Juan 13:33-35

… un hombre digno de confianza, ¿quién lo hallará?
(Proverbios 20:6 lbla).

«No puedo confiar en nadie —sollozó mi amiga—. Cada vez que lo hago, me lastiman». Un exnovio había empezado a esparcir rumores sobre ella. Como le costaba confiar después de una infancia dolorosa, esta traición pareció confirmar que no se puede confiar en nadie.

No sabía cómo consolarla. Tenía razón… es difícil encontrar a alguien en quien confiar plenamente. Su historia me dolió y me recordó momentos de traición inesperados en mi propia vida. La Escritura habla con franqueza sobre la naturaleza humana. En Proverbios 20:6, el autor expresa el mismo lamento que mi amiga, dejando constancia para siempre del dolor de la traición.

Lo que sí pude decirle es que la crueldad de los demás es tan solo parte de la historia. Aunque las heridas que nos infligen son reales y dolorosas, a través de Jesús, el amor genuino es posible. En Juan 13:35, Jesús les dijo a sus discípulos que el mundo sabría que eran sus seguidores debido al amor de ellos. Aunque algunos quizá nos lastimen, también habrá personas que nos muestren el amor del Señor, nos apoyen en forma incondicional y nos cuiden. Al descansar en su amor infalible, podemos hallar sanidad, comunión y el valor para amar a otros como Él nos amó. *MRB*

Señor, gracias porque puedo
confiar siempre en ti.

Jesús hizo posible el amor verdadero.

4 de julio

Cara a cara

Lectura:
Éxodo 33:7-14

Y hablaba el Señor a Moisés cara a cara, como habla cualquiera a su compañero… (Éxodo 33:11).

Aunque el mundo está conectado electrónicamente como nunca antes, no hay nada como el tiempo frente a frente. Cuando compartimos y nos reímos juntos, podemos percibir las emociones del otro en sus expresiones faciales. Los que se aman, disfrutan de compartir tiempo cara a cara.

Vemos esta clase de relación personal entre el Señor y Moisés, el hombre a quien Dios eligió para guiar a su pueblo. Durante los años de seguir a Dios, la confianza de Moisés fue creciendo, y no dejó de seguirlo a pesar de la rebelión y la idolatría del pueblo. Después de que los israelitas adoraron un becerro de oro (Éxodo 32), Moisés levantó una tienda fuera del campamento para encontrarse con Dios, mientras ellos miraban desde lejos (33:7-11). Cuando la columna de nube —la presencia de Dios— descendía sobre la tienda, Moisés hablaba en favor de ellos. Dios prometió que su presencia los acompañaría (v. 14).

Gracias a la muerte de Jesús en la cruz y a su resurrección, ya no necesitamos que alguien hable con Dios a nuestro favor. En cambio, podemos ser amigas de Dios a través de Cristo (Juan 15:15). Nosotras también podemos encontrarnos con Él como con un amigo. *ABP*

Señor, gracias por brindarme tu amistad y por poder hablar contigo sin mediadores.

Podemos hablar con el Señor como con un amigo.

5 de julio

Búsqueda hecha papilla

Lectura:
Juan 6:42-51

Ninguno puede venir a mí, si el Padre que me envió no le trajere… (Juan 6:44).

A Jaime le diagnosticaron problemas cardíacos, y su esposa Rebeca ya no podía cuidarlo bien a él ni tampoco a sí misma. Entonces, empezaron a buscar un hogar donde los atendieran. Una de las primeras preguntas de Rebeca al visitar cada hogar era: «¿Hacen la comida en papilla?», por el problema de deglución de Jaime. En varios lugares, le contestaron que no; así que, siguió buscando. Por fin, oyó un «sí» en un establecimiento cristiano.

Aunque ellos no creían en Jesús, Jaime y Rebeca escogieron ese hogar cristiano por la comida hecha papilla. Empezaron a asistir a los cultos en la capilla, escucharon el evangelio y sintieron que los empleados los cuidaban bien. Un día, Jaime aceptó a Cristo como Salvador. Él está convencido de que Dios lo estaba buscando (Juan 6:44) y que usó la papilla para que fueran allí, donde los hijos de Dios los trataron bien y ellos escucharon sobre el perdón que Cristo ofrece.

La conversión es obra de Dios. En su amor, el Señor atrae a las personas para que acudan a Él. Emplea las circunstancias, su Palabra, personas e, incluso, comida hecha papilla para llegar a los corazones. Anímate a testificar de Cristo. Él utilizará tus palabras y acciones para buscar a aquellos que necesitan al Señor. *AMC*

Padre, gracias por usarme para guiar a otros a ti.

El amor es el imán que une a los creyentes y atrae a los incrédulos a Cristo.

6 de julio

Roto, pero hermoso

Lectura:
Jeremías 18:1-6

Y la vasija [...] se echó a perder en su mano; y volvió y la hizo otra vasija, según le pareció mejor hacerla (Jeremías 18:4).

Hace poco, mi hija me mostró su colección de vidrios de mar. Conocidos también como vidrios de playa, los trozos de vidrios de colores son, a veces, pedazos de artesanías, pero, muy a menudo, son partes de botellas rotas. En un principio, el vidrio tenía un propósito, pero luego fue desechado por casualidad y se rompió.

Si el vidrio descartado termina en un océano, ese es solo el comienzo de su viaje. A medida que las corrientes lo arrastran incansablemente, la arena y las olas pulen sus bordes agudos y, con el tiempo, se vuelve suave y redondeado. El resultado es una pieza hermosa. El vidrio de mar, parecido a una joya, ha hallado una vida nueva y es atesorado por coleccionistas y artistas.

De manera similar, una vida rota puede renovarse con el toque del amor y la gracia de Dios. En el Antiguo Testamento, leemos que, cuando el profeta Jeremías observó la obra de un alfarero, notó que, si un objeto se rompía, el artesano simplemente lo rehacía (Jeremías 18:1-6). Dios explicó que, en sus manos, el antiguo pueblo de Israel era como el barro, el cual Él podía moldear como lo considerara más apropiado.

Nunca estamos tan rotas como para que Dios no pueda recomponernos. Él nos ama a pesar de nuestras imperfecciones y errores del pasado, y desea hacernos hermosas. CHK

Señor, gracias por moldearme a tu imagen.

Cuando la prueba nos derrite,
el Alfarero puede moldearnos por completo.

7 de julio

Luces suaves

Lectura:
1 Pedro 3:13-17

Así alumbre vuestra luz [...], para que [...] glorifiquen a vuestro Padre... (Mateo 5:16).

Wang Xiaoying vive en una zona rural de la provincia china de Yunnan. Por problemas de salud, su esposo no podía conseguir trabajo. Su suegra consideraba que el problema se debía a que Xiaoying creía en Dios. Por eso, la maltrataba y la instaba a que volviera a la religión de sus ancestros.

Como el esposo había visto el cambio en la vida de su esposa, dijo: «Madre, no basta con que Xiaoying crea en Dios. ¡Nosotros deberíamos hacer lo mismo!». El testimonio de su esposa determinó que él considerara aceptar el evangelio de Jesús.

La gente observa nuestro andar antes de escuchar lo que decimos. El mejor testimonio es una buena conducta acompañada de palabras apropiadas, lo cual refleja el cambio que Cristo produce en nuestra vida.

Así instruyó el apóstol Pedro a los creyentes del primer siglo y a nosotras hoy sobre cómo presentar a Jesús ante un mundo hostil: seguir el bien (1 Pedro 3:13), obedecer a Cristo, tener buena conciencia y estar preparadas para hablar a otros de nuestra esperanza (v. 15). Si lo hacemos, no debemos temer ni avergonzarnos cuando nos maltraten o calumnien por nuestras creencias.

Brillemos para Jesús dondequiera que estemos. Él nos dará la gracia para alcanzar incluso a quienes no concuerdan con nosotros. *PFC*

Señor, danos valor y respuestas sabias cuando nos maltraten.

Cuanto más vivamos para Jesús, más atraídos hacia Él serán los demás.

8 de julio

Vista interna

Lectura:
1 Samuel 16:1-7

... el Señor mira el corazón
(1 Samuel 16:7).

El físico retirado Arie van't Riet crea obras de arte inusuales. Acomoda de diversas maneras plantas y animales muertos, y les toma una radiografía. Escanea esas radiografías en una computadora y, después, colorea parte de las fotos. Estas obras revelan la complejidad interna de flores, peces, aves, reptiles y monos.

Una vista interna de una cosa suele ser más fascinante y significativa que si se la observa por fuera. A primera vista, Samuel pensó que Eliab tenía el aspecto de poder ser el próximo rey de Israel (1 Samuel 16:6). Sin embargo, Dios le advirtió que no se fijara en sus rasgos físicos: «el hombre mira lo que está delante de sus ojos, pero el Señor mira el corazón» (v. 7). En lugar de Eliab, Dios escogió a David para que fuera aquel rey.

Cuando Dios nos mira, le importa más nuestro corazón que nuestra altura; el estado de nuestra alma que nuestros rasgos faciales. No nos ve demasiado viejas, demasiado jóvenes ni demasiado grandes, sino que se centra en las cuestiones más importantes: cómo respondemos a su amor por nosotras y cuánto nos ocupamos de los demás (Mateo 22:37-39).

En 2 Crónicas 6:30, leemos que solo Dios conoce el corazón humano. Después de todo lo que ha hecho por nosotras, ¿qué ve cuando mira nuestro corazón? *JBS*

Señor, espero que te agrade lo que ves en mi corazón.

La verdadera medida de una persona es lo que tiene en el corazón.

9 de julio

Muchos problemas

Lectura:
Josué 1:1-7

… no te dejaré, ni te desampararé
(Josué 1:5).

Roberto empezó a pelearse con Daniel en el patio de la escuela. El maestro los separó, y ambos terminaron en la oficina del director. Más tarde, Daniel dijo: «Como siempre, los dos nos metimos en problemas». Pero también contó que había aprendido una lección: «Dios siempre está con nosotros, aunque nos metamos en muchos problemas como este».

La nación de Israel atravesaba un gran problema. Sin embargo, el Señor le prometió al nuevo líder de los israelitas: «no te dejaré, ni te desampararé» (Josué 1:5). Josué estaba asumiendo el liderazgo de la nación después de la muerte de Moisés, justo antes de entrar en la tierra prometida. Los problemas se vislumbraban en el horizonte ante las futuras campañas militares contra sus enemigos (8:3; 9:1-2). Sin la presencia de Dios, no podrían empezar a conquistar la tierra.

Josué tenía una profunda fe en el Señor, tal como se evidenció cuando fue a espiar la tierra de Canaán (Números 14:6-9). No obstante, cuando asumió la función de líder, Dios le recordó que su presencia lo ayudaría a ser valiente. Lo mismo les promete hoy a sus hijos (Hebreos 13:5-6).

Para las hijas de Dios de todas las épocas, es reconfortante saber que el Señor está siempre con nosotras. Incluso, cuando «nos metemos en muchos problemas como este». *AMC*

Señor, gracias por estar
siempre conmigo.

Cuando los problemas te llaman, llama a Dios.

10 de julio

Demasiado pesado

Lectura:
Salmo 32:1-6; Mateo 11:28-30

Venid a mí todos los que estáis trabajados y cargados, y yo os haré descansar (Mateo 11:28).

Cuando encendí mi automóvil en las oscuras horas de la mañana, observé el indicador del cinturón de seguridad en el tablero. Revisé si la puerta estaba bien cerrada y volví a abrochar mi cinturón, pero la luz seguía encendida. Entonces, después de pensar un poco, extendí el brazo y levanté mi bolso del asiento del acompañante. La luz se apagó.

Por lo visto, el teléfono móvil, unas pocas monedas, un libro de tapa dura y el almuerzo que había puesto en mi enorme cartera equivalían al peso de un pequeño pasajero… ¡y se había activado el sensor!

Si bien puedo vaciar fácilmente un bolso, hay otros pesos más difíciles de descartar. Esas cargas de la vida generan un espíritu apesadumbrado.

Aunque la carga que nos abruma se compare con la culpa que consumía la mente de David (Salmo 32:1-6), el miedo que experimentó Pedro (Mateo 26:20-35) o la duda que tenía Tomás (Juan 20:24-29), Jesús nos invita a entregarle todo a Él: «Venid a mí todos los que estáis trabajados y cargados, y yo os haré descansar» (Mateo 11:28).

No estamos hechas para llevar solas las cargas. Cuando se las pasamos a Aquel que desea llevarlas por nosotras (Salmo 68:19; 1 Pedro 5:7), Él las reemplaza por perdón, sanidad y restauración. No hay carga demasiado pesada para Cristo. *CHK*

Señor, gracias porque puedo
entregarte mi carga.

Entrégale todas tus pesadas cargas a Dios.

11 de julio

¿Quién tiene la culpa?

Lectura:
Mateo 15:7-21

Porque del corazón salen los malos pensamientos, [...] que contaminan al hombre... (MATEO 15:19-20).

Mientras levantaba botellas vacías de la playa y las ponía en el cesto de basura que estaba cerca, le refunfuñé a mi esposo: «¿Qué les cuesta traer la basura hasta aquí? ¿Dejar la playa hecha un desorden los hace sentir mejor? Espero que sean turistas. No quiero imaginar que las personas de aquí descuiden tanto nuestra playa».

Al día siguiente, encontré una oración que había escrito hacía años sobre juzgar a los demás. Mis propias palabras me recordaron el error de enorgullecerme por haber limpiado el desorden provocado por otras personas. En realidad, ignoro muchas cosas sobre mí misma; en especial, en lo espiritual.

Me apresuro a afirmar que el desorden en mi vida se debe a que los demás hacen las cosas mal, y que la «basura» que genera mal olor a mi alrededor les pertenece a otras personas y no a mí. Pero nada de esto es cierto. Nada externo puede contaminarme, sino solo lo que tengo adentro (Mateo 15:19-20). La verdadera basura es la actitud que me lleva a despreciar el olorcillo del pecado de los demás, mientras ignoro la hediondez del mío. JAL

Señor, perdóname por negarme a desechar mi propia «basura». Abre mis ojos para que vea el daño que mi orgullo le produce a tu creación natural y espiritual, y que no participe en ello.

La mayoría es hipermétrope con el pecado: ve el de los demás, pero no el propio.

12 de julio

Detente y mira

Lectura:
1 Reyes 19:1-12

Estad quietos, y conoced que yo soy Dios…
(Salmo 46:10).

Cuando mi oftalmólogo dice: «no se mueva», me quedo quieta. No discuto. No lo desafío. ¿Por qué? Porque es un renombrado cirujano óptico que está tratando de preservar mi visión y necesita que yo colabore. Sería insensato ignorar sus instrucciones.

Entonces, ¿por qué no coopero en las cuestiones de quietud espiritual? Dios considera que el descanso es tan importante que lo incorporó al ritmo de la vida. Sin descanso, no podemos ver con claridad; empezamos a pensar que somos más valiosas de lo que es cierto.

Después del estresante enfrentamiento de Elías con Acab y Jezabel, el profeta se sumió en un estado de agotamiento. Dios envió un ángel para que lo atendiera. Durante un período de quietud, «vino a él palabra del Señor» (1 Reyes 19:9). Elías pensaba que era el único que estaba haciendo la obra de Dios. No sabía que otras 7.000 personas no se habían inclinado delante de Baal (v. 18).

Quizá temamos lo que pueda suceder si nos quedamos quietas y dejamos de trabajar. Pero, sin descanso, no podemos estar ni espiritual ni físicamente saludables. Dios nos sana mientras reposamos.

Tal como yo debía quedarme inmóvil para que mi ojo sanara, todas necesitamos quedarnos quietas para que el Señor pueda mantener clara nuestra visión espiritual. *JAL*

Señor, ayúdame a reposar
y dejar que me restaures.

Nuestra mayor fortaleza quizá
sea poder estar quietas y confiar en Dios.

13 de julio

Vestido por Dios

Lectura:
Zacarías 3

... Mira que he quitado de ti tu pecado,
y te he hecho vestir de ropas de gala (Zacarías 3:4).

Cuando mis hijos eran pequeños, jugaban en nuestro empapado jardín inglés y se llenaban de barro. Por su bien y el bien de mi suelo, les quitaba la ropa antes de entrar y los llevaba a bañar. Al agregar jabón, agua y abrazos, pronto pasaban de la suciedad a la limpieza.

En una visión dada a Zacarías, vemos a Josué, el sumo sacerdote, vestido con harapos que representaban el pecado y las malas obras (Zacarías 3:3). Sin embargo, el Señor lo limpiaba, le quitaba la ropa sucia y lo cubría de prendas costosas (3:5). La mitra limpia y la túnica mostraban que el Señor le había quitado sus pecados.

Dios también puede limpiarnos, al librarnos de nuestras malas obras mediante la obra salvífica de Jesús. Como resultado de su muerte en la cruz, el pecado que nos embarra puede ser lavado y podemos recibir las ropas de los hijos de Dios. Ya no nos definen nuestros pecados (la mentira, el chisme, el hurto, la codicia, etc.), sino que podemos apropiarnos de los nombres que Dios da a aquellas que ama: restaurada, renovada, limpia, libre.

Pídele a Dios que te quite cualquier harapo que estés usando, para que puedas vestirte de las ropas reales que tiene reservadas para ti. *ABP*

Padre, quiero vestirme con la ropa que tienes para mí.
Límpiame y despójame de todo pecado.

Señor Jesús, gracias por el regalo de aceptación y amor que nos diste al morir en la cruz.

14 de julio

Cómo tener paz

Lectura:
Colosenses 1:15-23

... tenemos paz para con Dios por medio de nuestro Señor Jesucristo (ROMANOS 5:1).

La Capilla del Silencio Kamppi, en Helsinki, Finlandia, sobresale en medio del contexto urbano. Su estructura ovalada, cubierta de madera, aplaca el ruido de la ajetreada ciudad. Sus diseñadores la crearon para que fuera un refugio silencioso, con un «ambiente tranquilo para que los visitantes se reencuentren a sí mismos».

Muchas personas anhelan tener paz, y un rato de silencio puede tranquilizar la mente. Pero la Biblia enseña que la paz verdadera, la paz con Dios, la brinda su Hijo. Pablo afirmó: «Justificados, pues, por la fe, tenemos paz para con Dios por medio de nuestro Señor Jesucristo» (Romanos 5:1). Sin Cristo, somos enemigas de Dios a causa de nuestro pecado. Felizmente, aceptar el sacrificio de Jesús nos reconcilia con el Padre y pone fin a la hostilidad que nos separa de Él (Colosenses 1:19-21). Ahora nos ve como Cristo nos presenta: «santos y sin mancha e irreprensibles delante de él» (v. 22).

Tener paz con Dios no garantiza una vida sin problemas, pero sí nos calma en los momentos difíciles. Jesús dijo a sus seguidores: «En el mundo tendréis aflicción»; no obstante, también les aseguró: «pero confiad, yo he vencido al mundo» (Juan 16:33). Gracias a Él, la verdadera paz de Dios puede llenar nuestro corazón (Colosenses 3:15). *JBS*

Señor, gracias por tu inmensa paz.

La paz inunda el alma cuando Cristo gobierna el corazón.

15 de julio

La compasión de Jesús

Lectura:
Lucas 7:11-17

Y cuando el Señor la vio, se compadeció de ella, y le dijo: No llores (Lucas 7:13).

Greg Boyle ayudó a lanzar Industrias Homeboy en California. Dirigido especialmente a ayudar a exmiembros de pandillas, es uno de los ministerios más grandes de Estados Unidos. Boyle sabe mucho sobre amar y cuidar a los demás, y afirma: «La compasión no se trata solo de sentir el dolor de otros; se trata de traerlos cerca de ti».

La compasión cierra la brecha entre nosotras y los demás. Nos acercamos con amor, en lugar de huir en dirección opuesta. Para reflejar la compasión de Jesús, nunca imitaríamos al sacerdote ni al levita, que se alejaron lo más que pudieron del hombre herido de la parábola del buen samaritano (Lucas 10:30-37). La persona menos esperada —un samaritano despreciado por los judíos— actuó de manera más parecida a Cristo. La parábola nos recuerda que todos podemos actuar sin amor hacia nuestro prójimo.

En cambio, que podamos poner en práctica la compasión de Dios revelada por Jesús en su encuentro con la viuda de Naín. Cuando vio la procesión fúnebre y se enteró de que su único hijo había muerto, «se compadeció de ella, y le dijo: No llores» (Lucas 7:13). Después, Jesús resucitó a su hijo.

Que, al igual que Cristo, podamos aprender a acercarnos a los demás con una compasión que fluya del corazón mismo de Dios. *MG*

Señor, desarrolla en mí un corazón
más compasivo que refleje el tuyo.

Recordar la obra de la compasión de Dios en nuestras vidas despierta en nosotras un corazón compasivo.

16 de julio

La máscara de los caballos

Lectura:
Salmo 119:33-40

Aparta mis ojos, que no vean la vanidad;
avívame en tu camino (Salmo 119:37).

Cerca de donde mi esposo y yo vivimos, hay una granja con muchos caballos. Durante ciertas épocas, estos animales tienen máscaras sobre los ojos. Por mucho tiempo, sentí pena por esos caballos que no podían ver, pero, después, me enteré de que mi suposición sobre esas máscaras estaba equivocada. Están hechas de una malla abierta y se puede ver a través de ellas. Estas mallas impiden el paso de las moscas que les enferman los ojos. Las máscaras no impiden que los caballos vean… ¡evitan que queden ciegos!

Los incrédulos suelen suponer cosas sobre la Biblia similares a lo que yo pensé de las máscaras. Piensan que es algo que Dios nos pone delante de los ojos para que no veamos toda la diversión que podríamos tener. Sienten lástima de los creyentes en Cristo porque creen que el Señor no nos permite disfrutar de la vida. Así como yo no sabía sobre las máscaras de los caballos, ellos desconocen de la Biblia. No obstaculiza que veamos todas las cosas buenas, sino que evita que nos infecten las mentiras que producen ceguera espiritual. La Palabra de Dios no impide que disfrutemos de la vida, sino que hace posible que gocemos de aquellas cosas que satisfacen verdaderamente.

La Biblia no obstaculiza que conozcamos la verdad, sino que evita que creamos mentiras. *JAL*

Señor, gracias por protegerme
con tu Palabra.

Al ver el mundo a través del filtro de la Palabra, aprendemos la verdad sobre ambos.

17 de julio

Todo es hermoso

Lectura:
Joel 2:18-27

... os restituiré los años que comió la oruga...
(Joel 2:25).

La belleza del diseño de encaje negro sobre un fondo en tonos púrpura y naranja me llamó la atención. La complejidad del frágil modelo me hizo suponer que lo había creado un artista talentoso. Sin embargo, cuando miré más de cerca la fotografía, vi al artista que admiraba su obra desde un rincón del cuadro. El «artista» era un gusano, y su obra de arte, una hoja parcialmente comida.

Lo que hacía hermosa la imagen no era la destrucción de la hoja, sino la luz que brillaba a través de los agujeros. Me hizo pensar en las vidas que han sido comidas por los «gusanos» del pecado. Los efectos son devastadores. El pecado nos come a medida que padecemos las consecuencias de nuestras malas decisiones y de las de otros. Todos somos víctimas suyas.

Pero esa fotografía también me hizo recordar la esperanza que tenemos en Dios. A través del profeta Joel, el Señor le dijo a Israel: «os restituiré los años que comió la oruga» (Joel 2:25). Además, Isaías nos enseña que Dios le asignó la tarea de «ordenar que a los afligidos de Sion se les dé gloria en lugar de ceniza» (Isaías 61:3).

Satanás hace todo lo posible por afearnos, pero la Luz del mundo, Jesucristo, puede tornarnos hermosas... a pesar de que el diablo se esfuerce al máximo para lograr lo contrario. JAL

Señor, gracias porque siempre
puedes sacar belleza de mis cenizas.

Dios no quita todas nuestras imperfecciones;
nos embellece cuando Él brilla a través de ellas.

18 de julio

Una fragancia

Lectura:
1 Juan 4:7-11

Amados, si Dios nos ha amado así, debemos también nosotros amarnos unos a otros (1 JUAN 4:11).

Katie entró nerviosa a la fiesta del grupo juvenil de la iglesia, donde Linda la había invitado. No había ido a una iglesia desde que era niña y no sabía qué esperar de una cena para celebrar el día de los enamorados con desconocidos. Pero su corazón empezó a tranquilizarse cuando encontró varias notas afectuosas sobre su plato, escritas para ella por todos los presentes. A Katie la conmovió que pensaran en hacer eso por ella, que solo estaba de visita.

Se sintió tan cómoda, que aceptó la invitación de Linda a asistir a un culto en la iglesia. Allí escuchó que Dios la amaba a pesar de su pecado, y aceptó el perdón que Jesús le ofrecía. El grupo juvenil le había compartido la fragancia del amor divino, y Dios le abrió el corazón para que confiara en Él.

«Amados, si Dios nos ha amado así, debemos también nosotros amarnos unos a otros», declaró el apóstol Juan (1 Juan 4:11). Ese amor es para nuestros hermanos en Cristo y para aquellos que todavía no lo conocen. Ray Stedman escribió: «Cuando el amor de Dios brilla en nuestro corazón, nos volvemos más receptivos con los demás. Esto permite que la fragancia de su amor fluya y atraiga a quienes nos rodean». El grupo juvenil hizo eso por Katie.

Dios puede difundir la fragancia de su amor a través de nosotras hoy. *AMC*

Señor, quiero esparcir tu fragancia
por todas partes.

Una vida santa es una fragancia
que atrae a los demás a Cristo.

19 de julio

Fuera de mis planes

Lectura:
Salmo 37:1-8

Guarda silencio ante el Señor, y espera en él…
(Salmo 37:7).

No esperaba que mi vida fuera así. Quería casarme a los 19 años, tener media docena de hijos y dedicar la vida a ser esposa y madre. Sin embargo, en lugar de eso, salí a trabajar, me casé con más de 40 años y nunca tuve hijos. Durante años, tenía la esperanza de que el Salmo 37:4 fuera para mí una promesa de Dios garantizada: «él te concederá las peticiones de tu corazón».

Pero el Señor no siempre «hará» lo que esperamos, y los deseos insatisfechos generan ocasionalmente tristeza. Como en mi caso, es probable que tu vida haya tomado un giro diferente al que habías planeado. Algunos conceptos del Salmo 37 tal vez sean útiles (aunque la idea primordial del pasaje es compararnos con los impíos).

El v. 4 nos enseña que los deseos incumplidos no deben quitar el gozo de nuestra vida. A medida que conocemos el corazón de Dios, Él se convierte en nuestro gozo.

«Encomienda al Señor tu camino» (v. 5). La palabra encomendar significa «volcar». El maestro de la Biblia Herbert Lockyear dice: «"Vuelca tu camino sobre el Señor", como alguien que coloca sobre los hombros de una persona más fuerte la carga que no puede soportar».

«Confía en él» (v. 5). Cuando le encomendamos todo con confianza a Dios, podemos esperar en Él (v. 7), porque llevará a cabo lo mejor para nuestra vida. *AMC*

Señor, gracias por tu plan
para mi vida.

«El corazón del hombre piensa su camino;
mas el Señor endereza sus pasos». Proverbios 16:9

20 de julio

La verdad en un taxi

Lectura:
Juan 14:1-11

Jesús le dijo: Yo soy el camino, y la verdad, y la vida…
(Juan 14:6).

Un día, cuando tomé un taxi en el centro de Chicago, observé varias propagandas de un gurú de la Nueva Era pegadas en el asiento delante de mí. El chofer declaró que este místico era el «enviado divino» para nuestra época. Creía que Dios había designado diversos líderes a través de las edades, y que Jesús había sido simplemente el elegido para su generación.

Por supuesto, no estuve de acuerdo. Mientras hablábamos, mencioné las palabras de Jesús: «Yo soy el camino, y la verdad, y la vida; nadie viene al Padre, sino por mí» (Juan 14:6). Contrario a la creencia del taxista, Jesús no fue solo una posibilidad entre una serie de líderes religiosos iluminados; Él es el único camino para conocer a Dios, y solo a través de Él, podemos ir al cielo.

Como «el Hijo del Dios viviente» (Mateo 16:16), Jesús no declaró simplemente que era la máxima autoridad espiritual, sino que también lo demostró con su muerte y resurrección. Cristo ofreció «una vez para siempre un solo sacrificio por los pecados» (Hebreos 10:12).

El Señor dijo de sí mismo: «yo soy en el Padre, y el Padre en mí» (Juan 14:11). Por lo tanto, no necesitamos investigar ningún camino «nuevo» para la salvación. Es mejor aprender todo lo posible sobre Cristo, ya que Él es el único que puede darnos seguridad espiritual. *JBS*

Señor, gracias por mostrarme
el camino.

Los farsantes espirituales nos podrán transportar por un tiempo, pero solo Cristo nos lleva hasta el cielo.

21 de julio

Palabras en el espacio

Lectura:
Efesios 3:8-13

En [Cristo] tenemos seguridad y acceso con confianza por medio de la fe en él (Efesios 3:12).

Cuando me enteré de que el astronauta Rex Walheim llevaría un ejemplar de *Nuestro Pan Diario* al espacio, me anticipé para ver qué devocionales había escrito yo. La idea de que mis palabras se leyeran en el espacio exterior parecía algo bastante fascinante para esta muchachita provinciana.

Sin embargo, en cuanto satisfice mi curiosidad, me vino a la mente otro pensamiento. ¿Por qué lo considero tan importante? Mis palabras se oyen en los lugares celestiales cada vez que oro. ¿Qué ha pasado conmigo para dar por sentado que el Dios que creó el universo escucha lo que digo? En Cristo, puedo acercarme al Padre con libertad y confianza (Efesios 3:12). ¿Por qué me maravilla más que un ser humano lea lo que he escrito en lugar de asombrarme ante la realidad de que el Dios todopoderoso oye mis oraciones?

Si esta idea no es suficiente para sacarme de mi autosuficiencia, también está esto: el Señor está utilizando a su Iglesia para dar a conocer su sabiduría a «los principados y potestades en los lugares celestiales» (v. 10). Piensa en esto: Dios no solo oye nuestras oraciones, sino que también utiliza criaturas terrenales como nosotras para enseñarles a los seres celestiales el plan de la redención que llevó a cabo por medio de Cristo. ¡Esto sí que es importante! *JAL*

Padre, ¡qué maravilla es que quieras escucharme!

Dios está siempre dispuesto a escuchar la oración de sus hijas.

22 de julio

Juzgar rectamente

Lectura:
Job 42:1-8

… no habéis hablado de mí lo recto…
(Job 42:7).

Después de que una revista de noticias publicó un artículo donde ubicaba a mi comunidad entre las primeras diez ciudades del país que iban camino a la extinción, sus habitantes se ofendieron e indignaron. Un residente se esforzó para desmentir el duro juicio: reclutó a los lugareños para que se reunieran y filmaran un video que exhibiera la vitalidad de esa comunidad. Esa filmación captó la atención mundial, y la revista de noticias reconoció su error, pero la organización que llevó a cabo la «investigación» mantuvo su conclusión, aunque esta estaba basada en criterios limitados.

La autodefensa de la organización me sorprendió, porque su negligente conclusión parecía insostenible. Sin embargo, más tarde, pensé en la frecuencia con que emitimos juicios falsos basados en una información limitada. Uno de los ejemplos bíblicos clásicos de esta práctica son los amigos de Job. Erróneamente, llegaron a la conclusión de que el pecado de Job había sido la causa de sus tragedias.

Al final, Dios defendió a Job y brindó una conclusión sorprendente: no reprendió a sus amigos por juzgar a Job, sino por hablar falsamente de Él (Job 42:7). Este es un recordatorio aleccionador de que, cuando emitimos juicios descuidados sobre los demás, estamos pecando contra Dios. *JAL*

Señor, líbranos
de juzgar mal a otros.

Si eres creyente, recuerda que las personas juzgan al Señor por lo que ven en ti.

23 de julio

Observación

Lectura:
Rut 2:13-20

… Bendito sea el que te ha reconocido…
(Rut 2:19).

Mientras estaba haciendo fila para pagar, calculaba cuánto sería y trataba de impedir que mi hijo se perdiera. Casi ni me di cuenta cuando la mujer que estaba delante de mí salió rápidamente y dejó todos sus artículos en el mostrador. La empleada me comentó que aquella mujer no tenía suficiente dinero para pagar. Me sentí muy mal; si tan solo me hubiera percatado de lo que pasaba, la habría ayudado.

En el libro de Rut, Booz vio a una mujer cosechando en el campo y se enteró de su apremiante situación (2:5). Supo que había enviudado poco antes y que estaba ganándose el pan para ella y para su suegra. También vio que necesitaba protección y les advirtió a sus segadores que no la molestaran (v. 9). Le proveyó más comida al indicarles a sus empleados que dejaran caer grano a propósito (v. 16), e incluso se ocupó de consolarla y de suplir sus necesidades emocionales (vv. 11-12). Cuando Noemí, la suegra de Rut, oyó sobre todo esto, dijo: «Bendito sea el que te ha reconocido» (v. 19).

¿Eres consciente de las necesidades de las personas que te rodean… en la iglesia, en el vecindario o debajo de tu propio techo? Considera hoy cómo podrías ayudar a alguien a sobrellevar su carga. Entonces, estarás cumpliendo el plan de Dios para tu vida (Gálatas 6:2; Efesios 2:10). *JBS*

Señor, quiero estar alerta
a la necesidad de otros.

Dios obra a través de nosotras para suplir las necesidades de los que nos rodean.

24 de julio

No es mío

Lectura:
Proverbios 3:1-26

Reconócelo en todos tus caminos, y él enderezará tus veredas
(Proverbios 3:6).

Mi esposo y yo creemos que las personas más influyentes en la vida de un niño son sus padres. Pero, a veces, nos preguntamos si nuestras decisiones de crianza estarán teniendo el impacto que esperamos. Ahora que nuestros hijos son adolescentes, no siempre los vemos, y tienen más experiencias solos que cuando eran pequeños. Ahora, en lugar de buscar una lección para depositar en sus corazones y mentes (Proverbios 3:1), busco un lugar para arrodillarme a orar por ellos.

Toda madre siente miedo a fracasar y, para la madre creyente, este temor aumenta al reconocer la influencia que tenemos sobre el desarrollo espiritual de nuestros hijos (Salmo 78:1-7). Sin embargo, hay alguien que siempre está mirando y siempre obra más allá de lo que percibimos (Salmo 33:18; Proverbios 3:12, 26).

Paradas sobre la autoridad que Dios nos dio, podemos orar con audacia para que Él nos dé sabiduría con nuestros hijos (Proverbios 3:5-7, 13-18). Si queremos que nuestros hijos conozcan las verdades del Señor y lo pongan en primer lugar, debemos aprender a reconocerlo en todos nuestros caminos (Proverbios 3:6). Nuestra mayor influencia espiritual para nuestros hijos está en la manera en que vivimos nuestra fe frente a ellos. *RF*

Señor, dejo toda mi ansiedad y preocupación
delante de ti. Confío en tu cuidado.

La forma en que Dios nos ama es el modelo para criar a nuestros hijos con amor.

25 de julio

Mecanismo de defensa

Lectura:
Efesios 6:10-18

Por lo demás, fortaleceos en el Señor
y en el poder de su fuerza (Efesios 6:10).

Está bien, lo admito. Soy fanática de James Bond. Por más de 40 años, el carismático, calmo y atractivo espía británico ha cautivado audiencias por su capacidad para rastrear instrumentos dañinos por todo el planeta y salvar al mundo de la aniquilación.

Con su armamento único y sus reflejos felinos, puede encontrar la pieza faltante de un rompecabezas o frustrar un plan para la destrucción del mundo. Sin embargo, lo asombroso es que trabaja solo casi todo el tiempo.

Un joven pastor llamado David no contaba con armamento de alta tecnología ni hacía proezas, pero Dios utilizó a este humilde medio para librar a los israelitas de manos del enemigo (1 Samuel 17). El mecanismo de defensa de David fueron cinco piedras lisas y el Espíritu del Dios viviente. Así derribó al obstáculo «gigante» de los israelitas.

Jesús se sacrificó muriendo en la cruz para que toda la humanidad pudiera ser salvada de la destrucción eterna. Al tercer día, resucitó, victorioso sobre la muerte. Este fue el mecanismo de defensa más grande.

El mecanismo de defensa del cristiano es la Biblia. Efesios 6:17 nos insta: «Tomad [...] la espada del Espíritu», que es la Palabra de Dios. Así podemos resistir los planes del diablo, nuestro enemigo. *Monique Martin*

Señor, gracias por dejarnos tu Palabra.
Ayúdame a saber usarla.

La mejor defensa es la Palabra.

26 de julio

Verdadera libertad

Lectura:
Gálatas 5:1-14

… hermanos, a libertad fuisteis llamados; solamente que no uséis la libertad como ocasión para la carne… (GÁLATAS 5:13).

Gracias a la inventiva de nuestros amigos chinos, hoy en Estados Unidos se celebra el día de la independencia con un enorme despliegue de coloridos fuegos artificiales.

Todos los años, cuando en mi país cantamos el himno nacional y disfrutamos viendo los brillantes diseños de las «bombas que estallan en el aire», recuerdo que la mayoría de las bombas son mortales y no hermosas como las de los fuegos artificiales. Aunque ambas tienen sustancias similares, unas intentan matar, mientras que las otras buscan entretener. En esta metáfora, vemos cómo una misma cosa puede usarse tanto para el bien como para el mal. En manos de personas capaces, cuidadosas y compasivas, algo peligroso se torna maravilloso. Pero lo opuesto también es verdad.

La libertad también puede usarse para el bien y para el mal. Como creyentes en Cristo, estamos libres de las restricciones de la ley mosaica, pero la Biblia advierte que no usemos nuestra libertad espiritual con propósitos egoístas: «no uséis la libertad como ocasión para la carne, sino servíos por amor los unos a los otros» (Gálatas 5:13).

Solo algunos tienen libertad política y religiosa, pero todos los creyentes gozan de libertad espiritual. No debemos usarla como un arma para imponer nuestra voluntad a los demás, sino para mostrar la gloria de la voluntad de Dios. *JAL*

Señor, gracias por tu libertad.

La libertad no da derecho a hacer lo que uno quiere, sino lo que Dios desea.

27 de julio

Permanecer firme

Lectura:
1 Reyes 11:1-13

... resplandecéis como luminares en el mundo; asidos de la palabra de vida... (Filipenses 2:15-16).

Mientras esperaba para girar a la derecha en un cruce muy transitado, apareció una ambulancia en la cima de una colina, a toda velocidad y en la misma dirección que yo. Alguien tocó la bocina desde atrás para que yo avanzara. Sabía que la ambulancia no se detendría y que, si giraba, podría ocurrir un desastre. Así que, mantuve el pie en el freno y me quedé donde estaba.

Espiritualmente hablando, debemos «quedarnos donde estamos» y permanecer fieles a Dios, aunque los demás nos presionen. El rey Salomón tuvo que aprender esto a la fuerza. Comenzó su reinado pidiéndole a Dios sabiduría (1 Reyes 3:9), pero no mantuvo su consagración. Se casó con mujeres extranjeras que, a la larga, lo indujeron a adorar a otros dioses. Cerca del final de su vida, «su corazón no era perfecto con el Señor su Dios» (1 Reyes 11:1-6; Nehemías 13:26).

Hoy, la gente también puede inducirnos a ser desleales a Dios y su verdad. Sin embargo, con la ayuda del Señor, podemos permanecer aferradas a la palabra de vida (Filipenses 2:16). Si te sientes presionada a entrar en una peligrosa intersección de creencias, estudia la Palabra de Dios, ponte su armadura (Efesios 6:10-18) y pídele al Espíritu Santo que te ayude (1 Corintios 2:10-12). Después, permanece firme con tus hermanos en Cristo. *JBS*

Señor, quiero permanecer firme en ti.

Para evitar que te empujen hacia el error, mantente bien aferrada a la verdad.

28 de julio

Del temor a la fe

Lectura:
Habacuc 3:16-19

El Señor es mi fortaleza, el cual hace mis pies como de ciervas… (HABACUC 3:19).

Las palabras del doctor le golpearon el corazón. Era cáncer. Su mundo se detuvo mientras pensaba en su esposo y sus hijos. Habían orado con diligencia, a la espera de otro resultado. ¿Qué harían? Mientras las lágrimas le caían por el rostro, susurró: «Señor, esto está fuera de nuestro control. Por favor, sé nuestra fortaleza».

¿Qué hacemos cuando el pronóstico es devastador, cuando nuestras circunstancias escapan a nuestro control? ¿Dónde acudimos cuando no parece haber esperanza?

La situación del profeta Habacuc estaba fuera de su control, y sentía un temor paralizante. El juicio venidero sería catastrófico (Habacuc 3:16-17). Sin embargo, en medio del caos inminente, Habacuc decidió vivir por fe (2:4) y gozarse en Dios (3:18). No puso su confianza en sus circunstancias, su capacidad o sus recursos, sino en la bondad y la grandeza de Dios. Su confianza en Dios lo llevó a proclamar: «El Señor es mi fortaleza, el cual hace mis pies como de ciervas, y en mis alturas me hace andar» (v. 19).

Cuando nos enfrentamos a circunstancias difíciles —enfermedad, crisis familiares y financieras—, nosotros también tenemos que poner nuestra fe y confianza en Dios. Él está con nosotros siempre. *KAW*

Padre, gracias por ser mi refugio y mi fortaleza. Pongo nuevamente mi fe en ti.

En circunstancias difíciles, podemos confiar en que Dios es nuestra fortaleza.

29 de julio

Mostrar y contar

Lectura:
Juan 13:5-17

Porque ejemplo os he dado, para que como yo os he hecho, vosotros también hagáis (JUAN 13:15).

Si asistes a un curso de redacción o a una conferencia de escritores, probablemente oigas esta frase: «Muestra, no cuentes». En otras palabras: «muestra» a tus lectores lo que sucede; no solo se lo cuentes. No les digas lo que hiciste, sino descríbeselo.

Una de las razones por las que tendemos a contar en vez de mostrar es que lo primero resulta más fácil y más rápido. Mostrar cómo hacer algo requiere tiempo y esfuerzo. Al enseñar, es más sencillo decirles a los alumnos qué hicieron mal, en lugar de mostrarles cómo hacerlo bien. Sin embargo, esto último es más eficaz.

Durante miles de años, el pueblo judío solo tenía la ley que les decía qué hacer y qué no. Pero, más tarde, vino Jesucristo, quien les mostró cómo vivir de la manera que Él les había señalado siempre. Jesús no solo dijo: «Sean humildes», sino que «se humilló a sí mismo» (Filipenses 2:8). No declaró simplemente: «Perdonen a los demás», sino que nos perdonó (Colosenses 3:13). Sus palabras no fueron solamente: «Amen a Dios y a sus prójimos», sino que demostró su amor mediante sus obras (Juan 15:12).

El ejemplo perfecto del amor divino muestra cuán grande es el amor de Dios hacia nosotras y cómo debemos demostrárselo a los demás. *JAL*

Señor, ayúdame a mostrar tu amor a otros de maneras prácticas.

Amar es la voluntad de Dios en acción.

30 de julio

La verdad sobre los mapas

Lectura:
Juan 6:44-59

... el que aborrece a su hermano [...] no sabe a dónde va
(1 Juan 2:11).

El GPS (sistema de posicionamiento global) es la herramienta más novedosa para ayudar a los viajeros a encontrar la mejor ruta hacia su destino, pero mi esposo y yo todavía viajamos a la antigua usanza: con mapas. Como Jay suele ser el conductor, está preestablecido que yo haga la tarea de copiloto. Por lo general, no tengo problema para orientarme, pero cuando el automóvil está en movimiento, me despista. Aunque sé adónde quiero llegar, no puedo determinar la mejor manera de hacerlo si no nos detenemos para averiguar dónde estamos. Necesito orientarme.

Lo mismo se aplica a nuestra vida espiritual. Cuando tratamos de descifrar el camino que el Señor quiere que transitemos, necesitamos detenernos y orientarnos. Si no lo hacemos, es probable que terminemos perdidos en lugares, situaciones o relaciones interpersonales indeseadas.

Para ayudar a sus discípulos a andar por la vida y abrirse paso a través de las trampas y las tentaciones del mundo, Jesús solía decirles: Paren. Paren de quejarse, paren de juzgar por las apariencias, paren de dudar, y crean (Juan 6:43; 7:24; 20:27). Para seguir a Jesús, a menudo tenemos que ponerle freno a ciertas prácticas equivocadas. Al depender de su guía, aprenderemos a ir por el camino que Él afirma que es el correcto. *JAL*

Jesús, gracias por
marcarme el camino.

El camino de Dios es el sendero correcto.

31 de julio

Dulces sueños

Lectura:
Levítico 26:1-12

En paz me acostaré, y asimismo dormiré;
porque solo tú, Señor, me haces vivir confiado (Salmo 4:8).

La fotógrafa Anne Geddes ha convertido en arte las fotos de bebés dormidos. Con ellas, provoca sonrisas. No hay mejor imagen de paz que la de un niño dormido.

Pero, entre sueños ligeros durante el día, y la noche, cuidar a los niños es una responsabilidad agotadora e incesante. En su inocencia y entusiasmo, pueden meterse en situaciones peligrosas en un segundo. Después de un día agitado disciplinando, entreteniendo, protegiendo, alimentando, vistiendo, guiando y reconciliando hermanos que se pelean, los padres están ansiosos por irse a dormir. En cuanto se guardan los juguetes y se ponen los pijamas, el niño soñoliento se tranquiliza, se acurruca con mamá o papá para que le relate una historia y, finalmente, se duerme. Después, antes de que los padres se acuesten, miran a sus hijos otra vez para asegurarse de que todo esté en paz. La serena belleza de un niño dormido hace que todas las frustraciones del día valgan la pena.

Las Escrituras señalan que el estado ideal que Dios desea para sus hijos es la paz (Levítico 26:6); pero con suma frecuencia, debido a nuestra inmadurez, nos metemos en problemas y provocamos conflictos. Como los padres de niños pequeños, el Señor desea que nos cansemos de hacer las cosas mal y que descansemos en la protección y el gozo de sus caminos amorosos. *JAL*

Señor, gracias por cuidarme.

«En la voluntad de Dios está nuestra paz». Dante

1 de agosto

Lavar oro

Lectura:
Lucas 18:18-30

… sometida a prueba vuestra fe,
[es] mucho más preciosa que el oro… (1 Pedro 1:7).

Mientras estábamos de vacaciones en Alaska, visitamos la mina de oro El Dorado, cerca de Fairbanks. Después de recorrer el lugar y ver algunas técnicas de minería de la época de la Fiebre del Oro, pudimos lavar un poco de este precioso mineral. Nos dieron a cada uno un recipiente y una bolsa con tierra y piedras. Después de poner el contenido en la batea, agregamos agua y lo movíamos en círculos para que se desprendiera el cieno, y el oro, que es pesado, se depositara en el fondo. Aunque habíamos visto trabajar a expertos, no tuvimos buenos resultados. ¿Por qué razón? Preocupados por la posibilidad de desperdiciar algo de valor, no queríamos desechar las piedras que no valían nada.

Esto me recuerda que, a veces, las posesiones nos impiden descubrir lo realmente valioso. Jesús tuvo un encuentro con un hombre rico a quien le importaba más su riqueza terrenal que su tesoro espiritual (Lucas 18:18-30). El Señor le dijo: «¡Cuán difícilmente entrarán en el reino de Dios los que tienen riquezas!» (v. 24).

Aunque el dinero no es malo, puede impedir que heredemos riquezas verdaderas si nuestra meta en la vida es acumularlo. Acopiar riquezas es insensato porque la fe genuina, no el oro, es lo que nos sostendrá en las pruebas y dará como resultado alabanza, honra y gloria a Dios (1 Pedro 1:7). *JAL*

Señor, tú eres mi tesoro.

Mantén la mirada en Jesús para que los tesoros terrenales no te hagan perder de vista las riquezas espirituales.

2 de agosto

Segundas oportunidades

Lectura:
Rut 4:13-17

… El Señor no ha dejado de mostrar su fiel amor…
(Rut 2:20 nvi).

«¿Cómo pueden ser tan buenos conmigo si ni siquiera me conocen?».

Después de tomar algunas malas decisiones, Linda había terminado en la cárcel en un país extranjero. Cuando la liberaron después de seis años, no tenía dónde ir. Mientras su familia juntaba dinero para comprarle el billete de regreso, una pareja bondadosa le ofreció hospedaje, comida y ayuda. A Linda la conmovió tanto su bondad que los escuchó con gusto cuando le contaron la buena noticia de un Dios que la amaba y deseaba darle una segunda oportunidad.

Linda me recuerda a Noemí, una viuda de la Biblia que perdió a su esposo y dos hijos en una tierra extraña, y pensó que todo había terminado (Rut 1). Sin embargo, el Señor no se había olvidado de Noemí, y, a través del amor de su nuera y la compasión de un hombre piadoso llamado Booz, vio el amor de Dios y recibió una segunda oportunidad (4:13-17).

El mismo Dios se ocupa hoy de nosotras. Mediante el amor de otros, podemos recordar su presencia. Pero, sobre todas las cosas, Dios está dispuesto a ofrecernos empezar de nuevo. Al igual que Linda y Noemí, lo único que necesitamos es ver la mano de Dios en nuestra vida y entender que Él nunca deja de mostrarnos su bondad. *KOH*

Señor, gracias por el amor que me muestras cada día.
Ayúdame a mostrárselo a otros.

Dios da segundas oportunidades.

3 de agosto

Déjate guiar

Lectura:
Génesis 12:1-9

... el Señor había dicho a Abram: Vete [...] a la tierra que te mostraré (GÉNESIS 12:1).

Para nuestro aniversario de bodas, mi esposo alquiló una bicicleta tándem para que disfrutáramos de una romántica aventura juntos. Al empezar a pedalear, pronto me di cuenta de que, como yo iba atrás, los amplios hombros de mi esposo eclipsaban mi visión del camino. Además, mi manubrio era fijo y no afectaba la dirección de la bicicleta. El manubrio frontal era el que determinaba nuestra dirección; el mío servía solo para apoyarme. Tenía la opción de sentirme frustrada por mi falta de control o disfrutar del paseo y confiar en que Mike nos guiaría a salvo por el camino.

Cuando Dios le pidió a Abram que dejara su tierra y su familia, no le dio demasiada información respecto al destino. Nada de coordenadas geográficas. Ninguna descripción de la nueva tierra o de sus recursos naturales. Ni siquiera una indicación del tiempo que llevaría llegar allí. Dios simplemente le dijo que fuera a la tierra que le mostraría. La obediencia de Abram a la instrucción divina, a pesar de la falta de detalles que la mayoría de los humanos anhela, se le atribuye como fe (Hebreos 11:8).

Si nos enfrentamos a la incertidumbre o la falta de control en nuestra vida, imitemos el ejemplo de Abram de confiar en Dios y seguirlo. Él nos guiará bien. *KHH*

Padre, gracias por tu guía certera.
Quiero confiar siempre en que sabes adónde me diriges.

Podemos confiar en la guía de Dios.

4 de agosto

Descripción de Dios

Lectura:
Éxodo 34:1-8

... ¡Señor! ¡Señor! fuerte, misericordioso y piadoso
(Éxodo 34:6).

Las oraciones de los niños nos muestran lo que piensan de Dios. Aquí aparecen dos ejemplos que leí recientemente en un artículo: «Querido Dios, ¿qué significa que eres un Dios "celoso"? Pensé que tenías de todo».

«Creía que el anaranjado no combinaba con el violeta, hasta que vi el atardecer que hiciste el martes. Estuvo buenísimo».

Estos niños tienen razón al pensar que Dios es el dueño y el creador de todas las cosas, Aquel que puede pintar hermosos atardeceres. Pero ¿cómo se autodescribe Él?

Justo antes de que Moisés guiara a los israelitas al desierto, necesitó una respuesta a este interrogante. Quería que el Señor le confirmara su dirección y su presencia; así que, le pidió que se le revelara (Éxodo 33:13, 18). Para contestarle, Dios descendió en una nube y declaró: «¡Señor! ¡Señor! fuerte, misericordioso y piadoso; tardo para la ira, y grande en misericordia y verdad; [...] que de ningún modo tendrá por inocente al malvado...» (34:5-7). Él es bueno y justo.

Nosotras también podemos conocer a este Dios y estar seguras de su compañía. Él se ha revelado en su creación y en su Palabra. Cuando le pidamos que se nos manifieste, ¡descubriremos que es más que el dueño y el creador de todas las cosas! *AMC*

Señor, gracias por haberte revelado
a mi vida y mostrarme tu belleza.

En un mundo de superlativos,
Dios es lo más grandioso.

5 de agosto

De falencias a excelencias

Lectura:
Juan 21:15-19

Restáuranos a ti, oh señor, y seremos restaurados
(Lamentaciones 5:21 lbla).

El artista James Hubbell dice: «Los errores son regalos». Cada vez que trabaja en un proyecto y algo sale mal, no empieza de nuevo, sino que busca una manera de usar el error para hacer otra cosa mejor. Nadie puede evitar equivocarse, y todos tenemos maneras válidas para lidiar con las falencias. Podemos tratar de esconderlas, de corregirlas o de disculparnos por ellas.

A veces, hacemos lo mismo con nuestro pecado. Pero Dios no nos descarta y empieza de nuevo, sino que nos redime y nos convierte en algo mejor.

El apóstol Pedro tendía a hacer y decir lo que le parecía mejor en el momento. Se lo ha denominado un «impetuoso metedor de pata». Después del arresto de Jesús, Pedro, por temor, ¡declaró tres veces que no lo conocía! Sin embargo, más tarde, sobre la base de las tres declaraciones de amor de Pedro, Jesús convirtió su humillante negación en una oportunidad maravillosa de restauración (Juan 21). A pesar de los errores de Pedro en el pasado, el Señor lo reincorporó al ministerio con estas palabras: «Apacienta mis ovejas» (v. 17).

Si has cometido una «metida de pata» tan grande que parece irreversible, lo más importante es que ames a Jesús, ya que, si lo amas, Él puede convertir las falencias más graves en excelencias asombrosas. *JAL*

Señor, ¡gracias por tu perdón
y por redimir mis errores!

Dios puede cambiar
nuestras falencias en excelencias.

6 de agosto

Una razón para cantar

Lectura:
2 Crónicas 20:14-22

Cantad a Dios, cantad; cantad a nuestro Rey, cantad (Salmo 47:6).

¡Cantar transforma el cerebro! Algunos estudios muestran que, cuando cantamos, nuestro cuerpo libera hormonas que alivian la ansiedad y el estrés. Otro indica que, cuando varias personas cantan juntas, sus latidos cardíacos se sincronizan.

El apóstol Pablo alentó a los creyentes a hablarse unos a otros con salmos, himnos y cánticos espirituales (Efesios 5:19). Y, más de 50 veces, la Biblia nos anima a cantar salmos y alabanzas.

En 2 Crónicas 20, leemos cómo el pueblo de Dios confió en el Señor. Frente a un inminente ataque, el rey Josafat convocó a la comunidad y la guió en oración intensa.

Ayunaron y clamaron: «no sabemos qué hacer, y a ti volvemos nuestros ojos» (v. 12). Al día siguiente, salieron. No los dirigían guerreros feroces, sino un coro. Creyeron la promesa de Dios de que Él los libraría sin tener que pelear (v. 17).

Mientras cantaban y se dirigían al conflicto, ¡sus enemigos se atacaron entre ellos! Cuando el pueblo de Dios llegó al campo de batalla, la pelea había terminado. Dios salvó a su pueblo mientras este marchaba por fe hacia lo desconocido, cantando alabanzas.

Ya sea que estemos marchando hacia una batalla o no, alabar a Dios tiene el poder de cambiar nuestros pensamientos, nuestro corazón y nuestra vida. *ABP*

Señor, quiero cantarte y alabarte con todo mi corazón.

El corazón en sintonía con Dios canta sus alabanzas.

7 de agosto

La lección

Lectura:
Romanos 12:14-21

No seas vencido de lo malo, sino vence con el bien el mal
(Romanos 12:21).

Un verano, estaba en una reunión con excompañeros de la escuela secundaria, cuando alguien me dio una palmada en el hombro desde atrás. Al ver la etiqueta con el nombre de la mujer, me remonté a tiempos pasados. Recordé una nota bien doblada que encontré en mi armario, con palabras crueles y de rechazo que me avergonzaron y destrozaron. Recuerdo que pensé: *¡Alguien necesita enseñarte cómo tratar a la gente!* Aunque sentí que mi dolor adolescente resurgía, mostré mi mejor sonrisa falsa y empecé una charla hipócrita.

Empezamos a conversar y me contó su triste historia de una niñez complicada y un matrimonio desdichado. Mientras escuchaba, me vinieron a la mente las palabras «raíz de amargura» de Hebreos 12:15. Pensé: *Esto es lo que siento*. Después de todos esos años, seguía abrigando una profunda raíz de amargura que se retorcía y me ahogaba el corazón.

Entonces, recordé estas palabras: «No seas vencido de lo malo, sino vence con el bien el mal» (Romanos 12:21).

Charlamos e incluso compartimos algunas lágrimas. Ninguna de las dos mencionó aquel incidente. Esa tarde, Dios le enseñó una lección a alguien: perdonar y quitar la amargura. Sí, me la enseñó a mí. CHK

Padre, no quiero guardar rencor a nadie.
Ayúdame a vencer con el bien el mal.

La venganza nos esclaviza;
el perdón nos libera.

8 de agosto

Ojos para ver

Lectura:
Josué 3:1-11

Extendí mis manos a ti, mi alma a ti como la tierra sedienta (Salmo 143:6).

Mi primera visión de la tierra prometida desde los montes de Moab fue decepcionante. «¿Ha cambiado mucho desde que los israelitas estuvieron aquí?», le pregunté a la guía mientras mirábamos hacia Jericó. Esperaba que el contraste fuera notorio en comparación con el lado oriental del Jordán. «No —respondió—. Se ha mantenido igual durante miles de años».

Así que, reformulé la pregunta: «¿Qué vieron los israelitas cuando llegaron aquí?». «El mayor oasis de toda la superficie de la tierra», contestó ella.

Entonces, comprendí. Yo había atravesado el estéril desierto en un autobús con aire acondicionado y agua helada. Los israelitas habían pasado años vagando por un desierto seco y caluroso. Ellos estaban muertos de sed; yo, fresquita. Ellos estaban exhaustos; yo, descansada. A ellos les había llevado cuarenta años llegar allí; a mí, cuatro horas.

Al igual que un oasis, la bondad de Dios se encuentra en los sitios áridos y difíciles. Me pregunto: ¿cuántas veces no alcanzamos a percibir su bondad porque nuestros sentidos espirituales han sido adormecidos por las comodidades? A veces, las dádivas del Señor se ven con más claridad cuando estamos cansadas y sedientas. Quiera Dios que siempre tengamos sed de Él (Salmo 143:6). *JAL*

Señor, eres mi oasis en medio del desierto.
Gracias por tu agua viva.

Jesús es la única fuente
que puede satisfacer la sed del alma.

9 de agosto

Obras de arte

Lectura:
Salmo 139:11-18

... tú me hiciste en el vientre de mi madre
(Salmo 139:13).

Mi padre crea aljabas personalizadas para arqueros, y talla imágenes silvestres sobre cuero antes de coser el material. Una vez, observé cómo elaboraba una de sus obras de arte. Primero, creó texturas con una cuchilla sobre el cuero flexible. Después, pinceló el cuero con tintura carmesí para magnificar la belleza de su creación.

Mientras admiraba la destreza artística de mi papá, me di cuenta de cuán a menudo no reconozco ni valoro la creatividad de mi Padre celestial manifestada en los demás, e incluso en mí misma. Al reflexionar sobre la obra del Señor, recordé la afirmación del rey David de que Dios crea las «delicadas partes internas de [nuestro] cuerpo» y «sus obras son formidables» (Salmo 139:13-14 NTV, RVC).

Podemos alabar con confianza a nuestro Creador porque sabemos que «maravillosas son [sus] obras» (v. 14). Y, al recordar que el Hacedor del universo nos conocía y planeó nuestros días antes de que nos formara (vv. 15-16), aprendemos a respetar su obra.

Como el cuero flexible tallado por la mano experta de mi padre, cada una de nosotras es hermosa y valiosa por el simple hecho de ser una creación única de Dios. Él nos diseñó como sus amadas obras de arte, y reflejamos su magnificencia. *XED*

Señor, gracias por crearnos
en tu perfecto amor.

Dios crea con destreza a cada persona con singularidad y propósito.

10 de agosto

Algo que declarar

Lectura:
Mateo 5:13-16

Así alumbre vuestra luz delante de los hombres...
(Mateo 5:16).

Era una simple inspección de equipaje rutinaria, pero el contenido de la maleta no tenía nada de común y corriente. El agente aduanero descubrió catorce cuadros originales de Pablo Picasso, valuados en un millón y medio de dólares. Sin embargo, el pasajero había indicado «nada que declarar» a las autoridades aduaneras.

Es difícil imaginar que una persona empaque una carpeta de dibujos de Picasso entre la ropa, salga para el aeropuerto y espere que no se descubra nada. Evidentemente, el hombre era contrabandista.

Nosotros, como creyentes, ¡tenemos algo mucho más valioso que un Picasso para declarar! No obstante, a veces mantenemos el tesoro de nuestra fe en Cristo guardado en nuestro corazón, en lugar de compartirlo con aquellos que nos rodean. Jesús nos recordó: «Vosotros sois la luz del mundo» (Mateo 5:14). Parte de nuestro propósito es reflejar la gloria de Dios para que otros entiendan que necesitan al Señor. Él también nos llama a dejar que nuestra luz brille, para que los demás vean nuestras buenas obras y glorifiquen a nuestro Padre que está en el cielo (v. 16).

Corremos el riesgo de convertirnos en contrabandistas espirituales cuando escondemos nuestra fe en Cristo. En lugar de eso, abramos la «maleta», compartamos el tesoro y demos gloria al Maestro de los artistas. *JBS*

Señor, quiero mostrarte
a todo el mundo.

Una palabra apropiada
puede abrir un corazón a Dios.

11 de agosto

Un buen final

Lectura:
Apocalipsis 22:1-5

... el trono de Dios y del Cordero estará en ella, y sus siervos le servirán, y verán su rostro... (APOCALIPSIS 22:3-4).

Mientras las luces se atenuaban y nos preparábamos para ver *Apollo 13*, mi amiga dijo suspirando: «Qué lástima que todos murieron». Miré la película sobre el vuelo espacial de 1970 con aprensión, esperando que llegara la tragedia, y, recién cerca del final, me di cuenta de que me había engañado. No recordaba el final de la historia verdadera: que, aunque los astronautas enfrentaron muchas dificultades, regresaron sanos y salvos.

En Cristo, podemos conocer el final de la historia... que también llegaremos al hogar celestial a salvo. Es decir, viviremos para siempre con nuestro Padre, como vemos en el libro de Apocalipsis. El Señor también creará «un cielo nuevo y una tierra nueva», al hacer nuevas todas las cosas (21:1, 5). En la nueva ciudad, el Señor recibirá a su pueblo para que viva con Él, sin temor y sin noche.

Saber el final de la historia nos llena de esperanza. Puede transformar tiempos de increíble dificultad, como cuando enfrentamos la muerte de un ser querido o incluso la propia. Aunque a nadie le gusta la idea de morir, podemos abrazar el gozo de la promesa de la eternidad. Anhelamos la ciudad donde ya no habrá maldición, y donde viviremos para siempre a la luz de Dios (22:5). *ABP*

Señor Jesús, dame tu esperanza segura, y que pueda descansar en tus promesas y disfrutar ya la vida eterna.

Dios promete a su pueblo un final feliz de la historia.

12 de agosto

¡Te queda bien!

Lectura:
Hebreos 10:19-25

Y considerémonos unos a otros para estimularnos al amor y a las buenas obras (Hebreos 10:24).

Un día, después de ponerme mis anteojos de sol mientras conducía, mi hija los tomó y dijo: «Mamá, estos no son anteojos de sol; son solo lentes que están de moda». En broma, agregó: «Ya sé. Te los compraste porque te quedaban bien».

Está bien; debo admitir que mi hija me conoce bastante. Ni siquiera había pensado en los rayos ultravioletas. En realidad, me gustó cómo me quedaban.

A la mayoría nos gusta lucir bien. Queremos dar la impresión de que «tenemos todo bajo control»... sin luchas, temores, tentaciones ni angustias.

Tratar de mantener una fachada de perfección en nuestra peregrinación espiritual no nos ayuda ni a nosotras ni a nuestros compañeros de viaje. Sin embargo, compartir con otros miembros del cuerpo de Cristo lo que nos sucede nos beneficia a nosotras y a ellos. Cuando somos un poco más transparentes, podemos hallar personas que están luchando al atravesar una situación similar. Además, cuando nuestra comunión con Dios crece y tomamos más conciencia de nuestro quebrantamiento e incompetencia, Él puede utilizarnos más para ayudar a otros.

Dejemos que Dios nos quite toda clase de pretensión «y considerémonos unos a otros para estimularnos al amor y a las buenas obras» (Hebreos 10:24). *CHK*

Señor, quiero ser transparente y ayudar a otros.

Los creyentes permanecen firmes cuando no están solos.

13 de agosto

Despertar con su Palabra

Lectura:
Salmo 119:145-152

Me anticipé al alba, y clamé; esperé en tu palabra (SALMO 119:147).

Parpadeé un poco hasta abrir los ojos, pero la habitación todavía estaba oscura. Era demasiado temprano para levantarse. Suspiré, acomodé la almohada y esperé volver a dormirme. Lamentablemente, una lista de cosas por hacer me bombardeaba el cerebro. ¡Tenía tanto por hacer!

Si alguna vez estuviste abrumada y preocupada, sabes lo que significa mirar fijamente el techo cuando deberías estar durmiendo. El escritor del Salmo 119 conocía bien esta situación. Escribió: «Me anticipé al alba, y clamé; esperé en tu palabra» (v. 147).

La Palabra de Dios consolaba de manera especial al salmista durante las noches de preocupación y desvelo. Aunque no podía hacer desaparecer sus problemas, declaró: «Se anticiparon mis ojos a las vigilias de la noche, para meditar en tus mandatos» (v. 148). Durante la noche, repasaba en su mente la Palabra de Dios una y otra vez. Se concentraba en las Escrituras en vez de hacerlo en sus preocupaciones. Esa práctica le permitió proclamar: «¡Oh, cuánto amo yo tu ley!» (v. 97).

Cuando las preocupaciones te despierten, recuerda esto: «… la palabra de Dios es viva y eficaz…» (Hebreos 4:12). Selecciona un pasaje y medita en él. ¡Nuestros desvelos no pueden competir con la Palabra de Dios! *JBS*

Señor, quiero buscarte desde temprano. Trae tu paz a mi ser.

Solo Dios puede aquietar nuestro corazón y tranquilizar nuestra mente.

14 de agosto

La compasión de Jesús

Lectura:
Lucas 7:11-17

Y cuando el Señor la vio, se compadeció de ella, y le dijo: No llores (Lucas 7:13).

Mi «auelita» (abuela) y yo éramos muy unidas. Cuando yo era pequeña, me quedaba con ella, no porque la necesitara de niñera, sino porque quería estar con ella. Auelita era la mejor cocinera de todas, contaba las historias más grandiosas, daba los mejores abrazos y me amaba sin condiciones. Estuvo enferma durante todo un año antes de morir, y aunque todos sabíamos cuál sería el desenlace, su muerte fue un golpe duro.

Al día siguiente de su muerte, yo estaba en mi cama, sollozando y desesperada por su ausencia. Sabía que estaba en el cielo, ya que había aceptado a Cristo como Salvador cuando era adolescente. Pero la extrañaba. Entonces, me arrodillé y comencé a orar por algún tipo de consuelo.

Entonces, sentí como si me abrazaran y me susurraran: «Shh… no llores». Pronto dejé de llorar y sentí completa paz. Había orado por consuelo, y Dios me lo había dado.

Al leer la historia del hijo de la viuda en Lucas 7, siento esa misma paz y consuelo. El Señor vio a la mujer sufriendo y «se compadeció de ella» (Lucas 7:13). La consoló y cambió su dolor en gozo al devolverle a su hijo.

Duele perder a alguien que amas. A veces, pensamos que el dolor nunca se irá. Pero Jesús dijo: «No os dejaré huérfanos; vendré a vosotros» (Juan 14:18). ¡Qué consolador! *JF*

Señor, consuela hoy mi corazón.

Jesús no nos deja sin consuelo.

15 de agosto

El costo de vivir

Lectura:
Deuteronomio 30:15-20

Amando al Señor tu Dios, atendiendo a su voz […]; a fin de que habites sobre la tierra… (DEUTERONOMIO 30:20).

Cuando era joven, pensaba que vivir en la casa de mis padres era sumamente difícil. Al mirar atrás, me hace gracia darme cuenta de cuán ridículas eran mis quejas. Mis padres nunca me cobraron un centavo por vivir con ellos. El único «precio» era la obediencia. Tenía que ser ordenada, amable, decir la verdad e ir a la iglesia. Nada de eso era difícil, pero, aun así, me costaba. No obstante, mis padres no me echaban de casa cuando desobedecía, sino que me recordaban que todo eso era para protegerme, no para perjudicarme.

El precio de vivir en la tierra prometida era el mismo: obedecer. En su último discurso a la nación, Moisés les recordó a los israelitas que las bendiciones que Dios quería concederles dependían de su obediencia (Deuteronomio 30:16). Anteriormente, les había dicho que la obediencia determinaría que les fuera bien en la vida: «Ten cuidado de obedecer […], para que siempre te vaya bien…» (12:28).

Algunas personas piensan que la Biblia tiene demasiadas reglas. Ojalá pudieran darse cuenta de que los mandatos de Dios son para nuestro beneficio; nos permiten vivir en paz unos con otros. La obediencia es, sencillamente, el «precio» de formar parte de la familia de Dios en este glorioso planeta que Él creó y al que nos permite llamar hogar. *JAL*

*Señor, ayúdame a ser
más obediente.*

La Biblia no es una carga, sino una guía para vivir plenamente gozosas.

16 de agosto

Nuestro poderoso Dios

Lectura:
Amós 4:12-13

… el que forma los montes, y crea el viento […] el Señor Dios de los ejércitos es su nombre (Amós 4:13).

Un día, junto al mar, me deleité mirando a unos *kitesurfistas* mientras rebotaban por el agua, movidos por la fuerza del viento. Cuando uno llegó a la costa, le pregunté si la experiencia era tan difícil como parecía. «No —me contestó—. En realidad, es más fácil que surfear, porque se aprovecha el poder del viento».

Más tarde, mientras caminaba junto al mar, pensando en la capacidad del viento no solo de impulsar a los surfistas sino también de alborotarme el cabello, me detuve a meditar en nuestro Dios el Creador. Como vemos en el libro de Amós, del Antiguo Testamento, «el que forma los montes, y crea el viento» puede hacer «de las tinieblas mañana» (4:13).

A través de su profeta, el Señor le recordó a su pueblo su poder, al llamarlo a volver a Él. Como no le habían obedecido, dijo que se les revelaría (v. 13). Aunque vemos su juicio aquí, otras partes de la Biblia nos muestran su amor sacrificado al enviar a su Hijo para salvarnos (ver Juan 3:16).

El poder del viento en este día ventoso en el sur de Inglaterra me recordó la absoluta inmensidad del Señor. Si sientes el viento hoy, ¿por qué no te detienes y meditas en nuestro Dios todopoderoso? *ABP*

Padre, gracias por tu poder y tu amor.
Ayúdanos a confiar diariamente en ti.

A través de su amor,
Dios creó el mundo. ¡Alábalo!

17 de agosto

Sin respuesta

Lectura:
Lucas 18:1-8

También les refirió Jesús una parábola sobre la necesidad de orar siempre, y no desmayar (LUCAS 18:1).

Una de mis luchas más grandes es orar y no ver la respuesta. Quizá te identifiques conmigo. Le pides a Dios que rescate a un amigo de una adicción, que le conceda la salvación a un ser amado, que sane a un niño enfermo, que restablezca una relación rota, pensando que todas estas cosas deben ser la voluntad de Dios. Oras durante años… pero no oyes que el Señor te responda ni ves resultados.

Le recuerdas al Señor que Él es poderoso, que tu petición es algo bueno. Ruegas. Esperas. Piensas que quizá no te escucha o que, después de todo, no es tan poderoso. Dejas de orar; incluso, durante días o meses. Te sientes culpable por dudar. Recuerdas que Dios quiere que le presentes todas tus necesidades; entonces, vuelves a pedirle.

A veces, tal vez nos sintamos como la viuda insistente de la parábola de Jesús en Lucas 18. Ella seguía acudiendo al juez, molestándolo para que cediera. Pero nosotras sabemos que Dios es más bondadoso y poderoso que el juez de esa parábola. Confiamos en Él porque es bueno, sabio y soberano. Recordamos que Jesús dijo que debemos «orar siempre, y no desmayar» (v. 1).

Por eso, le pedimos: «Despliega tu poder, oh Dios; haz gala, oh Dios, de tu poder, que has manifestado en favor nuestro» (Salmo 68:28 NVI). Entonces, confiamos en Él… y esperamos. *AMC*

Padre, ayúdame a
esperar con paciencia tu respuesta.

Retraso no es rechazo;
así que, sigue orando.

18 de agosto

Despreocúpate

Lectura:
Filipenses 4:1-9

Por nada estéis afanosos… (FILIPENSES 4:6).

Hace unos años, nuestro líder de estudio bíblico nos desafió a memorizar un capítulo de la Biblia y recitarlo de memoria delante del grupo. En mi interior, empecé a protestar. ¿Un capítulo entero, delante de todos? La memorización nunca había sido mi fuerte.

Unos días después, hojeé sin ganas mi Biblia para buscar qué memorizar. Nada me parecía apropiado, hasta que llegué a Filipenses 4.

Leí este versículo en silencio: «Por nada estéis afanosos, sino sean conocidas vuestras peticiones delante de Dios en toda oración y ruego, con acción de gracias» (v. 6). En ese momento, supe qué capítulo debía memorizar y cómo hacer para despreocuparme por la tarea que me habían asignado.

Dios no quiere que agonicemos al pensar en el futuro, porque la preocupación paraliza nuestra vida de oración. El apóstol Pablo nos recuerda que, en vez de ponernos ansiosas, debemos pedirle al Señor que nos ayude. Cuando constantemente abordemos las angustias de este modo, la paz de Dios tranquilizará nuestro corazón y nuestra mente (v. 7).

Una vez, alguien dijo con ironía: «¿Para qué orar si puedes preocuparte?». La idea es clara: La preocupación no lleva a ninguna parte, pero la oración nos pone en contacto con Aquel que puede ocuparse de todas nuestras ansiedades. *JBS*

Señor, dejo mi ansiedad sobre ti
y descanso en tu poder.

Es imposible retorcerse las manos cuando están entrelazadas delante de Dios en oración.

19 de agosto

Artículos sin uso

Lectura:
Tito 3:1-8

… estén dispuestos a toda buena obra
(Tito 3:1).

Mi primera bicicleta tenía un solo cambio. Cuando iba rápido o lento, en subida o en bajada, ese cambio hacía todo. La siguiente tenía tres cambios: uno para superficies llanas, otro para subir y un tercero para bajar. La tercera tenía diez, lo que me permitía un rango más amplio de posibilidades. Sin embargo, aunque tenía varias opciones, no las usaba todas cada vez que andaba. Algunas eran mejor para arrancar o ascender; otras eran solo para lograr velocidad; y otras, para pasear. Pero lo importante de aquellos cambios es esto: aunque no los usaba todos al mismo tiempo, eso no significaba que nunca los necesitaría.

Lo mismo se aplica a nuestros talentos y a los dones espirituales. Cuando me parece que no estoy cumpliendo con tareas que hacía anteriormente, en vez de sentirme inútil y despreciada, le doy gracias a Dios por el «cambio» que puedo usar en ese momento. Que un talento no sea necesario ahora no significa que nunca vaya a utilizarse.

Nuestros dones espirituales son necesarios de diversas maneras en distintos momentos. Las necesidades y las circunstancias cambian impredecible e inesperadamente. El apóstol Pablo le recordó a Tito: «… estén dispuestos a toda buena obra» (Tito 3:1). Que esto también se cumpla en nosotras. *JAL*

Señor, quiero honrarte
con los dones que me has dado.

Mantén las herramientas listas.
Dios va a encontrarte trabajo.

20 de agosto

Ignorancia e inocencia

Lectura:
Romanos 5:12-21

… como el pecado reinó para muerte, así también la gracia reine […] para vida eterna mediante Jesucristo, Señor nuestro
(Romanos 5:21).

Algunas personas evitan ir al médico porque no quieren saber que padecen algo malo. Otras evitan ir a la iglesia por la misma razón. Pero ignorar una enfermedad no nos devuelve la salud, como tampoco nos convierte en inocentes el ignorar nuestro pecado.

La ley romana es considerada la fuente del concepto de que ignorar la ley no excusa a nadie. Sin embargo, la idea se originó mucho antes. Cuando Dios le dio la ley a Israel, estableció que aun el pecado accidental exigía un sacrificio para obtener el perdón (Levítico 4; Ezequiel 45:18-20).

En su carta a los creyentes que vivían en Roma, el apóstol Pablo trató el tema de la ignorancia o la falta de entendimiento. Cuando las personas ignoraban la justicia de Dios, inventaban la suya propia (Romanos 10:3). Cuando vivimos según nuestros parámetros de qué es correcto e incorrecto, podemos sentirnos bien en cuanto a nosotras mismas, pero eso no nos hace espiritualmente sanas. Solo cuando nos evaluamos por los parámetros divinos de la justicia (Jesús), sabemos cuál es nuestro estado espiritual.

Nadie puede alcanzar la justicia de Cristo, pero, gracias a Dios, no tenemos que hacerlo, ya que Él la comparte con nosotras (5:21). La buena noticia sobre saber qué problema tenemos es que el Gran Médico puede sanarnos. *JAL*

Señor, gracias por venir a sanarme.

Dios es el Medidor y el Médico
de nuestra salud espiritual.

21 de agosto

Caminos oscuros

Lectura:
Josué 1:1-9

... el Señor tu Dios estará contigo en dondequiera que vayas (Josué 1:9).

Mientras regresábamos a casa de unas vacaciones, el camino nos llevó por una parte desolada. Durante casi dos horas después del atardecer, condujimos a través de profundos cañones y mesetas desérticas. Apenas podían divisarse algunas luces de autos que perforaban la oscuridad. Finalmente, la luna salió en el horizonte; podíamos verla cuando el camino subía a las colinas, pero quedaba eclipsada mientras viajábamos por las tierras bajas. Mi hija comentó que le recordaba la presencia de Dios. Le pregunté si necesitaba verla para saber que Él estaba allí. Contestó: «No, pero sí que ayuda».

Después de la muerte de Moisés, Josué heredó el liderazgo de los israelitas y se le encomendó llevarlos a la tierra prometida. A pesar de esta comisión divina, Josué seguramente se sintió desafiado por semejante tarea, pero Dios le aseguró que estaría con él en esa odisea (Josué 1:9).

El camino de la vida suele pasar por territorio desconocido. A veces, no podemos ver claramente lo que tenemos por delante. El plan de Dios no siempre nos resulta evidente, pero Él prometió estar con nosotras «todos los días, hasta el fin del mundo» (Mateo 28:20). ¿Qué seguridad mayor podríamos desear? Aun cuando el camino esté oscuro, la Luz está con nosotras. *KHH*

Señor, gracias por estar cerca de mí incluso cuando no puedo verte.

Dios está con nosotras aun cuando no podemos verlo.

22 de agosto

Un lugar mejor

Lectura:
Apocalipsis 21:4-11

... Dios mismo estará con ellos como su Dios
(Apocalipsis 21:3).

Cuando falleció el suegro de mi amiga Marci, ella dejó de hacer el postre favorito de él: ensalada de piña. Un día, su hijito le preguntó por qué ya no la preparaba, y ella le contestó: «Me recuerda al abuelo y me pone triste. A él le gustaba muchísimo ese postre». Su hijo le respondió con tono alegre: «¡Pero no tanto como el cielo!».

Ese niñito tenía la idea bien clara: el cielo es un lugar mucho mejor. Recordar esto puede ayudarnos a aliviar la tristeza cuando algunas cosas de esta tierra despiertan recuerdos de seres amados que ya han muerto. Nuestros familiares y amigos que tienen domicilio en el cielo están mucho más felices allí porque:

• El cielo es la casa de Dios. Los hijos de Dios disfrutarán de su presencia por la eternidad (Apocalipsis 21:3-4).

• El cielo tiene todas las comodidades. Sus residentes nunca se enfermarán ni entristecerán (21:4); tampoco tendrán hambre ni sed (7:16).

• El cielo es un lugar hermoso. Un río «resplandeciente como cristal» fluirá desde el trono de Dios (22:1) y el Señor mismo será la luz que lo ilumine (22:5).

¿Hay cosas de este mundo que a veces te recuerdan a creyentes que pasaron al otro mundo? Si es así, es consolador pensar que ahora están disfrutando del cielo... un lugar muchísimo mejor. *JBS*

Señor, gracias por prepararme
un hogar en el cielo.

Los placeres de la Tierra no pueden compararse con la felicidad del cielo.

23 de agosto

Sobre la roca

Lectura:
Lucas 6:46-49

¿Por qué me llamáis, Señor, Señor, y no hacéis lo que yo digo? (Lucas 6:46).

Una cruz enorme e iluminada se levanta sobre Table Rock, una meseta rocosa que se ve desde mi ciudad. En la tierra aledaña, se construyeron varios hogares, pero, hace poco, los dueños tuvieron que mudarse por cuestiones de seguridad. A pesar de estar cerca del sólido fundamento de esta meseta rocosa, las casas no son seguras.

Estuvieron moviéndose sobre sus cimientos, lo cual podría romper caños importantes y acelerar el deslizamiento.

Jesús compara a los que escuchan y obedecen sus palabras con alguien que construye su hogar sobre la roca (Lucas 6:47-48). Estos hogares sobreviven a las tormentas. En cambio, dice que un hogar sin cimiento firme (como las personas que no obedecen su instrucción) no puede eludir las aguas.

En muchas ocasiones, me he sentido tentada a ignorar mi conciencia cuando sabía que Dios me pedía más de lo que estaba dando, por pensar que mi respuesta se había «acercado lo suficiente». Sin embargo, las casas al pie de la montaña movediza me mostraron que estar «cerca» no es suficiente cuando se trata de obedecer al Señor. Para ser como el que construye su casa sobre la roca y soportar las tormentas de la vida que tantas veces nos abruman, debemos obedecer por completo las palabras de nuestro Señor. *KHH*

Padre, enséñame a construir sobre la roca.

La Palabra de Dios es el único cimiento seguro para la vida.

24 de agosto

Tiempo para todo

Lectura:
Eclesiastés 3:1-8

Todo tiene su tiempo…
(Eclesiastés 3:1).

En la década de 1960, la banda *The Byrds* popularizó una canción que se hizo conocida en el mundo entero. La gente parecía cautivada con la letra. No obstante, lo interesante era que, excepto por la última línea, esas palabras eran del libro del Antiguo Testamento llamado Eclesiastés.

«Todo tiene su tiempo», proclama el escritor de Eclesiastés, «y todo lo que se quiere debajo del cielo tiene su hora» (3:1). Después, enumera algunas de las etapas de la experiencia humana: nacimiento y muerte, ganancias y pérdidas, lágrimas y risas, luto y baile. Así como las estaciones de la naturaleza cambian, lo mismo sucede con las épocas de la vida. Nuestras circunstancias nunca se mantienen igual por mucho tiempo.

A veces, recibimos bien los cambios en nuestra vida. Pero a menudo, resulta difícil, en especial cuando implica tristeza y pérdidas. Sin embargo, aun entonces podemos dar gracias de que Dios no cambia. A través del profeta Malaquías, declaró: «Porque yo el Señor no cambio» (Malaquías 3:6).

Como Dios es constante, podemos descansar en Él durante las etapas cambiantes de la vida. El Señor está siempre presente con nosotros (Salmo 46:1), su paz tiene poder para cuidar nuestro corazón (Filipenses 4:7) y su amor proporciona seguridad para nuestra alma (Romanos 8:39). *JBS*

Señor, gracias por estar
siempre conmigo y cuidarme.

La naturaleza inmutable de Dios es nuestra seguridad durante los tiempos de cambio.

25 de agosto

Arrinconado

Lectura:
Lucas 6:27-36

... oren por quienes los maltratan
(LUCAS 6:28 NVI).

Un domingo por la mañana, D. L. Moody entró en una casa de Chicago para llevar a unos niños a la escuela dominical. Durante su visita, tres hombres lo arrinconaron en una habitación y lo amenazaron. «Oigan, un momento —dijo Moody—, denme una oportunidad de hacer una oración, ¿puede ser?». Los hombres lo dejaron clamar a Dios, y él oró con tanto fervor por ellos, que se fueron.

Si yo hubiera estado en la situación de Moody, tal vez habría gritado pidiendo ayuda o buscado la puerta trasera para escapar. No estoy seguro de que hubiese reaccionado según el mandato de Jesús a sus seguidores: «... oren por quienes los maltratan» (Lucas 6:28 NVI).

Orar por aquellos que nos tratan con desprecio es una manera de «[hacer] bien a los que [nos] aborrecen» (v. 27). Jesús aclaró que no hay que elogiar a los cristianos por intercambiar actos de bondad con otras personas «buenas»; y agregó: «también los pecadores hacen lo mismo» (v. 33). No obstante, bendecir a los que nos persiguen (Romanos 12:14) nos diferencia de ellos y nos asemeja al Altísimo, porque Dios es bueno aun con los malos (Lucas 6:35).

Si hoy te sientes «arrinconado» por alguien, busca refugio si la situación lo requiere, y obedece la enseñanza de Cristo: ora por esa persona (Lucas 23:34). La oración es tu mejor defensa. *JBS*

Señor, quiero orar
por los que me hacen mal.

Devolver bien por bien es humano;
devolver bien por mal es divino.

26 de agosto

El bien supremo

Lectura:
Filipenses 3:1-11

... estimo todas las cosas como pérdida por la excelencia del conocimiento de Cristo Jesús, mi Señor... (Filipenses 3:8).

Mientras crecía en Jamaica, mis padres nos criaron a mi hermana y a mí para que fuéramos «buenas personas». En casa, *bueno* significaba obedecer a nuestros padres, decir la verdad, esforzarse en la escuela y el trabajo, y asistir a la iglesia... al menos, en Pascua y Navidad. Supongo que esta definición de ser una buena persona trasciende la cultura. Es más, el apóstol Pablo, en Filipenses 3, usó la definición cultural de ser bueno para expresar algo más grande.

Como Pablo era un judío devoto en el primer siglo, seguía la ley moral al pie de la letra. Había nacido en la familia «correcta», tenía la educación «correcta» y practicaba la religión «correcta». Era un buen hombre hecho y derecho, según la costumbre judía. En el versículo 4, Pablo escribe que podía jactarse de su bondad si quería; pero les explicó a sus lectores que no bastaba con ser bueno. Sabía que, aunque era bueno ser bueno, no era lo mismo que agradar a Dios.

En los versículos 7-8, Pablo escribe que agradar a Dios supone conocer a Jesús. Consideraba su propia bondad una «pérdida», al compararla con «la excelencia del conocimiento de Cristo Jesús». Somos buenas (y agradamos a Dios) cuando nuestra esperanza y nuestra fe están puestas solo en Cristo, no en nuestra bondad. *KAW*

Señor, mi fe y mi esperanza
están en ti.

Nuestra bondad debe distinguirnos
como hijas de Dios.

27 de agosto

No más culpa

Lectura:
Salmo 32:1-11

… Dije: Confesaré mis transgresiones al Señor; y tú perdonaste la maldad de mi pecado (SALMO 32:5).

Cuando era adolescente, invité a una amiga a mirar una tienda de *souvenirs* cerca de mi casa. Pero ella me horrorizó al meterme un puñado de broches para el cabello en el bolsillo y sacarme del negocio sin pagar. La culpa me carcomió durante una semana, hasta que acudí a mi mamá y le confesé todo entre lágrimas.

Devolví los objetos robados, pedí disculpas y prometí no volver a robar. El dueño me dijo que no volviera nunca. Pero, como mi mamá me perdonó y me aseguró que había hecho todo lo que podía para arreglar las cosas, dormí en paz esa noche. El rey David también descansó perdonado después de confesar (Salmo 32:1-2). Había escondido sus pecados (2 Samuel 11–12) hasta que «se envejecieron [sus] huesos» (Salmo 32:3-4). Pero, cuando rehusó encubrir sus errores, el Señor borró su culpa (v. 5). Dios lo protegió «de la angustia» y lo envolvió «con cánticos de liberación» (v. 7). David se gozó porque «al que espera en el Señor, le rodea la misericordia» (v. 10).

No podemos elegir las consecuencias de nuestros pecados ni controlar las respuestas de la gente cuando confesamos y buscamos perdón. Pero el Señor nos da libertad de la esclavitud del pecado y paz mediante la confesión, y confirma que nuestra culpa desaparece… para siempre. XED

Padre, gracias por perdonarme y borrar mi culpa.

Cuando Dios perdona, nuestra culpa desaparece.

28 de agosto

La vida «fácil»

Lectura:
1 Tesalonicenses 3

... que nadie se inquiete por estas tribulaciones; porque vosotros mismos sabéis que para esto estamos puestos
(1 Tesalonicenses 3:3).

¿Están los padres esforzándose demasiado para hacer felices a sus hijos? ¿Está eso produciendo el efecto contrario? Estas preguntas son la introducción de una entrevista a Lori Gottlieb, autora de un artículo sobre la desdicha en los jóvenes adultos. Ella concluye diciendo que sí; que los padres que no permiten que sus hijos experimenten fracasos y tristezas les dan una perspectiva equivocada del mundo y no los preparan para las duras realidades de la vida adulta.

Algunos creyentes esperan que el Señor sea la clase de padre que los protege de todo dolor y decepción. Pero Él, en su amor, permite que sus hijos atraviesen sufrimientos (Isaías 43:2; 1 Tesalonicenses 3:3).

Cuando se empieza con la creencia equivocada de que la vida fácil es lo que nos hace verdaderamente felices, nos agotamos al tratar de poner en práctica ese concepto erróneo. Pero, cuando enfrentamos la verdad de que la vida es complicada, podemos invertirla en la búsqueda de una existencia piadosa y buena, agradable a Dios. Esta clase de vida nos fortalece para enfrentar las situaciones cuando el andar se vuelve difícil.

La meta de Dios es hacernos santas, no solamente felices (1 Tesalonicenses 3:13). Y, si somos santas, es más probable que estemos realmente contentas y satisfechas. *JAL*

Dios mío, gracias por ser tan buen Padre.

Una persona satisfecha ha aprendido a aceptar lo amargo y lo dulce.

29 de agosto

Descansar en Dios

Lectura:
Romanos 4:16-22

Tampoco dudó, […] plenamente convencido de que [Dios] era también poderoso para hacer todo lo que había prometido (ROMANOS 4:20-21).

Eran nuestras últimas vacaciones en familia antes de que nuestro hijo mayor fuera a la universidad. Mientras nos sentábamos en una pequeña iglesia junto al mar, se me llenó el corazón de amor al ver uno al lado del otro a mis cinco hijos. Pensando en las presiones y los desafíos que enfrentaría cada uno, oré en silencio: *Señor, por favor, protégelos espiritualmente y que se mantengan cerca de ti.*

El último himno tenía un coro impactante, basado en 2 Timoteo 1:12: «… yo sé a quién he creído, y estoy seguro que es poderoso para guardar mi depósito para aquel día». Eso me generó una sensación de paz, al asegurarme que Dios guardaría sus almas.

Ya han pasado varios años. Algunos de mis hijos anduvieron de acá para allá y otros directamente se rebelaron. A veces, he dudado de la fidelidad de Dios. Entonces, me acuerdo de Abraham: tropezó, pero nunca desconfió de la promesa que había recibido (Génesis 15:5-6; Romanos 4:20-21). Durante años de espera y de intentos equivocados de ayudar a resolver las cosas, se mantuvo aferrado a la promesa del Señor… y nació Isaac.

Este recordatorio de confianza me resulta alentador. Le pedimos cosas a Dios, recordamos que le importa, conocemos su poder y le agradecemos por su fidelidad. *MS*

Señor, perdona mis dudas y ayúdame
a confiar más en ti.

Algunas lecciones sobre la paciencia llevan mucho tiempo de aprendizaje.

30 de agosto

Estudio del lenguaje

Lectura:
Proverbios 18:1-15

Ninguna palabra corrompida salga de vuestra boca...
(Efesios 4:29).

El Dr. Deb Roy, investigador en ciencia cognitiva del Instituto Tecnológico de Massachusetts, registró los primeros tres años de la vida de su hijo para aprender cómo adquieren el lenguaje los seres humanos. Junto con su esposa, equiparon su casa con dispositivos de grabación y compilaron más de 200.000 horas de audio y video. Después de editar las grabaciones, pudieron oír que sonidos emitidos por el bebé, tales como «gaga», se convirtieron en palabras, como «agua».

Si alguien quisiera desarrollar un proyecto de investigación en tu casa, ¿participarías si supieras que cada sílaba que pronuncies se registrará y analizará? ¿Qué revelaría ese estudio? En Proverbios 18, el escritor señala que los necios expresan sus opiniones en vez de tratar de entender lo que los demás quieren decir (v. 2). ¿Esta actitud nos caracteriza? A veces, ¿provocamos peleas con nuestras palabras (vv. 6-7) o hablamos impulsivamente y respondemos alguna «palabra antes de oír» (v. 13)?

Es necesario que nos convirtamos en estudiosas del lenguaje. Con la ayuda de Dios, podemos identificar un diálogo destructivo y transformarlo en una palabra de estímulo «que sea buena para la necesaria edificación, a fin de dar gracia a los oyentes» (Efesios 4:29). *JBS*

Señor, que mis palabras
sean siempre de bendición.

Nuestras palabras tienen poder para edificar o para destruir.

31 de agosto

¿Qué te importa?

Lectura:
Juan 21:15-22

Jesús le dijo: [...] ¿qué a ti? Sígueme tú
(JUAN 21:22).

Los medios de comunicación social son útiles para muchas cosas, pero la satisfacción no es una de ellas. Al menos, no para mí. Aun cuando mis objetivos son buenos, puedo desanimarme si me entero de que otros están lográndolos primero o con mejores resultados. Soy propensa a esta clase de desánimo; por eso, pienso con frecuencia que Dios no me ha defraudado, sino que me ha dado todo lo que necesito para concretar lo que Él desea que haga.

Esto significa que no necesito un presupuesto mayor ni un éxito asegurado. Tampoco preciso mejorar las condiciones laborales ni cambiar de trabajo. No me hace falta la aprobación ni el permiso de nadie. Ni siquiera es imprescindible tener buena salud o más tiempo. Tal vez Dios quiera darme algunas de esas cosas, pero lo que necesito ya lo tengo, porque, cuando Él asigna una tarea, también provee los recursos. Lo único que debo hacer es bendecir a otros y glorificar al Señor.

Jesús, después de preparar el desayuno, conversó con Pedro sobre este tema y le dijo cómo terminaría su vida. Señalando a otro discípulo, Pedro preguntó: «¿Y él?». El Señor respondió: «¿Qué te importa?».

Lo mismo debo preguntarme cuando me comparo con otros. Mi responsabilidad es seguir fielmente al Señor. JAL

Señor, quiero concentrarme en ti
y en lo que quieres que yo haga.

El resentimiento surge de mirar a los demás;
el contentamiento nace de mirar a Dios.

1 de septiembre

Jesús está cerca

Lectura:
Génesis 28:10-22

… Ciertamente el Señor está en este lugar, y yo no lo sabía (GÉNESIS 28:16).

Samuel, de cuatro años, había terminado de comer y preguntó si podía irse. Quería salir a jugar. Pero era demasiado pequeño para estar afuera solo, así que, la madre dijo: «No, no puedes salir solo. Debes esperar que yo termine para acompañarte». Su respuesta inmediata fue: «Pero, mami, ¡Jesús está conmigo!».

Los padres le habían enseñado bien a su hijo que el Señor siempre estaba a su lado. En nuestra lectura bíblica de hoy, vemos que Jacob también había aprendido esa lección. Su padre Isaac lo había bendecido y le había dicho que buscara una esposa entre los parientes de su madre (Génesis 28:1-4). Entonces, siguió sus indicaciones y viajó a Harán.

Mientras dormía, el Señor se le apareció en un sueño y le dijo: «He aquí, yo estoy contigo, y te guardaré por dondequiera que fueres […]; porque no te dejaré…» (v. 15). Cuando despertó, entendió lo que había oído, y declaró: «Ciertamente el Señor está en este lugar…» (v. 16). Confiando en la presencia de Dios, se comprometió a seguirlo toda su vida (vv. 20-21).

Si hemos recibido a Cristo como Salvador (Juan 1:12), podemos tener confianza y hallar consuelo en esta verdad: Él está siempre con nosotras (Hebreos 13:5). Como Jacob, que nuestra respuesta a su amor sea consagrarnos de todo corazón a Él. *AMC*

Señor, gracias
porque estás siempre cerca.

Nuestro Dios amoroso está siempre cerca...
a nuestro lado eternamente.

2 de septiembre

Hay poder

Lectura:
Santiago 5:13-18

La oración eficaz del justo puede mucho (SANTIAGO 5:16).

Cuando mi hermana se enteró de que tenía cáncer, les pedí a mis amigos que oraran. Cuando la operaron, oramos para que el cirujano pudiera extirpar todo el tumor y que ella no tuviera que recibir quimioterapia ni rayos. ¡Y Dios dijo que sí! Cuando compartí la noticia, un amigo señaló: «Qué alegría que la oración tenga poder». Yo respondí: «Qué agradecida estoy de que esta vez Dios respondió que sí».

Santiago afirma que «la oración eficaz del justo puede mucho» (5:16), pero ¿«eficaz» significa que cuanto más intensamente oramos o cuantas más personas lo hacen, más probabilidades hay de que Dios conteste que sí? Yo he recibido suficientes «no» o «espera» como para dudar de eso.

La oración es poderosa, pero también es un gran misterio. Se nos enseña a tener fe, a pedir con fervor y denuedo, a perseverar y a someternos a la voluntad de Dios. No obstante, Él responde según su sabiduría y de la mejor manera. Simplemente, doy gracias porque el Señor quiere oír lo que tenemos en el corazón y porque, al margen de la respuesta, sigue siendo bueno.

Me gustan las palabras de Ole Hallesby: «La oración y la impotencia son inseparables. Solo los indefensos pueden orar de verdad [...]. Tu impotencia es tu mejor plegaria». Podemos practicar bien esta cualidad. *AMC*

Señor, te entrego mis cargas en oración
y confío en tu soberanía.

La oración es el clamor desesperado de un hijo
ante el oído atento del Padre.

3 de septiembre

No caer en la trampa

Lectura:
Santiago 1:5-6, 12-15

… cada uno es tentado, cuando de su propia concupiscencia es atraído y seducido (Santiago 1:14).

En el verano de 2016, mi sobrina me convenció de jugar al Pokémon, un juego que se juega utilizando la cámara de un teléfono inteligente. El objetivo es capturar pequeñas criaturas llamadas Pokémon. Cuando aparece una en el juego, también sale una bola roja y blanca en pantalla. Para capturar a un Pokémon, el jugador tiene que arrojarle la pelota deslizando el dedo sobre ella. Sin embargo, es más fácil atraparlos utilizando un señuelo.

Los personajes de Pokémon no son los únicos que pueden caer en la trampa. En su carta del Nuevo Testamento, Santiago nos recuerda que somos tentadas de nuestra «*propia* concupiscencia» (1:14, énfasis añadido). En otras palabras, nuestros deseos trabajan con la tentación para llevarnos por mal camino. Aunque nos veamos tentadas a culpar a Dios o incluso a Satanás por nuestros problemas, el verdadero peligro está en nuestro interior.

Sin embargo, hay una buena noticia. Podemos escapar de la tentación hablando con Dios de aquello que nos tienta. Aunque «Dios no puede ser tentado por el mal, ni él tienta a nadie» (Santiago 1:13), entiende nuestro deseo humano de hacer lo que no es correcto. Lo único que tenemos que hacer es pedir la sabiduría que Dios prometió proveer (1:1-6). *LMW*

Padre, guárdame de caer en tentación.
Ayúdame a mantener los ojos en ti.

Ora para escapar
del deseo de hacer el mal.

4 de septiembre

Cuando entra el temor

Lectura:
Salmo 56

En el día que temo, yo en ti [Dios] confío
(Salmo 56:3).

Cuando mi hija gritó: «¡Mamá, un bicho!», miré hacia donde señalaba y vi la araña más grande que he visto fuera de una tienda de mascotas. Tanto la araña como yo sabíamos que no le permitiría quedarse en nuestra casa. Sin embargo, cuando la enfrenté, descubrí que no podía dar ni un paso para poner fin a la confrontación. El miedo hizo que no pudiera moverme ni un centímetro.

El temor es poderoso, y puede superar la lógica del pensamiento y generar una conducta irracional. Gracias a Dios, los creyentes no tienen por qué permitir que el miedo (a las personas, las situaciones o, incluso, las arañas) gobierne nuestras acciones. Podemos declarar: «En el día que temo, yo en ti [Dios] confío» (Salmo 56:3).

Adoptar esta postura contra el miedo es coherente con la instrucción bíblica que expresa: «Fíate del Señor de todo tu corazón, y no te apoyes en tu propia prudencia» (Proverbios 3:5). Nuestra perspectiva puede inducirnos a sobreestimar el objeto que nos asusta y a subestimar el poder de Dios. Cuando tenemos miedo, podemos depender de la perspectiva divina (Isaías 40:28) y confiar en que su amor por nosotras «echa fuera el temor» (1 Juan 4:18). La próxima vez que el miedo trepe a tu vida, no entres en pánico. Dios es confiable aun en la oscuridad. JBS

Señor, confío en ti.
Gracias por guardarme.

Confiar en la fidelidad de Dios
disipa nuestro temor.

5 de septiembre

Buscar a los diez mejores

Lectura:
Salmo 119:97-104

¡Oh, cuánto amo yo tu ley!
Todo el día es ella mi meditación (SALMO 119:97).

Un recurso bíblico en Internet, el sitio BibleGateway, observó los hábitos de búsqueda de sus más de ocho millones de visitantes mensuales y descubrió que Juan 3:16 fue el versículo más buscado durante el 2010.

Creo que no sorprende a nadie que sea el número uno de la lista. Nos dice que Dios nos amó tanto que mandó a su Hijo para rescatarnos de nuestro pecado y darnos vida eterna. En el décimo lugar de la lista, están las palabras de Jesús a sus seguidores: «Por tanto, id, y haced discípulos a todas las naciones…» (Mateo 28:19). También, entre los «diez mejores» están Jeremías 29:11 y Romanos 8:28, que hablan de los planes bondadosos de Dios para su pueblo.

Las Escrituras están llenas de verdades para investigar y compartir. En el Salmo 119, el capítulo más largo de la Biblia, el salmista comunicó sus pensamientos sobre la Palabra y su deseo de escudriñarla y de que el Señor le enseñara. Dijo: «¡Oh, cuánto amo yo tu ley!» (v. 97). Nuestra lectura bíblica de hoy nos muestra algunas de las razones por las que el salmista la amaba: Le da sabiduría y entendimiento, resguarda sus pies del mal y es dulce. Por eso, medita en ella «todo el día».

Sigamos dedicando tiempo para leer la Biblia. Cuanto más la investiguemos, más aumentará nuestro amor a ella y a su Autor. *AMC*

Señor, ¡gracias por bendecirme
con tu Palabra!

Cuanto más leas la Biblia,
más amarás a su Autor.

6 de septiembre

Palabras imprudentes

Lectura:
1 Pedro 2:13-25

… cuando le maldecían, no respondía con maldición…
(1 Pedro 2:23).

Hacía casi media hora que conducía, cuando, de pronto, mi hija empezó a llorar desde el asiento trasero. Cuando le pregunté qué le pasaba, dijo que su hermano le había pellizcado el brazo. Entonces, él se defendió reclamando que lo había hecho porque ella lo había pinchado. Ella, a continuación, explicó que lo había pinchado porque él le había dicho algo hiriente.

Lamentablemente, este comportamiento, habitual entre los niños, también puede aparecer en los adultos. Una persona ofende a otra, y el ofendido reacciona con una explosión verbal. El ofensor, a su vez, contraataca con otro insulto. Poco después, la relación queda dañada por el enojo y las palabras crueles.

La Biblia enseña que «hay gente cuyas palabras son puñaladas», pero que «la blanda respuesta quita la ira» (Proverbios 12:18 RVC; 15:1). Además, en ciertas ocasiones, la mejor manera de actuar ante comentarios feos o crueles es callarse.

Antes de la crucifixión de Jesús, las autoridades religiosas intentaron provocarlo con sus palabras (Mateo 27:41-43). Sin embargo, Él «cuando le maldecían, no respondía con maldición […], sino encomendaba la causa al que juzga justamente (1 Pedro 2:23).

El ejemplo de Jesús nos enseña cómo responder a quienes nos ofenden, y el Espíritu nos ayuda a hacerlo. *JBS*

Señor, enséñame a responder
como tú quieres.

A menudo, una respuesta suave
quebranta un corazón duro.

7 de septiembre

Fe en acción

Lectura:
Santiago 2:14-26

... Muéstrame tu fe sin tus obras, y yo te mostraré mi fe por mis obras (Santiago 2:18).

Mientras mi amiga conducía hacia el supermercado, observó que una mujer caminaba al lado de la carretera y sintió que debía regresar y ofrecerse a llevarla. Cuando lo hizo, se entristeció al enterarse de que la mujer no tenía dinero para el autobús, así que estaba caminando muchos kilómetros en un clima caluroso y húmedo. No solo estaba emprendiendo el largo viaje de regreso a su casa, sino que había caminado varias horas para llegar a su trabajo a las cuatro de la mañana.

Al ofrecerse a llevarla, mi amiga aplicó la instrucción de Santiago de poner la fe en práctica: «Así también la fe, si no tiene obras, es muerta en sí misma» (2:17). Al apóstol le preocupaba que la iglesia se ocupara de las viudas y los huérfanos (1:27), y quería que no ofrecieran solo palabras vacías, sino que actuaran por fe y obraran con amor.

Somos salvos por fe, no por obras, pero ponemos en práctica nuestra fe al amar a otros y suplir sus necesidades. Que, al igual que mi amiga, podamos mantener los ojos abiertos para ayudar a los que lo necesiten, mientras transitamos juntos este camino de la vida. *ABP*

Señor Jesucristo, llevaste a cabo la obra suprema
al morir en la cruz por mí.
Que nunca olvide el sacrificio que me da vida.

A través de nuestras buenas obras, ponemos en práctica nuestra fe.

8 de septiembre

Un padre ejemplar

Lectura:
2 Crónicas 17:1-10

[Josafat] buscó al Dios de su padre,
y anduvo en sus mandamientos… (2 Crónicas 17:4).

Cuando pienso en mi padre, me viene a la mente esta frase: «Él no me dijo cómo vivir; vivió y me dejó ver cómo lo hacía». Durante mi juventud, lo observé caminar con Dios: participaba en las reuniones de la iglesia los domingos por la mañana, enseñaba en una clase bíblica para adultos, ayudaba a contar el dinero de las ofrendas y era diácono. Fuera de la iglesia, defendía fielmente el evangelio y leía la Biblia. Lo vi expresar su amor al Señor mediante acciones visibles.

Durante un período de su vida, el rey Asa de Judá fue un modelo de devoción a Dios (2 Crónicas 14:2). Quitó de su reino los ídolos, restauró el altar al Señor y guio al pueblo a un pacto con Dios (15:8-12). Su hijo Josafat continuó con ese legado al buscar «al Dios de su padre, y [andar] en sus mandamientos» (17:4). Purificó la tierra de la idolatría (v. 6), y envió sacerdotes y levitas para que enseñaran la ley de Dios en todas las ciudades de Judá (vv. 7-9).

El reino de Josafat se asemejó al de su padre, y así honró fielmente el ejemplo piadoso de Asa. Pero lo más importante es que el corazón de Josafat «se animó […] en los caminos del Señor» (v. 6). Si hoy estás buscando un padre al cual seguir, recuerda a tu Padre celestial y deléitate en sus caminos. *JBS*

Padre, gracias por enseñarme con tu ejemplo.
Quiero seguirte siempre.

Honramos el nombre de Dios
cuando lo llamamos Padre y vivimos como su Hijo.

9 de septiembre

La batalla del lápiz

Lectura:
Jueces 2:11-22

... no se apartaban de sus obras, ni de su obstinado camino
(JUECES 2:19).

Cuando aprendía a escribir, mi maestra de primer grado insistía en cambiar la forma en que yo tomaba el lápiz. Mientras ella me miraba, lo sostenía como ella quería, pero, en cuanto se daba vuelta, obstinadamente lo volvía a poner como a mí me resultaba más cómodo.

Pensé que había sido la ganadora secreta en aquella batalla de voluntades, ya que, aún hoy, tomo el lápiz con mi modo tan particular. Sin embargo, décadas más tarde, me di cuenta de que mi sabia maestra tenía claro que esa mala costumbre haría que me cansara más rápido al escribir.

Pocas veces, los hijos entienden lo que es bueno para ellos. Por lo general, operan en función de lo que desean en el momento. Es probable que el nombre «hijos de Israel» sea apropiado, ya que los israelitas insistían en adorar a los dioses paganos en lugar de al único Dios verdadero. Esto hizo que el Señor se enojara con ellos y les quitara las bendiciones (Jueces 2:20-22).

Rick Warren afirma: «Obediencia y obstinación son dos caras de la misma moneda. La obediencia produce gozo y la obstinación entristece».

Si tu espíritu rebelde te impide obedecer a Dios, es hora de cambiar. Acude al Señor, que es bondadoso y misericordioso. CHK

Señor, quiero obedecerte de todo corazón.
Gracias por tu paciencia para conmigo.

Primero, nosotras formamos nuestros hábitos; después, nuestros hábitos nos forman a nosotras.

10 de septiembre

La esperanza nozomi

Lectura:
2 Corintios 4:7-18

Pero tenemos este tesoro en vasos de barro,
para que la excelencia del poder sea de Dios… (2 Corintios 4:7).

En 2011, un terrible terremoto y el sunami resultante destruyeron 230.000 hogares y cerca de 19.000 vidas en una región al noreste de Tokio. Luego del desastre, nació *The Nozomi Project* [El proyecto *nozomi*], llamado así por la palabra japonesa para «esperanza», a fin de brindar un ingreso sostenible, y recuperar la comunidad, la dignidad y la esperanza en un Dios que provee.

Las mujeres de este proyecto buscan entre las ruinas para descubrir fragmentos de vajilla, que lijan y engarzan para crear joyas. Las joyas se venden en todo el mundo y les dan un sustento a estas mujeres.

En la época del Nuevo Testamento, se acostumbraba esconder objetos de valor en el insólito contenedor de una simple vasija de arcilla. Pablo describe cómo el tesoro del evangelio está contenido en la fragilidad humana de los seguidores de Cristo: vasos de barro (2 Corintios 4:7). Estas débiles vasijas pueden revelar el poder de Dios al contrastarlo con nuestras imperfecciones.

Cuando Dios habita en las piezas imperfectas de nuestras vidas, la esperanza sanadora de su poder suele hacerse más visible. Sí, su obra reparadora en nuestro corazón a menudo deja cicatrices y grietas. Pero quizá esas líneas hacen que los demás puedan ver el carácter de Dios. *ELM*

Padre, gracias por habitar en esta vasija rota.
Manifiesta tu poder a través de mí.

El quebrantamiento puede llevar
a la recuperación.

11 de septiembre

Un tiempo para todo

Lectura:
Eclesiastés 3:1-14

Todo tiene su tiempo, y todo lo que se quiere debajo del cielo tiene su hora (ECLESIASTÉS 3:1).

Hace poco, mientras viajaba en avión, observé a una madre y sus hijos. Uno de los pequeños jugaba tranquilo, y ella miraba a los ojos a su recién nacido, le sonreía y le acariciaba la mejilla. Él la contemplaba extasiado. Disfruté del momento con cierta melancolía, al pensar en mis propios hijos a esa edad y en la etapa que ya había pasado.

Sin embargo, reflexioné sobre las palabras del rey Salomón en el libro de Eclesiastés sobre «cada actividad bajo el cielo» (3:1 NTV). Mediante una serie de opuestos, él expresa que «todo tiene su tiempo» (v. 1): «tiempo de nacer, y tiempo de morir; tiempo de plantar, y tiempo de arrancar lo plantado» (v. 2). Quizá el rey Salomón se desesperaba en esos versículos al ver lo que percibía como el ciclo insignificante de la vida. Pero también reconoció el rol de Dios en cada etapa: que nuestro trabajo es un «don de Dios» (v. 13) y que «todo lo que Dios hace será perpetuo» (v. 14).

Podemos recordar épocas de nuestra vida con nostalgia, como cuando recordaba a mis hijos cuando eran bebés. Sin embargo, sabemos que el Señor promete estar con nosotras en cada etapa de nuestra vida (Isaías 41:10). Podemos contar con su presencia y descubrir que nuestro propósito está en caminar con Él. *ABP*

Señor, gracias porque me guías a través de cada etapa y siempre estás conmigo.

Dios nos concede cada etapa de nuestra vida.

12 de septiembre

Preguntas para Dios

Lectura:
Jueces 6:11-16, 24

… Ve con esta tu fuerza, […] yo estaré contigo…
(JUECES 6:14, 16).

¿Qué harías si el Señor apareciera en medio de tu jornada laboral con un mensaje? Esto le sucedió al israelita Gedeón. «Y el ángel del Señor se le apareció, y le dijo: el Señor está contigo, varón esforzado y valiente. Y Gedeón le respondió: Ah, señor mío, si el Señor está con nosotros, ¿por qué nos ha sobrevenido todo esto?» (Jueces 6:12-13). Gedeón quería saber por qué parecía que Dios había abandonado a su pueblo.

Sin embargo, después de que Gedeón soportó siete años de ataques enemigos, hambruna y esconderse en cuevas, Dios no le explicó por qué no había intervenido. El Señor podría haber citado el pecado de Israel como una razón, pero, en cambio, le dio esperanza para el futuro, diciendo: «Ve con esta tu fuerza […]. Ciertamente yo estaré contigo, y derrotarás a los madianitas» (vv. 14, 16).

¿Alguna vez te preguntaste por qué Dios permitió que sufrieras? En vez de contestar esa pregunta, quizá el Señor te satisfaga con su cercanía hoy, y te recuerde que puedes descansar en su fortaleza. Cuando Gedeón creyó que Dios estaba con él, edificó un altar y lo llamó «El Señor es Paz» (v. 24 LBLA).

Tenemos paz al saber que, dondequiera que vayamos, vamos con Dios, quien prometió no abandonar jamás a sus seguidores. *JBS*

*Señor, ayúdame a confiar en ti, incluso
cuando no entiendo el porqué de ciertas cosas.*

*¿Qué es mejor que recibir respuesta?
Confiar en un Dios bueno y poderoso.*

13 de septiembre

Listos para la cosecha

Lectura:
Juan 4:35-38

... Alzad vuestros ojos y mirad los campos, porque ya están blancos para la siega (JUAN 4:35).

A finales del verano, fuimos a caminar por la zona de New Forest, en Inglaterra, y nos divertimos recogiendo moras silvestres mientras observábamos a los caballos retozando cerca. Mientras disfrutaba del dulce fruto que quizá muchos años antes otros habían plantado, pensé en las palabras de Jesús a sus discípulos: «Yo os he enviado a segar lo que vosotros no labrasteis» (Juan 4:38).

Me encanta la generosidad del reino de Dios reflejada en esas palabras. Él nos permite disfrutar de los frutos de la labor de otra persona, como cuando compartimos nuestro amor por Jesús con un amigo cuya familia —sin saberlo nosotras— ha estado orando por él durante años. También me encantan los límites implícitos de las palabras de Jesús, porque podemos plantar semillas que quizá otros cosechen en el futuro. Por lo tanto, podemos descansar respecto a las tareas que tenemos por delante, sin pensar que somos responsables de los resultados. Después de todo, la obra de Dios no depende de nosotras. Él tiene todos los recursos para una cosecha abundante, y tenemos el privilegio de formar parte de ella.

¿Qué campos listos para la cosecha tienes delante de ti? Que podamos acatar la amorosa instrucción de Jesús: «Alzad vuestros ojos y mirad los campos» (v. 35). *ABP*

Señor, gracias por permitirme participar de tu obra.

Podemos cosechar lo que otros han sembrado.

14 de septiembre

La regla de los cinco minutos

Lectura:
Salmo 102:1-17

Ha considerado la oración de los menesterosos,
y no ha despreciado su plegaria… (SALMO 102:17 LBLA).

Hace tiempo, leí sobre una regla de cinco minutos que tenía una madre para sus hijos. Ellos tenían que estar listos para la escuela cinco minutos antes de que fuera hora de salir. Se reunían alrededor de su mamá, y ella oraba por cada uno por su nombre, pidiendo la bendición del Señor sobre su día. Después, les daba un beso y ellos partían. Los niños del vecindario participaban del círculo de oración si justo pasaban por allí. Muchos años después, una de las niñas dijo que esta experiencia le enseñó la importancia de la oración para su día.

El escritor del Salmo 102 conocía la importancia de la oración. A este salmo, se lo titula: «Plegaria de uno que sufre, cuando desmaya y expone su queja ante el Señor» (LBLA). El salmista clamó: «Señor, escucha mi oración […]. Apresúrate a responderme el día que te invocare» (vv. 1-2). Dios mira «desde lo alto de su santuario; […] desde los cielos a la tierra» (v. 19).

Se interesa por ti y quiere escucharte. Ya sea que sigas la regla de los cinco minutos y pidas una bendición para el día o necesites pasar más tiempo clamando a Él con profunda angustia, habla con el Señor cada día. Tu ejemplo puede dejar una huella profunda en tu familia o en alguien cercano. AMC

Enséñame a ser consciente de tu presencia, Señor,
y a hablar contigo con libertad y a menudo.

Orar es reconocer que necesitamos a Dios.

15 de septiembre

Como Jesús

Lectura:
1 Juan 2:5-11

El que dice que permanece en él,
debe andar como él anduvo (1 Juan 2:6).

Durante una actividad para niños en la iglesia, la maestra habló sobre el primero de los Diez Mandamientos: «No tendrás dioses ajenos delante de mí» (Éxodo 20:3). Sugirió cómo los niños pueden obedecer este mandato: «Nada debe ser más importante que Dios… ni los dulces, ni las tareas escolares ni los videojuegos». Les dijo que poner a Dios primero significaba que el tiempo para leer la Biblia y orar debía estar antes que cualquier otra cosa.

Una niña mayor del grupo respondió con una pregunta para reflexionar: preguntó si ser cristiano se trata de cumplir con reglas o si Dios desea formar parte de todas las áreas de nuestra vida.

A veces, cometemos el error de pensar que la Biblia es una lista de reglamentos. Sin duda, obedecer a Dios (Juan 14:21) y pasar tiempo con Él es importante, pero no porque debamos cumplir reglas. Jesús y el Padre tenían una relación basada en el amor. Cuando tenemos comunión con Dios, deseamos estar con Él y obedecerlo para parecernos más a Cristo. Juan declaró: «El que dice que permanece en [Jesús], debe andar como él anduvo» (1 Juan 2:6). Cristo es el ejemplo que podemos seguir.

Cuando queramos entender cómo amar, ser humildes, tener fe o establecer nuestras prioridades, podemos mirar a Jesús y seguir sus enseñanzas. *AMC*

Señor, ayúdame a
parecerme cada día más a ti.

Jesús nos invita a seguirlo.

16 de septiembre

Ayuda generosa

Lectura:
Deuteronomio 15:7-11

Abrirás [al pobre] tu mano liberalmente,
y en efecto le prestarás lo que necesite (Deuteronomio 15:8).

Un hombre que no tiene dónde vivir pasa tiempo en nuestra biblioteca local. Una tarde, mientras yo estaba escribiendo allí, tomé un receso para almorzar. Después de terminar la primera mitad de un emparedado, me vino a la mente la cara de este hombre. Minutos después, le ofrecí la mitad de mi almuerzo, que no había tocado, y la aceptó.

Este breve encuentro me hizo comprender que debía hacer más para ayudar a los menos afortunados. Más tarde, mientras pensaba en eso, leí las instrucciones de Moisés sobre proveer para los pobres. Les dijo a los israelitas: «no [...] cerrarás tu mano contra tu hermano pobre, sino abrirás a él tu mano liberalmente» (Deuteronomio 15:7-8). Una mano abierta simboliza cómo quería Dios que su pueblo supliera las necesidades de los pobres: con disposición y generosidad; sin excusas ni egoísmo (v. 9). El Señor había sido generoso con ellos y deseaba que dieran con la misma actitud lo suficiente para suplir «lo que necesite» el menesteroso (v. 8).

Cuando abrimos generosamente la mano para ayudar al pobre, Dios nos bendice por nuestra bondad (Salmo 41:1-3; Proverbios 19:17). Con su guía, considera cómo ayudar con liberalidad a otros en el nombre de Jesús, al «[dar] tu pan al hambriento, y [saciar] al alma afligida» (Isaías 58:10). *JBS*

Padre, quiero mostrar a otros
tu amor con generosidad.

Puedes dar sin amar,
pero no puedes amar sin dar.

17 de septiembre

Una imagen de Él

Lectura:
Hebreos 12:3-11

Porque el Señor al que ama, disciplina…
(Hebreos 12:6).

Un día, mi hijo dibujó a su padre. Su interpretación mostraba ojos, una nariz y una boca, todo dentro de un círculo encima de dos palos largos (él me informó que eso eran las piernas). Aunque mi pequeño recibió una buena calificación por el esfuerzo, su imagen no mostraba ningún rasgo que reflejara algún parecido con mi esposo: ojos azules, una sonrisa confiada y un cabello salpicado de canas.

Como hijas de Dios, a veces creamos imágenes de nuestro Padre celestial que no son correctas. Quizá lo vemos como un Dios falto de afecto cuando corrige conductas pecaminosas en nuestra vida. Y, como la disciplina es dolorosa (Hebreos 12:11), podemos suponer que su corrección es una forma de venganza divina o el resultado de su enojo. En realidad, es una prueba de su amor. La Biblia dice: «Porque el Señor al que ama, disciplina» (v. 6). Él nos disciplina para nuestro beneficio, para que «participemos de su santidad» (v. 10) y para que experimentemos la paz de vivir una vida recta (v. 11).

Si hoy estás enfrentando la disciplina de Dios, recuerda que no está mirándote con el ceño fruncido ni sacudiendo el puño en venganza. Píntalo como un Padre que se preocupa por ti y que corrige con amor a su hija, en quien se deleita (Proverbios 3:12). *JBS*

Padre, gracias por disciplinarme con amor.

Dios disciplina con su mano de amor.

18 de septiembre

¿Cuál es el mejor regalo?

Lectura:
2 Crónicas 2:1-10

Y la casa que tengo que edificar, ha de ser grande; porque el Dios nuestro es grande… (2 Crónicas 2:5).

Hace poco, mi esposo celebró un cumpleaños importante, de esos que terminan en cero. Con mis hijos, hablamos de mis muchas ideas, para que me ayudaran a elegir la mejor manera de honrarlo. Quería que nuestra celebración y el regalo reflejaran la importancia de una nueva década y lo valioso que él es para nuestra familia.

El rey Salomón quiso darle a Dios un regalo mucho más grande de lo que ameritaría un «cumpleaños importante». Quería que el templo que había construido fuera digno de la presencia de Dios. Para asegurarse la materia prima, le envió un mensaje al rey de Tiro, y destacó que el templo sería magnífico «porque el Dios nuestro es grande sobre todos los dioses» (2 Crónicas 2:5). Reconocía que la inmensidad y la bondad de Dios sobrepasaban ampliamente lo que las manos humanas pudieran construir, pero se lanzó a la tarea por amor y adoración.

Sin duda, nuestro Dios es más grande que todos los otros dioses. Ha hecho cosas admirables en nuestras vidas, lo cual lleva nuestro corazón a rendirle una ofrenda de amor, más allá de su valor externo. Salomón sabía que su regalo no se comparaba con el valor de Dios, pero, con gozo, llevó su ofrenda delante de Él. Nosotras también podemos hacerlo. *KHH*

Señor, eres un Dios grande, incomparable en valor.
Que mis ofrendas sean agradables a tu vista.

El regalo más valioso que podemos darle a Dios es nuestro amor.

19 de septiembre

Plagio espiritual

Lectura:
Juan 1:1-18

Y aquel Verbo fue hecho carne, y habitó entre nosotros (y vimos su gloria, gloria como del unigénito del Padre… (JUAN 1:14).

Cuando enseño redacción, exijo que los alumnos escriban durante la clase. Sé que la composición que elaboran en el aula es obra de ellos, lo cual me permite familiarizarme con las particularidades de la expresión escrita de cada uno y detectar si «toman prestadas» demasiadas improntas de otro autor. Los alumnos se sorprenden al descubrir que su voz escrita es tan distintiva como su voz física. Tal como las palabras que decimos proceden del corazón, lo mismo sucede con lo que escribimos: revela quiénes somos.

De manera similar, nos familiarizamos con la voz de Dios. Al leer lo que escribió, descubrimos quién es y cómo se expresa. No obstante, Satanás trata de sonar como si fuera Dios (2 Corintios 11:14). Usa las palabras del Señor con una leve modificación para intentar convencernos de mentiras. Por ejemplo, al convencer a las personas de que hagan cosas supuestamente piadosas, tal como confiar en la autodisciplina en vez de poner la fe en la muerte y resurrección de Cristo para ser salvos (Colosenses 2:23), Satanás ha descarriado a muchos.

Dios se ha esforzado para asegurarse de que reconozcamos su voz. No solo nos dio su Palabra, sino que también nos entregó al Verbo hecho carne: Jesús (Juan 1:14), para que no seamos fácilmente engañadas ni desviadas. *JAL*

Señor, que siempre pueda
reconocer tu voz.

«Sumamente pura es tu palabra, y la ama tu siervo».
Salmo 119:140

20 de septiembre

Un canto para recordar

Lectura:
Deuteronomio 31:16-22

Engrandeced a nuestro Dios. Él es la Roca, cuya obra es perfecta…
(Deuteronomio 32:3-4).

Me encantó recibir de regalo por correo un CD de música aplicada a las Escrituras. Después de escucharlo varias veces, algunas de las melodías me quedaron grabadas en la memoria. Al poco tiempo, podía cantar las palabras de un par de versículos de los Salmos, sin ayuda de la grabación.

La música puede ayudarnos a recordar palabras e ideas que, de otro modo, olvidaríamos. Dios sabía que los israelitas se olvidarían de Él cuando entraran en la tierra prometida (Deuteronomio 31:20). Lo abandonarían, se volverían a los ídolos y tendrían un problema tras otro (vv. 16-18). Por eso, le pidió a Moisés que compusiera una canción y que se la enseñara al pueblo para que recordara lo cercano al Señor que había estado y cómo el pecado había dañado esa relación (31:19-22). Quizá lo más importante era que Dios deseaba que los israelitas recordaran su carácter: «[Dios] es la Roca, cuya obra es perfecta, porque todos sus caminos son rectitud; Dios de verdad, y sin ninguna iniquidad en él; es justo y recto» (32:4).

Considera qué quiere Dios que recuerdes hoy sobre su Persona: ¿su poder, su santidad, su amor, su fidelidad? ¿Se te ocurre alguna canción que exalte sus cualidades? Cántasela al Señor en el silencio de tu corazón (Efesios 5:19). *JBS*

Padre, quiero recordar hoy tus obras
y cantarte alabanzas.

Recordar la bondad de Dios
pone una canción en el corazón.

21 de septiembre

¡Tenemos el poder!

Lectura:
Romanos 7:14-25

Si vivimos por el Espíritu, andemos también por el Espíritu
(Gálatas 5:25).

El ruido fuerte me alarmó. Al reconocer el sonido, corrí hacia la cocina. Accidentalmente, había encendido la cafetera vacía. La desenchufé y tomé el mango del recipiente. Después, palpé el fondo para asegurarme de que no estuviera demasiado caliente para apoyarlo sobre la mesada, y la suave superficie me quemó los dedos, dejando ampollas en mi piel.

Mientras mi esposo me curaba las heridas, yo sacudía la cabeza, ya que sabía que el vidrio estaría caliente. Dije: «Sinceramente, no sé por qué lo toqué».

Mi respuesta después de semejante error me recuerda la reacción de Pablo ante un tema más grave en la Escritura: la naturaleza del pecado.

El apóstol admite desconocer por qué hace cosas que no debería y no hace lo que debe (Romanos 7:15). Tras afirmar que la Escritura establece qué es bueno y malo (v. 7), reconoce la lucha real y compleja entre la carne y el espíritu respecto al pecado (vv. 15-23). Al confesar su debilidad, transmite esperanza de victoria ahora y para siempre (vv. 24-25).

Cuando consagramos nuestras vidas a Cristo, el Espíritu Santo nos da poder para decidir hacer lo bueno (8:8-10) y obedecer la Palabra de Dios. Así, podemos evitar el pecado que nos separa de la vida abundante que Él promete a los que le aman. *XED*

Señor, gracias por el poder de tu Espíritu Santo
que habita en mí.

El Espíritu Santo nos transforma
mediante su amor y por su gracia.

22 de septiembre

Fuego y lluvia

Lectura:
Isaías 16:1-5

Y se dispondrá el trono en misericordia; y sobre él se sentará firmemente [...] quien juzgue y busque el juicio, y apresure la justicia (Isaías 16:5).

Un incendio voraz se desató cerca de Colorado Springs, en Estados Unidos, y destruyó el hábitat de varias especies silvestres, y cientos de casas. Toda la nación clamó a Dios para que enviara lluvia para apagar las llamas y dar un respiro a los bomberos. Algunas oraciones eran interesantes: que Dios mandara lluvia, pero sin relámpagos, porque temían que estos desencadenaran más incendios.

Esto me recuerda cómo vivimos tensionadas entre cosas que nos salvan y otras que nos matan. El fuego cocina nuestros alimentos y nos mantiene abrigados, pero también puede consumirnos. El agua nos hidrata y enfría el planeta, pero asimismo puede ahogarnos. Ambos extremos referentes a estos elementos amenazan nuestra vida.

Este mismo principio obra en la esfera espiritual. Para desarrollarse, las civilizaciones necesitan las cualidades aparentemente opuestas de la misericordia y la justicia (Zacarías 7:9). Jesús reprendió a los fariseos por ser legalistas, pero también por descuidar «los preceptos de más peso de la ley» (Mateo 23:23 LBLA).

Podemos inclinarnos hacia la justicia o hacia la misericordia, pero Jesús las mantiene en un equilibro perfecto (Isaías 16:5; 42:1-4). Su muerte satisface la necesidad de Dios de justicia y nuestra necesidad de misericordia. *JAL*

Padre, gracias por tu perfecta justicia y tu tierna misericordia.

La justicia y la misericordia de Dios confluyeron en la cruz.

23 de septiembre

Una multa singular

Lectura:
Efesios 1:1-10

En quien tenemos [...] el perdón de pecados según las riquezas de su gracia (Efesios 1:7).

Un policía detuvo a una mujer mientras conducía porque su hijita no iba sentada en el asiento especial para niños. Podría haberle aplicado una multa de tránsito, pero, en lugar de eso, les pidió a ambas que lo acompañaran a una tienda cercana, donde él mismo compró el asiento requerido. La mujer tenía problemas financieros y carecía de recursos para comprarlo.

En lugar de recibir una multa por su infracción, se fue con un regalo. Los que conocen a Cristo han experimentado algo similar. Todas merecemos ser castigadas por quebrantar las leyes de Dios (Eclesiastés 7:20); pero, en su gracia, el Señor envió a Jesús para que no tengamos que sufrir las consecuencias de nuestro pecado y vivir separadas de Él para siempre (Romanos 6:23). «En [Jesús] tenemos redención por su sangre, el perdón de pecados según las riquezas de su gracia» (Efesios 1:7).

Algunos dicen que la gracia es «amor en acción». Después de atravesar esa situación, aquella madre señaló: «¡Estaré agradecida de por vida! Además, en cuanto pueda, le devolveré el dinero». ¡Esta agradecida respuesta de corazón es un ejemplo inspirador para quienes hemos recibido el regalo de la gracia de Dios! *JBS*

*Padre, gracias por entregar a tu Hijo para que muriera
en la cruz para pagar por mi pecado.
Por fe, recibo el regalo de la vida eterna en Él.*

Dios nos dio el mayor regalo que podíamos recibir y que nunca hubiéramos podido pagar.

24 de septiembre

¿Estás acostumbrado?

Lectura:
Juan 16:7-15

... el Espíritu Santo [...] os enseñará todas las cosas, y os recordará todo lo que yo os he dicho. (JUAN 14:26).

Cuando era niña, me quedaba con mis abuelos unas semanas todos los veranos. Vivían en una calle que terminaba junto a unas vías del ferrocarril. La primera noche que dormía allí, me despertaba el ruido de los vagones que pasaban. Sin embargo, cerca del final de mi visita, me había acostumbrado tanto al ruido que podía dormir toda la noche sin despertarme.

¡Hay otras interrupciones a las que no quiero acostumbrarme! Me encanta cuando mi esposo me lleva una taza de café cuando estoy trabajando en la computadora. Y me llena de gozo recibir una llamada imprevista de algún amigo.

A veces, somos tentadas a acostumbrarnos a las «interrupciones divinas» del Espíritu en vez de prestar atención a sus incitaciones. Quizá nos sacude levemente para hacernos dar cuenta de que debemos pedir perdón por algo que dijimos o hicimos. Tal vez nos recuerda insistentemente que oremos por alguien que está atravesando una crisis o nos hace sentir culpables de no haberle hablado nunca de Jesús a una persona que apreciamos.

Cuando el Espíritu Santo entra a morar en nosotras, nos enseña, nos convence de pecado, nos consuela y nos guía a la verdad (Juan 14:16-17, 26; 16:7-8, 13). ¿Ya te acostumbraste a las interrupciones de su voz? *CHK*

Señor, no quiero acostumbrarme a tus interrupciones.

Opta por lo correcto: obedece la voz del Espíritu.

25 de septiembre

Dar gracias

Lectura:
Juan 11:32-44

… Y Jesús, alzando los ojos a lo alto, dijo: Padre, gracias te doy por haberme oído (Juan 11:41).

Una tragedia dejó a una familia con un vacío irreparable. Una niñita cruzó la calle mientras perseguía un gato y un camión le pasó por encima. La otra hija de cuatro años observó en silencio y estupefacta mientras sus padres se aferraban al cuerpo sin vida de su hermanita. Durante años, la pérdida petrificante de aquel momento envolvió de tristeza a la familia. No había alivio imaginable.

La escritora Ann Voskamp era aquella niña de cuatro años, y la tristeza que rodeó la muerte de su hermana formó su perspectiva de la vida y de Dios. En el entorno donde creció, no existía la gracia, y el gozo era un concepto sin base en la realidad.

Como madre joven, Voskamp se propuso descubrir esa cosa esquiva que la Biblia llama *gozo*. Gozo y gracia provienen de la palabra griega *jario*, y Ann descubrió que constituye la esencia del concepto de acción de gracias. *¿Es posible que sea tan sencillo?*, se preguntó. Para comprobar su descubrimiento, decidió dar gracias por 1.000 regalos que ya tenía. Poco después, la gratitud desbordaba.

Así como Jesús dio gracias antes de resucitar a Lázaro y no después (Juan 11:41), Voskamp descubrió que la gratitud le brindó a su vida sentimientos de gozo que habían muerto con su hermana hacía mucho tiempo. El gozo brota al dar gracias. *JAL*

Señor, quiero que mi vida
rebose de gratitud a ti.

La alegría de vivir
brota de un corazón agradecido.

26 de septiembre

Dios tenía otros planes

Lectura:
1 Pedro 1:1-9

El corazón del hombre piensa su camino;
mas el Señor endereza sus pasos (Proverbios 16:9).

Mi amiga Linda creció planeando servir en la obra misionera como médica. Ama al Señor y quería servirlo llevando el evangelio a enfermos en lugares del mundo donde la asistencia médica es escasa. Pero Dios tenía otros planes. Ella logró su objetivo, pero no como esperaba.

A los catorce años, Linda contrajo una enfermedad crónica que la obligaba a internarse varias veces al año para ser sometida a intervenciones quirúrgicas delicadas. Sobrevivió a una meningitis bacteriana que la dejó en coma durante dos semanas y ciega por seis meses. Dos años seguidos, celebró su cumpleaños permaneciendo internada en el hospital. En varias ocasiones, pensaron que moriría. No obstante, es la persona más entusiasta, agradecida y alegre que puedas conocer. Una vez, me dijo que su campo misionero, como había planeado y anhelado, es el hospital. Pero en vez de servir a Dios como médica, lo hace como paciente. Al margen de cuán enferma esté, la luz del Señor irradia a través de ella.

Linda ejemplifica la enseñanza del apóstol Pedro, ya que, a pesar de sus pruebas, se regocija, y la autenticidad de su fe da «alabanza, gloria y honra» a Jesucristo (1 Pedro 1:6-7). *JAL*

Padre, quiero honrarte cumpliendo los planes que tienes para mi vida,
aunque no siempre concuerden con los míos.

Escribe tus planes con lápiz y recuerda que Dios tiene la goma de borrar.

27 de septiembre

Día de cosecha

Lectura:
Gálatas 6:1-10

*... todo lo que el hombre sembrare,
eso también segará* (Gálatas 6:7).

Una tarde de otoño, conducía mi automóvil junto a un campo donde un granjero había estacionado al costado del camino unas máquinas enormes. Un cartel amarillo advertía: «Cosecha en proceso». Al echar un vistazo hacia el campo, supe de inmediato qué había plantado el granjero unos meses antes: pequeñas semillas de trigo. Me di cuenta porque estaba preparándose para recorrer con sus cosechadoras aquella superficie cubierta de espigas maduras.

Aunque pueda parecer obvio que si uno planta trigo, va a cosechar eso mismo, a veces negamos el vínculo entre lo que sembramos y lo que cosechamos en nuestra vida espiritual. El apóstol Pablo escribió: «No os engañéis; [...] todo lo que el hombre sembrare, eso también segará» (Gálatas 6:7). Vivir para agradar a la carne produce corrupción, que se manifiesta en desear lo que no nos pertenece, en ser egocéntricas e, incluso, en tener adicciones (5:19-21). Andar en el Espíritu genera paz, bondad y dominio propio (5:22-23). Por la gracia de Dios, podemos escoger sembrar «para el Espíritu» y cosechar vida eterna (6:8).

Supongamos que Jesús declarara hoy el «día de cosecha» en nuestra vida y que nos pidiera que recogiéramos el producto de todas nuestras decisiones del año pasado. ¿Qué le mostraríamos? *JBS*

*Señor, ayúdame a plantar
semillas que produzcan una cosecha eterna.*

*Las semillas que plantamos hoy
determinarán el fruto que cosecharemos mañana.*

28 de septiembre

Vale la pena

Lectura:
2 Corintios 11:24-33

Si es necesario gloriarse, me gloriaré en lo que es de mi debilidad (2 Corintios 11:30).

«No puedo —dijo Roberto—. ¡Es demasiado difícil!». Leer y escribir le parecía algo imposible a nuestro hijo disléxico. Al fin, nos dieron una solución, pero fue difícil. Todas las noches, teníamos que hacerlo practicar lectura y escritura durante veinte minutos… sin excepción. A veces, no teníamos ganas de hacerlo, y otras, creíamos que no progresaría nunca. De todos modos, nos habíamos propuesto lograr que su edad cronológica coincidiera con la que correspondía a saber leer, así que seguimos luchando.

Después de dos años y medio, todas las lágrimas y los esfuerzos dieron su fruto. Roberto aprendió a leer y escribir… y todos aprendimos a tener paciencia y constancia.

El apóstol Pablo experimentó toda clase de dificultades mientras persistía en compartir la buena noticia de Jesucristo con los que nunca la habían oído. Fue perseguido, azotado, encarcelado, malinterpretado, e incluso enfrentó la muerte (2 Corintios 11:25). Pero el gozo de ver que la gente respondía a su mensaje hacía que todo valiera la pena.

Si sientes que la tarea a la que Dios te ha llamado es demasiado difícil, recuerda que las lecciones espirituales y el gozo que acompañan tal esfuerzo pueden, en un principio, parecer ocultos, pero ¡sin duda, están presentes! Dios te ayudará a encontrarlos. *MS*

Señor, vale la pena esforzarme por ti.

El viaje es tan importante como el destino.

29 de septiembre

Iluminar la noche

Lectura:
Daniel 12:1-3

Los entendidos resplandecerán como el resplandor del firmamento… (Daniel 12:3).

Una agradable noche de otoño, cuando el cielo estaba oscuro y la luna llena, miles de personas en la ciudad donde vivo se reunieron junto al río para lanzar luces de Bengala. Al hacerlo, vieron cómo se elevaban para unirse a la luna en una deslumbrante exhibición que convirtió el cielo nocturno en una destellante obra de arte.

Cuando vi las fotos, lamenté no haber podido asistir, ya que estaba de viaje. Sin embargo, a los pocos días, me di cuenta de que ese evento podía considerarse un símbolo de la conferencia a la que yo había asistido. Más de mil personas de cien ciudades del mundo se habían reunido en aquel lugar para planificar otra «obra de arte»: iluminar la oscuridad de sus ciudades fundando iglesias y alcanzando a miles de personas con el evangelio de Cristo, la Luz del mundo.

El profeta Daniel escribió que los que guían a otros al Señor brillarán como estrellas para siempre (Daniel 12:3). Todas podemos participar en ese gran evento. Cuando reflejamos la luz de Cristo en los lugares oscuros donde vivimos y trabajamos, Él ilumina el cielo nocturno con estrellas que nunca se apagarán. *JAL*

Padre, que pueda reflejar cada día la luz de tu hijo dondequiera que esté.

Cuando la Luz del mundo ilumine la Tierra, su belleza atraerá gente de todas las naciones.

30 de septiembre

Fiel hasta el final

Lectura:
Hebreos 12:1-4

... corramos con paciencia la carrera que tenemos por delante (Hebreos 12:1).

Después de correr 32 kilómetros (20 millas) en la Maratón Salomon Kielder, un corredor salió del recorrido y tomó un autobús hasta una zona boscosa cerca de la llegada. Entonces, volvió a entrar en la carrera y reclamó el tercer puesto. Cuando los oficiales lo interrogaron, declaró que había dejado de correr porque estaba cansado.

Muchas podemos identificarnos con el agotamiento de un atleta exhausto cuando corremos la carrera de la vida cristiana. El libro de Hebreos nos alienta a correr «con paciencia la carrera que tenemos por delante» (Hebreos 12:1). Correr con paciencia exige dejar de lado el pecado que se presenta en nuestro camino y despojarnos de toda carga que nos frene. Incluso, tal vez tengamos que seguir adelante en medio de la persecución (2 Timoteo 3:12).

Para evitar que nuestra alma se canse y se desanime (Hebreos 12:3), la Biblia nos insta a mantenernos enfocadas en Cristo. Cuando le prestamos más atención al Señor que a nuestras dificultades, vemos que Él corre a nuestro lado y nos sostiene cuando tropezamos (2 Corintios 12:9) y nos alienta con su ejemplo (1 Pedro 2:21-24). Mantener la mirada puesta en «el autor y consumador de la fe» (Hebreos 12:2) nos ayudará a permanecer cerca de la fuente de fortaleza y a seguir fieles hasta el final. *JBS*

Padre, ayúdame a ser fiel hasta el final.

Podemos terminar con brío
si nos mantenemos enfocados en Cristo.

1 de octubre

Igual que Papá

Lectura:
Juan 5:17-20

… todo lo que el Padre hace, también lo hace el Hijo igualmente
(Juan 5:19).

¿No es encantador ver a un hijo imitar a sus padres? Como el niñito sentado en un auto, que toma su volante imaginario con determinación y espía de reojo a su papá mientras este conduce, y hace lo mismo que él.

Recuerdo que yo hacía lo mismo cuando era pequeña. Nada me gustaba más que hacer exactamente lo mismo que mi papá… y estoy segura de que él disfrutaba aun más al verme copiar sus acciones.

Me gusta pensar que Dios el Padre sintió lo mismo al ver que su querido Hijo hacía exactamente lo que Él hacía: alcanzaba a los perdidos, ayudaba a los necesitados y sanaba a los enfermos. Jesús dijo: «No puede el Hijo hacer nada por sí mismo, sino lo que ve hacer al Padre; porque todo lo que el Padre hace, también lo hace el Hijo igualmente» (Juan 5:19).

Nosotras somos llamadas a hacer lo mismo; a ser «[imitadoras] de Dios como [hijas amadas]», y a «[andar] en amor» (Efesios 5:1-2). A medida que vamos pareciéndonos más a Jesús, que podamos buscar amar como ama el Padre, perdonar como Él perdona, interesarnos como se interesa y vivir de manera que le agrade. Es un placer copiar en el poder del Espíritu lo que Dios hace, sabiendo que nuestra recompensa es la sonrisa afectuosa y dulce de un Padre amoroso. *LK*

Jesús, gracias por mostrarnos el camino al Padre.
Ayúdanos a parecernos cada vez más a ti y al Padre.

El Padre nos dio al Espíritu para hacernos más parecidas al Hijo.

2 de octubre

¿Remolón?

Lectura:
Proverbios 6:6-11

Perezoso, ¿hasta cuándo has de dormir?...
(Proverbios 6:9).

Mientras estudiábamos el libro de Proverbios en mi grupo de estudio bíblico, nuestro líder sugirió que cambiáramos la descripción de una persona ociosa y usáramos el término *remolón* en vez de *perezoso* (6:6, 9). Ah, entonces sí había empezado a hablar mi idioma. De inmediato, comencé a pensar en todas las personas que considero remolonas.

Por ejemplo, los hombres y las mujeres que no enseñan ni disciplinan a sus hijos. O el muchacho que se niega a ayudar con las tareas de la casa. O aquellos adolescentes que descuidan los estudios y pasan todo el día jugando en sitios de Internet.

Si somos sinceras, todas somos susceptibles a caer en esto. ¿Qué podemos decir de ser «remolona para orar» (1 Tesalonicenses 5:17-18), o «remolona para la leer la Biblia» (Salmo 119:103; 2 Timoteo 3:16-17), o «remolona para ejercitar los dones espirituales» (Romanos 12:4-8) o «remolona para testificar» (Mateo 28:19-20; Hechos 1:8)?

Si no estamos haciendo lo que sabemos que Dios quiere que hagamos, somos indudablemente remolonas espirituales. En realidad, cuando rehusamos obedecer a Dios, estamos pecando.

Presta atención a las desafiantes y convincentes palabras del libro de Santiago: «al que sabe hacer lo bueno, y no lo hace, le es pecado» (4:17). No seamos remolonas espirituales. CHK

Señor, ayúdame a no remolonear
en las cosas espirituales.

Podemos poner excusas para no obedecer a Dios, pero Él sigue llamándolo desobediencia.

3 de octubre

¿Puedo confiar en ti?

Lectura:
Josué 9:1-16

El Señor escudriña los corazones de todos, y entiende todo intento de los pensamientos (1 Crónicas 28:9).

Según los expertos, «nuestra tendencia natural es confiar en la gente». Sin embargo, no todas las personas son confiables todo el tiempo. Algunas señales de que alguien podría estar mintiendo son nerviosismo, falta de contacto ocular y notorias pausas al expresarse. Aun así, es difícil distinguir entre los mentirosos y las personas sinceras.

Josué necesitaba saber si podía confiar en los gabaonitas. Cuando estos supieron que Dios quería que él se deshiciera de algunas naciones vecinas (Josué 9:24), simularon ser de una tierra lejana. Llegaron con túnicas desgastadas y sandalias remendadas, diciendo: «nuestros vestidos y nuestros zapatos están ya viejos a causa de lo muy largo del camino» (v. 13). Los israelitas sospecharon (v. 7), pero «no consultaron al Señor» (v. 14); entonces, Josué hizo un tratado de paz con aquellos engañadores.

Muchos quieren ganarse nuestra confianza: vendedores, consejeros financieros o familiares alejados. Si nos preguntaran: «¿puedo confiar en ti?», no deberíamos decidir precipitadamente ni según lo que nos parece apropiado. Es mejor buscar el consejo de la Palabra de Dios (Salmo 119:105), de personas sabias (Proverbios 11:14) y de Dios mismo (Santiago 1:5). La sabiduría de lo alto nos ayudará a decidir en quién confiar. *JBS*

Señor, gracias porque puedo confiar en ti.

Sentir deseos de adquirir discernimiento es el método de Dios para inducirnos a orar.

4 de octubre

Un ruego por oraciones

Lectura:
2 Tesalonicenses 3:1-5

… hermanos, orad por nosotros…
(2 Tesalonicenses 3:1).

Hace poco, una misionera visitó el grupo de estudio bíblico al que asisto. Describió lo que había significado despedirse de sus amigos e instalarse en un país lejano. Cuando llegaron, fueron recibidos por un floreciente tráfico de drogas y carreteras peligrosas. La barrera del idioma les generó ataques de soledad, contrajeron varios virus y su hija mayor sufrió un accidente. Necesitaban oración.

Como misionero, el apóstol Pablo experimentó peligros y dificultades. Fue encarcelado, sufrió naufragios y azotes. Con razón sus cartas contenían ruegos solicitando que oraran por él. Les pidió a los creyentes de Tesalónica que intercedieran en oración para que tuviera éxito en la extensión del evangelio, para que la Palabra de Dios corriera y fuera glorificada (2 Tesalonicenses 3:1) y para que el Señor lo librara de «hombres perversos y malos» (v. 2). Sabía que necesitaría «abrir [su] boca […] con denuedo» y declarar el evangelio (Efesios 6:19).

¿Conoces personas que necesitan ayuda sobrenatural mientras difunden la buena nueva de Cristo? Recuerda la apelación de Pablo: «… hermanos, orad por nosotros…» (2 Tesalonicenses 3:1), e intercede por ellos delante del trono de nuestro Dios poderoso. *JBS*

Padre celestial, te ruego por todos los que
están compartiendo la buena noticia de Jesucristo
en países lejanos. Guárdalos y bendícelos.

Intercede por otros en oración;
siempre es posible acceder al trono de Dios.

5 de octubre

Disculparse

Lectura:
Mateo 5:21-26

Por tanto, si […] te acuerdas de que tu hermano tiene algo contra ti, […] anda, reconcíliate primero con tu hermano… (Mateo 5:23-24).

Marcos llegó una hora tarde a un restaurante donde se encontraría con un amigo, y este ya se había ido. Como se sentía mal por el error, se detuvo en una librería para buscar una tarjeta que dijera que lamentaba lo sucedido. Entre cientos de tarjetas, se sorprendió al encontrar solo unas pocas que decían: «Lamento lo que hice». Compró una y se la dio a su amigo, el cual aceptó la disculpa.

Aunque las tarjetas para pedir disculpas no sean populares, pedir perdón es una acción bíblica. Jesús les enseñó a sus seguidores a arreglar las cosas con aquellos a quienes habían ofendido (Mateo 5:23-24; 18:15-20). Y el apóstol Pablo dijo: «Si es posible, en cuanto dependa de vosotros, estad en paz con todos los hombres» (Romanos 12:18). Vivir en paz quizá exija pedir disculpas.

Tal vez resulte difícil disculparse porque esta actitud requiere que tengamos un espíritu humilde para admitir nuestro error, lo cual no brota de nosotras naturalmente. Pero asumir la responsabilidad del daño que hicimos en determinada situación puede sanar una relación y restaurarla.

¿Cometiste un error? Trágate el orgullo y da el primer paso… aunque no puedas encontrar una tarjeta que te ayude a decirlo. *AMC*

Dios amado, ayúdame a reconocer
cuando me equivoco y pedir perdón.

La mejor manera de tener
la última palabra es disculparse.

6 de octubre

Vida en abundancia

Lectura:
Marcos 10:28-31; Juan 10:9-10

... yo he venido para que tengan vida, y para que la tengan en abundancia (Juan 10:10).

Cuando fui a visitar a mi hermana, mis sobrinos me mostraron entusiasmados su nuevo sistema de quehaceres domésticos. Un colorido tablero electrónico registra sus tareas. Cuando realizan bien una de ellas, los niños tocan un botón verde y se añaden puntos a su «cuenta de gastos». Una falta, como dejar la puerta abierta, les cuesta una multa que se deduce del total. Como sumar puntos tiene recompensas interesantes, ¡mis sobrinos suelen estar motivados a hacer sus tareas!

Al ver el ingenioso sistema, bromeé diciendo que desearía tener una herramienta motivacional tan emocionante. Pero, por supuesto, Dios sí nos dio la motivación. En lugar de simplemente exigir nuestra obediencia, Jesús prometió que una vida de obediencia a Él, aunque tiene un alto precio, es una vida plena y «en abundancia» (Juan 10:10). Experimentar la vida en su familia vale «cien veces más» que el costo; ahora y en la eternidad (Marcos 10:29-30).

Podemos regocijarnos porque servimos a un Dios generoso, que no nos paga ni nos castiga según merecemos. Él acepta nuestros débiles esfuerzos, y recibe y recompensa a los últimos en llegar a su reino con la misma generosidad que a los primeros (ver Mateo 20:1-16). En vista de esta realidad, sirvamos al Señor con gozo. *MRB*

Señor, quiero servirte siempre con alegría.

Seguir a Jesús es el camino a una vida gozosa y abundante.

7 de octubre

El buen Pastor

Lectura:
Isaías 40:6-11

Como pastor apacentará su rebaño; en su brazo llevará los corderos, y en su seno los llevará… (Isaías 40:11).

Esperaba ansiosa mientras estaba sentada en la habitación del hospital con mi esposo. Estaban operando a nuestro hijo pequeño de la vista, y sentía un hormigueo en el estómago por la preocupación. Traté de orar y pedirle a Dios que me diera su paz. Mientras hojeaba mi Biblia, pensé en Isaías 40, así que busqué el conocido pasaje, preguntándome si descubriría algo nuevo.

Al leer, se me cortó la respiración, ya que las palabras de hace tantos años me recordaron que el Señor, «como pastor apacentará su rebaño; en su brazo llevará los corderos, y en su seno los llevará» (v. 11). En ese preciso instante, se me fue la ansiedad, al darme cuenta de que el Señor nos sostenía, nos guiaba y se ocupaba de nosotros. *Esto es exactamente lo que necesitaba, Señor*, suspiré en silencio. La paz de Dios me envolvió durante y después de la cirugía (que, gracias a Él, salió bien).

A través del profeta Isaías, el Señor le prometió a su pueblo que sería su pastor y que lo guiaría diariamente y lo consolaría. Nosotros también podemos experimentar su tierno cuidado cuando le contamos sobre nuestras ansiedades y buscamos su amor y su paz. Sabemos que Él es nuestro buen Pastor, que nos lleva en sus brazos y cerca de su corazón. *AMP*

Señor, gracias por ser mi buen Pastor.
Puedo descansar en ti.

El buen Pastor se ocupa de sus ovejas.

8 de octubre

De la tristeza al gozo

Lectura:
Juan 16:16-22

… lloraréis y lamentaréis, […] pero […] vuestra tristeza se convertirá en gozo (Juan 16:20).

El embarazo de Kelly empezó a complicarse y, después de un largo trabajo de parto, los médicos decidieron hacerle una cesárea. Sin embargo, Kelly olvidó pronto su dolor al sostener en sus brazos a su bebé. La alegría había desplazado la angustia.

La Escritura afirma: «La mujer cuando da a luz, tiene dolor […]; pero después que ha dado a luz un niño, ya no se acuerda de la angustia, por el gozo de que haya nacido un hombre en el mundo» (Juan 16:21). Jesús usó esta ilustración con sus discípulos para enfatizar que, aunque sufrirían porque pronto Él los dejaría, ese dolor se transformaría en gozo cuando volvieran a verlo (vv. 20-22).

Jesús se refería a su muerte y resurrección… y a lo que seguiría. Después de su resurrección, pasó otros 40 días con los discípulos antes de ascender al cielo (Hechos 1:3). Sin embargo, no los dejaría sin consuelo. El Espíritu Santo los llenaría de gozo (Juan 16:7-15; Hechos 13:52).

Aunque nunca hemos visto a Jesús cara a cara, como creyentes, tenemos la seguridad de que, un día, lo haremos. Ese día, la angustia que sufrimos en esta Tierra quedará en el olvido. Pero, hasta entonces, el Señor no nos dejó sin alegría… nos ha dado su Espíritu (Romanos 15:13; 1 Pedro 1:8-9). *ADK*

Señor, ¡gracias por enviar a tu Espíritu!
Nos diste todo lo que necesitábamos para vivir.

Un día, ¡nuestro lamento se transformará en gozo!

9 de octubre

Influencia invisible

Lectura:
1 Tesalonicenses 5:16-24

No apaguéis al Espíritu
(1 Tesalonicenses 5:19).

En la Galería Nacional de Arte en Washington, D.C., vi una obra maestra titulada «El viento». Mostraba una tormenta que azotaba una zona boscosa. Los árboles altos y delgados estaban inclinados hacia la izquierda, mientras los arbustos rodaban en la misma dirección.

En un sentido más profundo, el Espíritu Santo tiene el poder para mover a los creyentes en dirección a la bondad y la verdad de Dios. Si vamos con el Espíritu, el resultado inevitable es volvernos más valientes y dispuestos a amar, y con mayor discernimiento para saber cómo manejar nuestros deseos.

Sin embargo, en algunas situaciones, aunque el Espíritu nos impulsa a la madurez y la transformación espiritual, nos resistimos. A esta actitud, la Escritura la denomina *apagar al Espíritu* (1 Tesalonicenses 5:19). Con el tiempo, aquello que considerábamos malo parece no serlo tanto.

Cuando nuestra relación con Dios parece distante e interrumpida, quizá se deba a que la convicción del Espíritu ha sido dejada a un lado repetidamente. Cuanto más dura esto, tanto más difícil es ver la raíz del problema. Felizmente, podemos orar a Dios y pedirle que nos muestre nuestro pecado, y si lo confesamos y nos alejamos de él, el Señor nos perdonará y reavivará la influencia del Espíritu en nosotras. *JBS*

Señor, ayúdame a recomponer
la relación contigo.

Someterse al Espíritu Santo
lleva a una vida correcta.

10 de octubre

La confrontación

Lectura:
1 Juan 4:1-6

... mayor es el que está en vosotros,
que el que está en el mundo (1 Juan 4:4).

Después de que una librería local reacomodó sus estantes, observé que los títulos sobre brujería y hechicería habían aumentado. Es más, la sección sobre religión se había convertido en una virtual «confrontación» entre la luz y la oscuridad. Los títulos cristianos se encontraban de un lado del pasillo, mientras que casi la misma cantidad de libros de ocultismo estaban del otro.

A veces, podemos pensar sobre Dios y Satanás del mismo modo. Los vemos como fuerzas antagónicas y consideramos que tienen el mismo poder ilimitado. Sin embargo, Dios es Dios y Satanás no. Nuestro Señor es más poderoso que cualquier fuerza de las tinieblas. Cuando Satanás supuso que la desgracia haría que Job maldijera a Dios, el Señor le respondió: «He aquí, todo lo que [Job] tiene está en tu mano; solamente no pongas tu mano sobre él» (Job 1:12). Satanás tuvo que ceñirse a las reglas divinas.

Puesto que Dios está a cargo de todas las cosas, nosotras, como seguidoras de Cristo, no tenemos por qué paralizarnos de miedo ante lo que el diablo pueda hacer en nuestra vida o en la de los creyentes que nos rodean. Satanás nos tienta y trata de influenciarnos, pero la Biblia nos asegura: «... mayor es el que está en vosotros, que el que está en el mundo» (1 Juan 4:4). *JBS*

Señor, ¡gracias porque tu poder
no tiene comparación!

Los poderes del mal a tu alrededor no son nada frente al poder de Jesús en tu interior.

11 de octubre

Entrenamiento para la vida

Lectura:
Salmo 66:8-12

Porque tú nos probaste, oh Dios;
nos ensayaste como se afina la plata (Salmo 66:10).

Mi entrenamiento para una carrera de fondo no iba bien, y la última práctica había sido particularmente decepcionante. Había caminado la mitad del tiempo e incluso tuve que sentarme en cierto momento. Sentía que había reprobado una miniprueba.

Entonces, recordé que esa era la idea del entrenamiento. No se trataba de una prueba ni una calificación que tenía que lograr. Más bien, era algo que debía experimentar, una y otra vez, para mejorar mi resistencia.

Quizá te sientes mal por una prueba que estás enfrentando. Dios permite que pasemos por estos momentos para fortalecer nuestros músculos espirituales y mejorar nuestra resistencia. Nos enseña a confiar en Él y nos purifica para que seamos santas y nos parezcamos más a Cristo.

Con razón, el salmista podía alabar a Dios por haber refinado a los israelitas por el fuego y por el agua (Salmo 66:10-12) mientras sufrían en la esclavitud y el exilio. Dios no solo los guardó y los llevó a un lugar de gran abundancia, sino que también los purificó. Cuando pasamos por pruebas, podemos confiar en Dios para encontrar fortaleza y perseverancia. Él nos está refinando en nuestros momentos más difíciles. *LK*

Señor, sé que permites que pase por pruebas
para fortalecerme y purificarme. Enséñame a confiar en ti
y depender de tu fuerza para resistir.

Los momentos que prueban nuestra fe
también pueden fortalecerla.

12 de octubre

Una salida

Lectura:
1 Corintios 10:12-13; Mateo 4:1-11

Dios […] dará también juntamente con la tentación la salida, para que [podamos] soportar (1 Corintios 10:13).

La carretera 77, que atraviesa los Apalaches en Virginia Occidental, Estados Unidos, tiene unas rampas para emergencias, en una parte de la carretera donde el nivel desciende en una brusca pendiente. Esto, combinado con las curvas, puede generar problemas a los automovilistas; en especial, a los camioneros.

Así como un camión fuera de control necesita una vía de escape en una carretera, nosotros también precisamos «una salida» cuando los deseos descontrolados amenazan nuestro bienestar espiritual. Al enfrentar tentaciones, «Dios […] dará también juntamente con la tentación la salida, para que [podamos] soportar» (1 Corintios 10:13). Mediante el poder de su Palabra, el Señor nos capacita para que digamos «no». Jesús venció la tentación de Satanás citando versículos de Deuteronomio (Mateo 4:4-10). Las Escrituras lo ayudaron a resistir al diablo, aun después de haber ayunado 40 días en el desierto.

Cuando somos tentadas, tal vez sintamos que una tragedia va a llegar en la siguiente curva. Recordar fracasos anteriores y aislarnos de los demás puede intensificar esa sensación. Sin embargo, podemos confiar en Dios en esos momentos de tentación, ya que Él es fiel y nos dará una salida para que podamos resistir ante la seducción del pecado. *JBS*

*Señor, gracias por darme siempre
la salida ante la tentación.*

*La mejor manera de escapar de la tentación
es correr hacia Dios.*

13 de octubre

Aves codiciosas

Lectura:
2 Corintios 9:6-15

Y poderoso es Dios para hacer que abunde en vosotros toda gracia, a fin de que […] abundéis para toda buena obra (2 Corintios 9:8).

Todos los años, cuando saco el comedero para los colibríes, estos laboriosos pajaritos empiezan a luchar para ganarse su espacio. Aunque hay cuatro lugares en la «mesa», ellos pelean por el que está ocupando uno de sus vecinos. La fuente de alimentos es igual en cada caso: un recipiente de almíbar en el fondo del comedero. Como yo sé que todos los espacios son iguales, sacudo la cabeza ante su codicia.

Pero luego, me pregunto: ¿Por qué es mucho más fácil ver la codicia de las aves que la mía? A menudo, quiero ocupar en la «mesa de Dios» el lugar de otro, aunque sé que todo lo bueno procede de la misma fuente (el Señor) y que su provisión nunca se acabará. Si Él puede prepararnos una mesa aun en presencia de nuestros enemigos (Salmo 23:5), ¿por qué nos preocupa que otro ocupe en la vida el lugar que nosotras deseamos?

El Señor puede darnos «en todas las cosas todo lo suficiente» para que «[abundemos] para toda buena obra» (2 Corintios 9:8). Cuando reconozcamos la importancia de nuestra labor como ministros de la gracia de Dios (1 Pedro 4:10), dejaremos de pelear para ocupar la posición de otra persona y estaremos agradecidas por el lugar que Él nos ha dado para servir a otros en su nombre. *JAL*

Padre, quiero aprender a ocupar con alegría y gratitud el lugar que me diste.

Mirar a los demás genera resentimientos; mirar a Dios satisface.

14 de octubre

Seguidores inconstantes

Lectura:
Juan 12:12-19; 19:14-16

...He aquí tu Rey viene, montado sobre un pollino de asna
(JUAN 12:15).

¡Qué rápido puede cambiar la opinión pública! Cuando Jesús entró en Jerusalén para la fiesta de la Pascua, lo recibieron multitudes que querían que fuera su rey (Juan 12:13). Pero, cerca del final de semana, esa misma gente exigía que lo crucificaran (19:15).

Me incluyo entre esas multitudes inconstantes. Me encanta animar a un equipo que está ganando, pero pierdo interés cuando empieza a perder. Disfruto al participar en una actividad nueva y entusiasta, pero cuando el entusiasmo desaparece, quiero abandonar. Es un placer seguir a Jesús cuando obra lo imposible, pero me escabullo cuando Él espera que yo haga algo difícil. Es emocionante seguirlo cuando puedo hacerlo como parte de la multitud «aceptada». Es fácil confiar en Él cuando es más astuto que los inteligentes y más hábil que los poderosos (ver Mateo 12:10; 22:15-46). Pero cuando empieza a hablar del sufrimiento, del sacrificio y de la muerte, vacilo.

Me gusta pensar que habría seguido a Jesús hasta la cruz, pero tengo mis dudas. Después de todo, si no hablo de Él en lugares donde estoy segura, ¿qué me hace suponer que lo haré en medio de una multitud de opositores?

Cuán agradecida estoy por la muerte de Jesús por los seguidores inconstantes, para que así podamos convertirnos en discípulos consagrados. *JAL*

Señor, quiero seguirte hasta el final.

Cristo merece seguidores a tiempo completo.

15 de octubre

Artesanías de polvo

Lectura:
Génesis 2:1-7

... el Señor Dios formó al hombre del polvo de la tierra, y sopló en su nariz aliento de vida, y fue el hombre un ser viviente (Génesis 2:7).

Cuando Dios eligió el polvo como su material artístico para crear a Adán (Génesis 2:7), no tuvo que preocuparse de que se agotara. Según Hannah Holmes, autora de *The Secret Life of Dust* [La vida secreta del polvo], «entre mil y tres mil millones de toneladas de polvo del desierto ascienden al aire anualmente. Mil millones de toneladas llenarían catorce millones de vagones de un tren que rodearía seis veces el ecuador de la Tierra».

Nadie tiene que comprar polvo, ya que todos tenemos más del que deseamos. En mi casa, lo ignoro lo más que puedo. Razono: *Si no lo molesto, no se nota*. Pero, a la larga, se amontona hasta el punto en que no puedo simular que no está. Entonces, tomo los materiales de limpieza y empiezo a quitarlo de donde encontró su morada.

Cuando quito el polvo, me veo reflejada en la delicada superficie. Entonces, percibo otra cosa: que Dios tomó algo sin ningún valor, el polvo, y lo convirtió en algo valioso... tú, yo y todas las demás personas (Génesis 2:7).

Que Dios haya usado polvo para crear a los seres humanos me hace pensar dos veces antes de catalogar de despreciable a alguien o algo. Quizá eso mismo de lo que quiero librarme (una persona o un problema que me molesta) sea el material artístico que Dios usó para mostrar su gloria. *JAL*

Padre, gracias por mostrar tu gloria en mí.

«Al estar todos hechos del mismo material, seamos misericordiosos y justos». Longfellow

16 de octubre

Vestidos del Señor

Lectura:
Romanos 13:11-14

... vestíos del Señor Jesucristo...
(Romanos 13:14).

En su libro *Wearing God* [Vestidos de Dios], Lauren Winner dice que nuestra ropa puede comunicar quiénes somos. Lo que nos ponemos puede indicar una carrera, una comunidad o identidad, estados de ánimo o condición social. Piensa en una camiseta con un eslogan, un traje formal, un uniforme o pantalones vaqueros engrasados, y lo que esa ropa revela. Winner escribe: «Es interesante que, con una prenda, los cristianos puedan hablar de Jesús a otros sin pronunciar palabra».

Según Pablo, de la misma manera, podemos representar a Cristo sin hablar. Romanos 13:14 nos insta a vestirnos «del Señor Jesucristo». ¿Qué significa esto?

Cuando aceptamos a Cristo como Salvador, adoptamos su identidad. Somos «[hijas] de Dios por la fe» (Gálatas 3:26). Esa es nuestra condición. Sin embargo, cada día, tenemos que vestirnos de su carácter, esforzándonos por vivir como Jesús; creciendo en piedad, amor y obediencia; y dándole la espalda al pecado que nos esclavizaba.

Este crecimiento en Cristo es obra del Espíritu Santo en nosotros y de nuestro deseo de acercarnos a Él mediante el estudio de la Palabra, la oración y la comunión con otros creyentes (Juan 14:26). Cuando los demás ven nuestras palabras y actitudes, ¿qué declaran estas sobre Cristo? *ADK*

Ayúdanos a parecernos más a ti cada día.

Cuando los demás nos miren,
que lo que vean hable bien del Salvador.

17 de octubre

El amor es todo

Lectura:
1 Juan 4:7-19

Y nosotros hemos conocido y creído el amor que Dios tiene para con nosotros. Dios es amor… (1 Juan 4:16).

Vi un cartel al frente de una iglesia que me parece un lema extraordinario para las relaciones interpersonales: Recibe amor. Da amor. Repítelo.

El mayor amor que recibimos es el amor de Dios. Él nos amó tanto que dio a su Hijo para que viviera, muriera y resucitara para redimirnos (1 Juan 4:9). Recibimos su amor cuando aceptamos a Jesús como nuestro Salvador y Señor: «Mas a todos los que le recibieron, a los que creen en su nombre, les dio potestad de ser hechos hijos de Dios» (Juan 1:12).

Después de haber experimentado el amor de Dios, podemos aprender a dar amor: «Amados, amémonos unos a otros; porque el amor es de Dios» (1 Juan 4:7).

El amor de Dios permite que amemos a nuestros hermanos en Cristo. Enseñamos, exhortamos y reprendemos. Lloramos y nos regocijamos. El amor que damos es tierno, firme y sustentador. Jesús incluso nos enseña a amar a nuestros enemigos: «… haced bien a los que os aborrecen, y orad por los que os ultrajan y os persiguen» (Mateo 5:44). En ciertas situaciones, amar a los demás puede ser un desafío, pero es posible debido al amor que Dios nos ha dado primeramente a nosotras.

Un buen plan para hoy es: Recibe amor. Da amor. Repítelo. *AMC*

Señor, ayúdame a demostrar tu amor en todo lo que haga.

Recibir amor. Dar amor. Repetir.

18 de octubre

¿Dijiste que no?

Lectura:
Génesis 3:1-7

Mas del árbol de la ciencia del bien y del mal no comerás...
(Génesis 2:17).

«Muy bien, estas son las reglas —dijo Marty—. Pueden hacer todo lo que quieran, donde quieran y cuando quieran, hasta que alguien les diga que no».

Esas fueron las instrucciones la primera vez que visitamos la casa del lago de nuestros amigos. A Marty y a su esposa Lynn les encanta recibir visitas y darles libertad para que disfruten. Cuando vimos el bote de vela junto a la bicicleta de agua al lado del barco flotante, supimos que íbamos a divertirnos toda la tarde.

Marty nos dijo «no» una sola vez: cuando vio que íbamos a darles de comer a los cisnes que nadaban a nuestro lado. Sabía que si los alimentábamos una vez, después se volverían agresivos si no seguíamos haciéndolo.

Adán y Eva vivían en un lugar extraordinariamente hermoso, y también tenían muchísima libertad. Sin embargo, cuando Dios dijo que no, se resistieron (Génesis 3). Les dijo que no comieran de un determinado árbol, pero pensaron que ellos sabían más que Él.

Muchos de nosotros habríamos congeniado bien con Adán y Eva. A veces, no entendemos por qué nuestro Padre celestial dice «no». Cuando eso suceda, Él puede ayudarnos a comprender. Necesitamos entender que aun cuando nos niega algo, nos susurra al corazón: «Puedes confiar en mí. Yo sé qué es lo mejor». CHK

Padre, gracias por tus límites amorosos,
y porque puedo confiar en ti.

Dios tal vez no nos dé lo que pedimos, pero nunca defraudará nuestra confianza.

19 de octubre

De deprimente a hermoso

Lectura:
Job 42:10-17

Y bendijo el Señor el postrer estado de Job más que el primero…
(Job 42:12).

La primavera es la época del año en que Dios nos muestra que las cosas no siempre son como parecen. En pocas semanas, lo que aparenta estar inevitablemente muerto recobra vida. Bosques sombríos se transforman en paisajes coloridos. Árboles con ramas desnudas, de pronto, se adornan con verdes mantos de encaje. Las flores que se marchitaron y cayeron rendidas ante el frío se levantan lentamente del suelo, desafiando la muerte.

Las Escrituras nos hablan de algunas situaciones aparentemente irremediables. Un ejemplo es Job, un hombre rico al cual Dios describió como íntegro (Job 2:3). Una catástrofe lo alcanzó y perdió todo lo que valoraba. En su angustia, declaró: «mis días […] fenecieron sin esperanza» (7:6). Lo que a Job y sus amigos les parecía una muestra de que Dios se había vuelto contra él era exactamente lo opuesto. El Señor confiaba tanto en la integridad de Job que sabía que triunfaría en su batalla contra Satanás. Más tarde, resurgieron la esperanza y la vida de este hombre.

La fiel llegada de la primavera me consuela cuando atravieso alguna situación desesperante. Con Dios, no es así. No importa cuán deprimente pueda parecer el paisaje de la vida, el Señor puede transformarlo en un glorioso jardín lleno de colores y fragancias. *JAL*

Señor, gracias por sacar belleza de todo,
hasta de las cenizas.

Con Dios, hay esperanza
aun en las situaciones más desesperantes.

20 de octubre

Permanecer firme

Lectura:
Colosenses 1:19-27

... estad firmes y constantes, creciendo en la obra del Señor siempre, sabiendo que vuestro trabajo en el Señor no es en vano
(1 Corintios 15:58).

Una amiga y yo construimos un simulador de flujos de agua para nuestro proyecto final de ciencia en la escuela secundaria. Con mucha ayuda de mi padre, hicimos una larga caja de madera contrachapada con una bisagra en el medio. La recubrimos con plástico y la llenamos de arena. En un extremo, colocamos una manguera, y en el otro, hicimos un agujero para drenaje. Después, levantamos una punta del simulador, abrimos el grifo y observamos mientras se formaba un camino directamente hacia el agujero en la otra punta. El paso siguiente fue poner una roca en medio del flujo de corriente y ver cómo cambiaba la dirección del agua.

Ese proyecto me enseñó tanto sobre la vida como sobre la ciencia. Aprendí que no puedo cambiar la dirección de las cosas si estoy en la orilla del río. Tengo que meterme en la corriente de la vida y permanecer allí para desviar su flujo. Esto fue lo que hizo Jesús. La Biblia se refiere a la salvación como una roca (2 Samuel 22:47; Salmo 62:2, 6-7), y el apóstol Pablo explica que Cristo es esa Roca (1 Corintios 10:4). Dios colocó a Jesús en la corriente de la historia para cambiar su curso.

Cuando permanecemos firmes en Cristo, Dios nos utiliza para modificar el curso de la historia mediante acciones obedientes que dirigen a otras personas a Él. *JAL*

Señor, gracias por cambiar mi historia.

«Asegúrate de poner tus pies en el lugar correcto; después, mantente firme». Abraham Lincoln

21 de octubre

Atravesar la oscuridad

Lectura:
Isaías 60:19-22

El Señor te será por luz perpetua…
(Isaías 60:19).

Lo vi por primera vez cuando era estudiante universitaria. Una fría noche de otoño, lejos de las luces de la ciudad, iba en una carreta con mis ruidosos amigos, cuando el cielo se iluminó de colores en el horizonte. Quedé fascinada. Desde entonces, me ha cautivado el fenómeno llamado aurora boreal, conocido también como luces del norte. Suele verse más al norte de donde yo vivo, pero, a veces, se observa más al sur. Tras haberla visto una vez, anhelo verla de nuevo. Cuando las condiciones son favorables, les digo a mis amigos, tan fascinados como yo: «Tal vez sea esta noche…».

En las Escrituras, la luz y la gloria se usan para describir la venida del Señor. Un día, el sol y la luna serán innecesarios (Isaías 60:19). También, el apóstol Juan describe así a Dios en su trono: «Y el aspecto del que estaba sentado era semejante a piedra de jaspe y de cornalina; y había alrededor del trono un arco iris, semejante en aspecto a la esmeralda» (Apocalipsis 4:3).

Un círculo color esmeralda es una descripción apropiada de las luces del norte. Por eso, cuando veo (ya sea en persona o en un cuadro) esa luz gloriosa que aparece en el cielo, la considero un anticipo de lo que vendrá, y alabo a Dios porque su gloria atraviesa aun hoy la oscuridad. JAL

Señor, anhelo ver tu gloria
en todo su esplendor.

Jesús vino para iluminar a un mundo en tinieblas.

22 de octubre

Perfecta paz

Lectura:
Juan 14:25-31

La paz os dejo, mi paz os doy…
(Juan 14:27).

Una amiga me dijo que, durante años, había buscado paz y felicidad. Junto a su esposo, estableció un negocio exitoso y pudo comprar una casa grande, ropa elegante y joyas costosas. Sin embargo, ni estas posesiones ni su amistad con personas influyentes pudieron satisfacer su anhelo de paz interior. Entonces, un día, cuando se sentía deprimida y desesperada, una amiga le contó la buena noticia de Jesús. Así descubrió al Príncipe de paz, y su comprensión de la paz verdadera cambió para siempre.

Después de cenar por última vez con sus amigos (Juan 14), Jesús les habló de esta paz, al prepararlos para lo que pronto sucedería: su muerte, su resurrección y la venida del Espíritu Santo. Al describir una paz distinta a cualquier cosa que el mundo pueda dar, Él quería que descubrieran cómo encontrar una sensación de bienestar en medio de las dificultades.

Más adelante, cuando el Jesús resucitado se les apareció a los aterrados discípulos, los saludó, diciendo: «Paz a vosotros» (Juan 20:19). Ahora podía ayudarlos (y ayudarnos) a entender cómo descansar en lo que Él hizo por nosotras. A medida que lo hacemos, descubrimos una seguridad mucho mayor que nuestros sentimientos tan cambiantes. ABP

Ayúdanos a confiar siempre en ti,
nuestra Roca eterna.

Jesús vino a traer paz
a nuestras vidas y nuestro mundo.

23 de octubre

Bajo sus alas

Lectura:
Salmo 91

Con sus plumas te cubrirá, y debajo de sus alas estarás seguro… (Salmo 91:4).

Cuando pienso en la protección, no suelo pensar en las plumas de un ave. Pero, aunque estas pueden parecer una forma frágil de protección, las apariencias engañan.

Las plumas de las aves son un ejemplo maravilloso del diseño de Dios. Tienen una parte suave y una esponjosa. La parte suave tiene puntas rígidas con pequeños ganchos que se entrelazan como los dientes de un cierre. La parte esponjosa le da calor al ave. Juntas, ambas partes protegen al pájaro del viento y la lluvia. Sin embargo, como los pichones están cubiertos de una pelusa y sus plumas no se han desarrollado del todo, la madre tiene que cubrirlos con sus propias plumas para protegerlos del viento y la lluvia.

La imagen de Dios que nos cubre «con sus plumas», en el Salmo 91:4 y en otros pasajes (ver Salmo 17:8), proporciona consuelo y protección. Nos viene a la mente una madre pájaro que cubre a sus pequeños con sus plumas. Al igual que un padre cuyos brazos son un refugio seguro de una tormenta o una herida, la presencia reconfortante de Dios proporciona seguridad y protección de las tormentas emocionales de la vida.

Aunque atravesemos problemas y angustias, podemos enfrentarlos sin temor, siempre y cuando miremos a Dios. Él es nuestro «refugio» (91:2, 4, 9 LBLA). *LMW*

Padre, gracias por cubrirme y protegerme.

*Cuando el temor borra la esperanza,
Dios es nuestro refugio siempre presente.*

24 de octubre

Proteger la marca

Lectura:
Colosenses 3:1-14

Y sobre todas estas cosas vestíos de amor, que es el vínculo perfecto (COLOSENSES 3:14).

Una conocida tienda de venta de ropa exige que sus vendedores se vistan igual que los maniquíes de las vidrieras que exhiben las prendas. Esta práctica se conoce como «proteger la marca». La idea es que hay más probabilidades de que la gente compre la ropa porque quiere parecerse a las personas que la llevan puesta.

En una cultura consumista, es fácil caer en la trampa de pensar que podemos «comprar» aceptación si nos vestimos con la ropa que usa la gente guapa. Los vendedores quieren que creamos que una buena apariencia nos hará seductores.

A veces, incluso nos convencemos de que podemos ganar seguidores de Cristo si nos volvemos atractivas para el mundo. Pero la Biblia es clara sobre lo que realmente le importa a Dios: quiere que nos parezcamos a Cristo. En cierto modo, Jesús es nuestra «marca», porque estamos siendo conformadas a su imagen (Romanos 8:29). Atraemos a otros a Cristo cuando nos vestimos de sus atributos, los cuales incluyen misericordia, benignidad, humildad, mansedumbre, paciencia (Colosenses 3:12), y por encima de todo, amor (v. 14).

En lugar de embellecer y proteger nuestra imagen, debemos cuidar y reflejar la de Dios, que está siendo perfeccionada en nosotras por medio de Jesucristo. *JAL*

Jesús amado, quiero vestirme
con tus santos atributos.

Una de las funciones del Espíritu es moldearnos a la semejanza de Cristo.

25 de octubre

Guardado

Lectura:
Salmo 119:9-16

En mi corazón he guardado tus dichos, para no pecar contra ti (Salmo 119:11).

A mi abuelo Abram lo conocían por los hermosos objetos de madera que tallaba… y también por poder citar muchos versículos de las Escrituras. Él y su amigo Elí solían decirse mutuamente textos de la Biblia. Esa pizca de espíritu competitivo dio como resultado que Elí fuera capaz de citar más referencias, mientras que mi abuelo podía recitar más versículos.

Actualmente, nuestra familia suele recordar a Abram como el «abuelo ciego». Su práctica de memorizar las Escrituras se convirtió en su cuerda de salvamento cuando perdió la vista. Pero ¿por qué es importante memorizar la Palabra de Dios?

El Salmo 119 nos enseña cómo podemos seguir a Dios al guardar su Palabra en nuestro corazón. En primer lugar, de ese modo, nos armamos para enfrentar las tentaciones (v. 11; Efesios 6:17). Después, cuando meditamos en ella, llegamos a conocer mejor al Señor. Por último, cuando sus palabras se nos graban en la mente, estamos mejor capacitadas para escuchar su voz cuando nos enseña y nos guía. Empleamos esas frases de las Escrituras cuando hablamos con Él, lo adoramos y les enseñamos o testificamos a otros (Colosenses 3:16).

La Palabra de Dios es «viva y eficaz» (Hebreos 4:12). Guarda sus preciosas palabras «en [tu] corazón» (Salmo 119:11), donde siempre estarán contigo. *CHK*

Señor, quiero atesorar
tu Palabra en mi corazón.

Cuando guardas la Palabra de Dios en tu corazón,
sus caminos se convierten en los tuyos.

26 de octubre

Caricatura de Dios

Lectura:
Éxodo 34:1-9

El Señor, […] grande en misericordia, que perdona la iniquidad y la rebelión, aunque de ningún modo tendrá por inocente al culpable… (Números 14:18).

Los caricaturistas instalan sus atriles en lugares públicos y dibujan a personas que están dispuestas a pagar un precio módico por una imagen humorística que los refleje. Esos dibujos nos divierten porque exageran uno o más de nuestros rasgos físicos de una manera reconocible, pero cómica.

Por el contrario, las caricaturas de Dios no son divertidas. Exagerar uno de sus atributos presenta una imagen distorsionada que la gente descarta de inmediato. Aquellos que solo lo ven como un juez enojado y exigente son fácilmente seducidos por alguien que enfatiza la misericordia. Los que ven a Dios como un abuelo bondadoso rechazarán esa imagen cuando necesiten que se haga justicia. Quienes lo ven como un concepto intelectual más que como un ser viviente y amoroso, con el tiempo, encuentran otras ideas más atractivas. Aquellos que lo ven como un amigo íntimo suelen abandonarlo cuando hallan amigos humanos con más afinidad.

Dios se autodefine como misericordioso y bondadoso, pero también justo para castigar al culpable (Éxodo 34:6-7).

Al poner nuestra fe en acción, debemos evitar retratar a Dios usando solamente los atributos que preferimos. Debemos adorar al Señor por todas sus facetas, no solo por aquellas que nos gustan. JAL

Señor, quiero adorarte por todo lo que eres,
y mostrarte así al mundo.

El Dios en quien confiamos es todopoderoso, misericordioso, sabio y justo.

27 de octubre

Dios en la tormenta

Lectura:
Job 37:14-24

Él es Todopoderoso…
(Job 37:23)

Una mañana temprano, el viento empezó a soplar y las gotas de lluvia golpeaban mi casa como si fueran piedrecitas. Eché un vistazo por la ventana, al cielo gris amarillento, y observé mientras los árboles se balanceaban con el viento. Surcos hechos por los rayos iluminaban el cielo, acompañados de truenos que hacían temblar. La electricidad iba y venía, y yo me preguntaba cuánto duraría el mal tiempo.

Cuando pasó la tormenta, abrí mi Biblia para empezar el día leyendo las Escrituras. Leí un pasaje de Job que comparaba el poder del Señor con la fuerza en la atmósfera de una tormenta. Eliú, el amigo de Job, dijo: «Truena Dios maravillosamente con su voz» (37:5). Además, «Él cubre sus manos con el relámpago, y le ordena dar en el blanco» (36:32 LBLA). Sin duda, Dios es «grande en poder» (37:23).

Comparados con Dios, los seres humanos somos frágiles. No podemos auxiliarnos espiritualmente, sanar nuestro corazón ni remediar las injusticias que solemos soportar. Felizmente, el Señor de la tormenta se ocupa de personas débiles como nosotras; «se acuerda de que somos polvo» (Salmo 103:14). Es más, «da esfuerzo al cansado, y multiplica las fuerzas al que no tiene ningunas» (Isaías 40:29). Dado que Dios es fuerte, puede ayudarnos en nuestras debilidades. *JBS*

Señor, gracias por sostenerme
con el poder de tu fuerza.

Dios es la fuente de nuestra fortaleza.

28 de octubre

Destruir lo que divide

Lectura:
Josué 7:1-12

... No seguiré más con ustedes a menos que destruyan esas cosas [...] destinadas para ser destruidas
(Josué 7:12 NTV).

Se aproximaba una fecha de entrega, y una discusión que había tenido con mi esposo me daba vueltas por la cabeza. Me quedé mirando el cursor parpadeante, mientras pensaba: *Él también estuvo equivocado, Señor*.

Cuando la pantalla de la computadora se apagó, vi mi reflejo enfadado. Mis errores sin reconocer entorpecían mi trabajo y dañaban mi relación con mi esposo y con Dios.

Tomé el teléfono, me tragué el orgullo y pedí perdón. Saboreando la paz de la reconciliación, le di gracias a Dios y terminé mi artículo a tiempo.

Los israelitas experimentaron el dolor del pecado personal y el gozo de la restauración. Josué les advirtió que no se enriquecieran en la batalla por Jericó (Josué 6:18), pero Acán robó y escondió en su tienda algunas cosas del botín (7:1). Solo después de que su pecado fue descubierto y juzgado (vv. 4-12), la nación pudo reconciliarse con Dios.

Como Acán, no siempre pensamos que «guardar pecado en nuestra tienda» aleja nuestro corazón de Dios y afecta a quienes nos rodean. Reconocer a Jesús como Señor, admitir nuestro pecado y pedir perdón proporcionan el cimiento para relaciones saludables con Dios y los demás. Al someternos a diario a nuestro amoroso Creador, podemos servirlo y disfrutar de su presencia... juntos. *XED*

Señor, ayúdame a mantenerme
en rectitud ante ti.

El pecado en el corazón arruina nuestra intimidad con Dios y los demás.

29 de octubre

Tu lugar seguro

Lectura:
Proverbios 18:10-11

El nombre del Señor es torre fuerte,
a ella corre el justo y está a salvo
(PROVERBIOS 18:10 LBLA).

Mi hija y yo estábamos preparándonos para ir a una reunión familiar. Como ella estaba nerviosa por el viaje, me ofrecí para conducir. «Está bien. Pero me siento más segura en mi auto. ¿Puedes conducirlo?», preguntó.

Supuse que prefería su vehículo porque era más grande que el mío, así que respondí: «¿El mío es demasiado chico?», a lo que contestó: «No, es que mi auto es mi "lugar seguro"; y no sé por qué me siento protegida».

Su comentario me desafió a considerar cuál era mi «lugar seguro». De inmediato, pensé en Proverbios 18:10: «El nombre del Señor es torre fuerte, a ella corre el justo y está a salvo» (LBLA). En la época del Antiguo Testamento, los muros y la torre de una ciudad advertían sobre los peligros de afuera, y protegían a sus ciudadanos adentro. La idea del escritor es que el nombre de Dios, que refleja su carácter, su esencia y todo lo que Él es, brinda verdadera protección a sus hijos.

Ciertos espacios físicos ofrecen una anhelada seguridad en momentos aparentemente peligrosos: un techo fuerte en una tormenta; un hospital con asistencia médica; el abrazo de un ser amado.

¿Cuál es tu «lugar seguro»? Cada vez que busquemos protección, la presencia de Dios con nosotras es ese lugar que da la fortaleza y la seguridad que necesitamos. *ELM*

Señor, gracias por la seguridad
de tu compañía.

Dios es un lugar seguro
en las tormentas de la vida.

30 de octubre

Generoso en abundancia

Lectura:
Salmo 103:1-11

... el [Señor] te corona de favores y misericordias
(SALMO 103:4).

Una vez, invité a varias personas a mi casa, y temí que el menú que había planeado no fuera suficiente para todos. Sin embargo, no tendría que haberme preocupado. Inesperadamente, algunos amigos hicieron sus aportes y todos pudimos disfrutar la sorpresa adicional.

Tuvimos más que suficiente y pudimos compartir de la abundancia. Servimos a un Dios que es permanentemente «más que suficiente». Podemos ver su naturaleza generosa en su manera de amar a sus hijos.

En el Salmo 103, David enumera la gran cantidad de beneficios que nuestro Padre nos concede. El versículo 4 declara que libra nuestra vida de la destrucción y que nos corona de favores y misericordias.

El apóstol Pablo nos recuerda que Dios «nos ha bendecido con toda bendición espiritual» y que «es poderoso para hacer todo mucho más abundantemente de lo que pedimos o entendemos» (Efesios 1:3; 3:20).

Por su gran amor, somos llamadas hijas de Dios (1 Juan 3:1), y su gracia nos da «siempre en todas las cosas todo lo suficiente» para que «[abundemos] para toda buena obra» (2 Corintios 9:8).

El amor y la gracia de Dios que se han derramado en nuestra vida nos capacitan para compartir estas cualidades con los demás. ¡El Dios de poder y provisión es siempre el Señor del «más que suficiente»! *CHK*

Gracias, Señor, porque en ti
hay plenitud.

Siempre tenemos suficiente.

31 de octubre

Belleza en la iglesia

Lectura:
Éxodo 36:1-7

Todo sabio de corazón de entre vosotros vendrá y hará todas las cosas que el Señor ha mandado (ÉXODO 35:10).

Cuando mi esposo Jay y yo decidimos construir una casa nueva, no reclutamos amigos y familiares, sino que contratamos a un constructor capacitado para que creara algo funcional y, a su vez, hermoso.

Sin embargo, la belleza en los edificios de las iglesias no siempre es una prioridad. Para algunos, todo lo decorativo se considera un desperdicio. Pero esta no fue la actitud de Dios cuando estableció un lugar de adoración para los antiguos israelitas. No reclutó a cualquiera para levantar una tienda común y corriente, sino que designó a los talentosos artesanos Bezaleel y Aholiab (Éxodo 36:1) para decorar el tabernáculo con cortinas delicadas y ornamentos elaborados (37:17-20).

Pienso que la belleza era importante en aquel entonces porque le recordaba al pueblo que Dios era digno de adoración. Durante los secos y polvorientos días de la peregrinación en el desierto, necesitaban algo que les recordara la majestad del Señor.

La belleza que el pueblo de Dios crea hoy en entornos de adoración puede servir al mismo propósito. Le ofrecemos al Señor nuestros mejores talentos porque Él es digno. La belleza también nos ofrece un atisbo del cielo y despierta nuestro apetito por lo que Dios está preparando para nuestro futuro. *JAL*

Señor, ¡eres majestuoso! Hoy quiero contemplarte y adorar tu nombre.

La belleza es un reflejo de Dios.

1 de noviembre

Corre hacia la cruz

Lectura:
Hebreos 10:28-39

¡Horrenda cosa es caer en manos del Dios vivo!
(Hebreos 10:31).

Cada vez que se alerta sobre un maremoto en la costa norte de Maui, en Hawái, la gente que vive en la localidad de Hana sube corriendo por la ladera de una montaña, para refugiarse en un lugar elevado. Hace muchos años, unos misioneros colocaron cerca de allí una cruz alta de madera. Para protegerse físicamente, la gente corre al sitio donde está ubicada esa cruz.

De manera similar, todos necesitamos un lugar de refugio espiritual. ¿Por qué? Porque el Señor nos advierte en su Palabra: «Porque cuanto todos pecaron, y están destituidos de la gloria de Dios», y «la paga del pecado es muerte» (Romanos 3:23: 6:23). Hebreos 9:27 declara: «… está establecido para los hombres que mueran una sola vez, y después de esto el juicio». Tal vez no nos guste pensar en cuáles serán las consecuencias de nuestro pecado cuando nos enfrentemos con un Dios santo, pero es algo grave «caer en las manos del Dios vivo» (10:31).

La buena noticia es que, por amor a nosotras, ¡el Padre ha provisto un lugar seguro! Envió a su Hijo Jesús a morir para que no tuviéramos que estar separadas de Él para siempre (Romanos 5:8-10; Colosenses 1:19-22).

Por la muerte de Jesucristo en la cruz y su resurrección de entre los muertos, ese sitio de refugio está disponible. ¿Has corrido hacia la cruz? *AMC*

Señor, gracias por ser mi Refugio perfecto.

Para escapar de la maldición del pecado, corre hacia la cruz.

2 de noviembre

No estaba en los planes

Lectura:
Isaías 55:6-9

Porque mis pensamientos no son vuestros pensamientos, ni vuestros caminos mis caminos, dijo el Señor (Isaías 55:8).

En 1915, la iglesia del Dr. Frank Laubach lo envió como misionero y como profesor al Seminario Teológico Union en Manila, Filipinas. Cuando a él y a otro hombre los consideraron para el puesto de director del seminario, se votó para determinar quién ganaría. El Dr. Laubach hizo lo que le pareció honorable; votó por su oponente. Así, perdió la elección por un voto: el suyo. Se desilusionó, se deprimió y hasta cuestionó a Dios. Sin embargo, Dios usó ese incidente para redirigir su vida. Al tiempo, Laubach desarrolló un programa de alfabetización que enseñó a unas sesenta millones de personas a leer.

A veces, nuestros planes para la vida no resultan ser los planes perfectos de Dios (Isaías 55:8). Es fácil desanimarse y deprimirse, y hasta podemos enojarnos con Dios.

Pero, al igual que los salmistas, tenemos libertad de ser sinceras con Dios: de lamentarnos y enojarnos, si fuera necesario. La realidad es que duele que nos poden.

Aun así, por la obra de Jesucristo y el poder del Espíritu Santo, Dios revela que desea que todos sus hijos florezcan. Él es el Dios de esperanza que nos provee lo que necesitamos, aun cuando no podemos verlo (Isaías 55:9).

¿Crees que Dios quiere darnos vida «en abundancia» (Juan 10:10)? Eso marca una gran diferencia. *MG*

Señor, gracias por tu plan perfecto para mi vida.

Al confiar en Dios, descubrimos que sus planes son siempre los mejores.

3 de noviembre

¿Quién soy?

Lectura:
Éxodo 3:7-15

Entonces Moisés respondió a Dios:
¿Quién soy yo para que vaya a Faraón [...]? (Éxodo 3:11).

Hace años, el famoso evangelista Billy Graham tenía programado hablar en la Universidad de Cambridge, pero no se sentía capacitado para dirigir la palabra ante aquellos pensadores sofisticados. No tenía títulos importantes ni había asistido a ningún seminario. Oró a Dios pidiendo ayuda, y Él lo utilizó para compartir la sencilla verdad del evangelio y la cruz de Cristo.

Moisés también se sintió incapaz cuando Dios lo seleccionó para la tarea de decirle a Faraón que liberara a los israelitas. Preguntó: «¿Quién soy yo para que vaya a Faraón...?» (Éxodo 3:11). Aunque quizá haya cuestionado su eficacia porque era «tardo en el habla y torpe de lengua» (4:10), Dios afirmó: «yo estaré contigo» (3:12). Como sabía que tendría que explicar el plan de rescate divino y decirles a los israelitas quién lo enviaba, Moisés preguntó: «¿qué les responderé?». Dios respondió: «YO SOY me envió a vosotros» (vv. 13-14). El nombre «YO SOY» revelaba el carácter eterno y todopoderoso de Dios.

Aun cuando cuestionemos nuestra capacidad para hacer lo que el Señor nos ha pedido, podemos confiar en Él. Su suficiencia supera nuestras debilidades. Cuando preguntemos: «¿quién soy yo?», podemos recordar que Dios dijo: «Yo Soy». *JBS*

Padre, gracias porque encuentro mi identidad en ti.
Tú me capacitas para lo que quieres que haga.

No tienes por qué temer hacia dónde vas cuando sabes que Dios va contigo.

4 de noviembre

El romance

Lectura:
Rut 3:1-11

... Le ha nacido un hijo a Noemí; y lo llamaron Obed. Este es padre de Isaí, padre de David (RUT 4:17).

En los tiempos bíblicos, las viudas solían vivir en la pobreza. Rut y su suegra Noemí enfrentaron esa situación. Pero Dios tenía un plan que incluía a Rut como parte vital de un diseño mucho más importante.

Booz, un acaudalado terrateniente, conocía y admiraba a esta mujer (Rut 2:5-12), pero una noche, se sorprendió cuando, al despertarse, la vio acostada a sus pies (3:8). Rut le pidió que extendiera su manto sobre ella para indicar que estaba dispuesto a ser su «pariente que [la podía] redimir» (v. 9 NVI). No solo le pedía protección, sino que se casara con ella. Y él estuvo de acuerdo (vv. 11-13; 4:13).

¡Qué lejos de ser una típica historia romántica! Sin embargo, ¡la decisión de Rut de seguir las instrucciones de Noemí (3:3-6) desencadenó una serie de acontecimientos que la incluyeron en el plan divino de redención! De aquel matrimonio nació un hijo, Obed, el futuro abuelo del rey David (4:17). Después de varias generaciones, José nació de aquel linaje y se convirtió en el «padre legal» del hijo de María (Mateo 1:16-17; Lucas 2:4-5): Jesús, nuestro Pariente Redentor.

Rut confió en Dios y obedeció las indicaciones de Noemí, aunque desconocía el desenlace. Nosotras también podemos confiar en que el Señor nos ayudará cuando la vida sea incierta. *CHK*

Señor, gracias por cuidarme siempre.
Confío en ti.

El temor obstaculiza la fe,
pero la confianza genera tranquilidad.

5 de noviembre

Aquí estoy

Lectura:
1 Juan 3:16-23

Abre tu boca, juzga con justicia, y defiende la causa del pobre y del menesteroso (Proverbios 31:9).

Mientras estaba en el edificio de los tribunales esperando que el juez atendiera su causa, Gabriel oyó una historia triste tras otra de gente que perdía la casa. Muchos atravesaban el proceso como si les resultara un tema conocido, pero una mujer llamada Lucila parecía desconcertada. Él percibió que la mujer no sabía qué hacer ni adónde ir.

Trató de acallar la suave voz interna que lo instaba a ayudarla, pero no pudo. Pensó en varias razones para no involucrarse. Primero, empezar una conversación con extraños no era una de sus virtudes; segundo, tenía miedo de que lo malinterpretara. Pero pensó que Dios lo estaba induciendo y no quería arriesgarse a desobedecer.

Cuando la vio que salía del tribunal, le habló. «Señora —le dijo—, escuché su testimonio en la corte y creo que Dios quiere que la ayude».

Al principio, Lucila desconfiaba, pero Gabriel le aseguró que su actitud era sincera. Hizo unas llamadas telefónicas y la conectó con gente de una iglesia local que le brindó la ayuda que ella necesitaba para no perder su casa.

Dios nos ha llamado a un servicio activo (1 Juan 3:18). Cuando sentimos que Él nos motiva a ayudar a alguien, debemos estar dispuestas a decir: «Estoy convencida de que el Señor quiere que te ayude». *JAL*

Señor, quiero servirte sirviendo a los demás.

Nada nos hará sentir mejor que cuando servimos a los demás.

6 de noviembre

Lo que Dios desea

Lectura:
Miqueas 6:6-8

El Señor te ha dado a conocer lo que es bueno [...] hacer justicia, amar la misericordia, y humillarte ante tu Dios (Miqueas 6:8 RVC).

En medio del frío invierno de 2014, más de 800 familias fueron desalojadas de las chozas donde vivían en la costa sudoeste de Sudáfrica. Aunque este desalojo era una orden de la corte suprema para evitar la invasión de propiedad y los problemas con los terratenientes, el momento y el método de desalojo produjeron una protesta pública.

En la época de Miqueas, se hacía énfasis en adquirir riquezas, y a menudo, los líderes oprimían a los pobres y vulnerables (Miqueas 2:1). Los ricos probaban la paciencia del Señor y robaban a los inocentes y les quitaban su heredad (2:2, 7-9).

Los falsos profetas decían lo que querían escuchar los corruptos e ignoraban su maldad (Miqueas 2:6, 11). Miqueas, por otro lado, detuvo el engaño de Israel y dio un mensaje condenatorio del Señor, anunciando las consecuencias de la ambición egoísta del pueblo (1:10-16; 2:1-5).

Dios los acusó de quebrantar el pacto que había hecho con ellos a través de Moisés (Éxodo 19:1–24:18). El pueblo respondió ofreciéndose a llevar sacrificios en señal de arrepentimiento.

Pero lo único que Dios quería es que hicieran lo correcto: que amaran la misericordia y se humillaran ante Él (Miqueas 6:8). Que el Señor nos ayude a someternos a Él y a su corazón justo y compasivo hoy. *ROS*

Padre, quiero ser siempre fiel a ti.

Pídele a Dios que te ayude a hacer lo correcto, a amar la misericordia y humillarte ante tu Dios.

7 de noviembre

Turno de noche

Lectura:
Colosenses 3:22-25

... obedeced en todo a vuestros amos terrenales, no sirviendo al ojo [...], sino con corazón sincero, temiendo a Dios (Colosenses 3:22).

El primer empleo de Patricio fue trabajar en el turno de noche de un supermercado. Después de la hora de cerrar, él y otros empleados reponían artículos en los estantes. Su jefe les había enseñado a colocar siempre las latas de sopa con la etiqueta hacia adelante, para que pudiera leerse fácilmente. Pero les pidió que hasta la tercera lata estuvieran así. Una noche, mientras Patricio ordenaba los estantes, sus compañeros se burlaron: «Solo asegúrate de que la primera lata esté bien colocada. ¿Quién se va a dar cuenta?».

Fue un momento clave de decisión para el joven. ¿Debía obedecer lo que le había pedido su jefe o haría lo más fácil?

Todas hemos estado en situaciones donde tuvimos que tomar una decisión. El apóstol Pablo animó a sus compañeros creyentes a obedecer, aun cuando nadie estuviera mirando: «Siervos, obedeced en todo a vuestros amos terrenales, no sirviendo al ojo, como los que quieren agradar a los hombres, sino con corazón sincero, temiendo a Dios» (Colosenses 3:22).

Hacer lo correcto no debe depender de que nuestro jefe esté cerca ni de que otra persona esté observando. Ser obediente no siempre es sencillo ni conveniente. Pero es lo correcto.

Recuerda: «... al que sabe hacer lo bueno, y no lo hace, le es pecado» (Santiago 4:17). *CHK*

Señor, quiero agradarte siempre,
aunque nadie me vea.

Nuestro carácter se mide
por lo que hacemos cuando nadie nos ve.

8 de noviembre

Barreras y bendiciones

Lectura:
Juan 4:27-39

Y muchos […] creyeron en él por la palabra de la mujer, que daba testimonio diciendo: Me dijo todo lo que he hecho (Juan 4:39).

¿Qué vio Jesús cuando miró a la mujer junto al pozo, en Juan 4? Alguien que necesitaba desesperadamente que la aceptaran y le demostraran amor. Pero, por encima de todo, vio a alguien que precisaba lo que solo Él podía dar: un corazón nuevo.

No fue casualidad que todos los discípulos fueran a la ciudad a comprar alimentos. Sin duda, habrían intentado que Jesús no hablara con ella: mujer, samaritana y de mala reputación.

Sin embargo, Jesús utilizó este encuentro para bendecirla con la verdad del «agua viva» (Juan 4:10). En una simple conversación, echó abajo las barreras de las antiguas hostilidades, de la discriminación de género y del sectarismo étnico y racial. Y esta mujer se convirtió en la primera de muchos samaritanos que confesaron que Jesús era el Mesías (vv. 39-42).

Cuando les contó a los demás sobre su encuentro con un Hombre que le «[había] dicho todo cuanto [había] hecho» ella puso en práctica el principio de sembrar y cosechar que Jesús estaba enseñándoles a sus seguidores (Juan 4:35-38). Muchos creyeron aquel día, y más adelante, Felipe, Pedro, Juan y otros predicarían en Samaria y guiarían a muchos más a Cristo (Hechos 8:5-14; 15:3).

Cuando les hablamos a los demás de nuestro «encuentro» con Jesús, los bendecimos con agua viva. *CHK*

Señor, quiero bendecir
con tu agua viva a otros.

La fe que vale la pena merece
ser comunicada.

9 de noviembre

Debe y haber

Lectura:
Juan 16:1-11

... En el mundo tendréis aflicción; pero confiad, yo he vencido al mundo (Juan 16:33).

Cuando mi esposo enseñaba contabilidad en una universidad local, hice uno de los exámenes, solo por diversión, para ver cuánto sabía. Los resultados no fueron buenos. Contesté mal todas las preguntas porque no entendí la premisa de un concepto bancario básico: invertí el debe y el haber.

A veces, nos pasa lo mismo en la esfera espiritual. Cuando culpamos a Satanás de todo lo que anda mal (sea el mal tiempo, una impresora que se atasca o algún problema financiero), estamos atribuyéndole el crédito por algo que no tiene: el poder para determinar la calidad de nuestra vida. El diablo está limitado en tiempo y espacio. Tiene que pedirle permiso a Dios antes de poder tocarnos (Job 1:12; Lucas 22:31).

Sin embargo, al ser el padre de mentiras y príncipe de las tinieblas (Juan 8:44; 16:11), puede provocar confusión. Jesús advirtió de un tiempo cuando las personas estarían tan confundidas que no distinguirían entre lo bueno y lo malo (16:2). Pero agregó esta verdad: «el príncipe de este mundo ha sido ya juzgado» (v. 11).

Los problemas irrumpirán en nuestra vida, pero no pueden derrotarnos, dado que Jesucristo ya ha vencido al mundo. Todo el reconocimiento le corresponde a Él. *JAL*

Padre, gracias por ser Señor de todo en nuestra vida.
Te alabamos por haber vencido al mundo a través de tu Hijo.

Mientras que Satanás acusa y confunde, Dios controla.

10 de noviembre

Seamos específicos

Lectura:
Marcos 10:46-52

Respondiendo Jesús, le dijo: ¿Qué quieres que te haga?...
(Marcos 10:51).

El día antes de una cirugía importante, le confesé a mi amiga que la operación me asustaba tremendamente. «¿Qué te asusta?», me preguntó. «Tengo miedo de no despertarme después de la anestesia», respondí. De inmediato, Anne oró: «Padre, tú sabes todo sobre el miedo de Cindy. Por favor, tranquiliza su corazón y llénala de tu paz. Y Señor, por favor, despiértala después de la cirugía».

Creo que a Dios le gusta esta clase de especificidad al hablar con Él. Cuando Bartimeo, el mendigo ciego, le rogó a Jesús que lo ayudara, Jesús le preguntó: «¿Qué quieres que te haga? Y el ciego le dijo: Maestro, que recobre la vista. Y Jesús le dijo: Vete, tu fe te ha salvado...» (Marcos 10:51-52).

Con Dios, no debemos andar con rodeos. Si bien habrá ocasiones en que oraremos poéticamente como lo hizo David, también hay momentos para expresar de forma directa: «Dios, lamento muchísimo lo que acabo de decir»; o tan solo: «Jesús, te amo porque...». Incluso, ser específica con el Señor puede ser una señal de fe, porque reconocemos que no estamos hablando con un Ser distante, sino con una Persona real que nos ama profundamente.

A Dios no le impresiona una ráfaga de palabras extravagantes, sino que escucha lo que dice tu corazón. *CHK*

Señor, quiero aprender a hablarte siempre con sinceridad y con todo mi corazón.

El corazón de la oración es orar con el corazón.

11 de noviembre

Conversión

Lectura:
2 Corintios 12:14-21

Y yo con el mayor placer gastaré lo mío, y aun yo mismo me gastaré del todo por amor de vuestras almas… (v. 15).

Antes de viajar, mi esposo y yo vamos al banco y cambiamos nuestros dólares norteamericanos por la moneda del país que vamos a visitar. Lo hacemos para poder cubrir los gastos mientras estamos fuera de casa.

Cuando aceptamos a Cristo, se produce otra clase de cambio. Nuestra vida es como una moneda que convertimos de un tipo a otro. Cambiamos nuestra vieja vida por una nueva, para poder empezar a «gastar» en un reino diferente. En vez de «consumir» nuestro ser en causas terrenales, podemos empezar a invertir en la causa de Cristo.

El apóstol Pablo es un buen ejemplo de esta diferencia. Después de su dramática conversión en el camino a Damasco (Hechos 9), empezó a gastar su vida de una manera completamente distinta. En lugar de perseguir a los creyentes para apresarlos y matarlos, comenzó a seguir a los incrédulos para que se convirtieran. Después, pasó el resto de su vida dedicado al bienestar de ellos. Le escribió a la iglesia de Corinto: «Y yo con el mayor placer gastaré lo mío, y aun yo mismo me gastaré del todo por amor de vuestras almas…» (2 Corintios 12:15). Todo lo que hacía era para la edificación de sus hijos espirituales (vv. 14, 19).

Convertirse es mucho más que alterar nuestro destino final; es cambiar la forma de invertir cada día de nuestra vida. *JAL*

Señor, quiero invertir mi vida en ti.

La conversión lleva solo un instante;
la transformación, toda la vida.

12 de noviembre

Reflejar el amor de Dios

Lectura:
Éxodo 34:29-35

... no sabía Moisés que la piel de su rostro resplandecía, después que hubo hablado con Dios (Éxodo 34:17).

Tuve el privilegio de servir cuidando a mi mamá en un centro de tratamiento para el cáncer. Aun en sus peores días, ella leía la Escritura y oraba por los demás.

Pasaba tiempo con Jesús todos los días y mostraba su fe mediante su dependencia de Dios, sus actos amables y su deseo de animar a los demás y orar por ellos. Ajena al brillo que la gracia amorosa del Señor le daba a su rostro sonriente, compartió el amor de Dios hasta el día en que Él la llamó a su hogar celestial.

Después de que Moisés pasó 40 días en comunión con Dios (Éxodo 34:28), descendió del Monte Sinaí. No tenía idea de que su contacto íntimo con el Señor había cambiado su apariencia (v. 29). Sin embargo, los israelitas lo notaron (vv. 30-32). Moisés siguió encontrándose con Dios e influyendo en las vidas de aquellos que lo rodeaban (vv. 33-35).

Tal vez no veamos cómo nuestras experiencias con Dios nos van cambiando, y sin duda, nuestra transformación no será tan físicamente evidente como el rostro brillante de Moisés. Sin embargo, a medida que pasamos tiempo con Dios y le rendimos nuestras vidas más y más cada día, podemos reflejar su amor. Dios puede acercar a otros a Él cuando la evidencia de su presencia brilla en y a través de nosotras. *XED*

Señor, quiero que tu presencia brille en y a través de mí, para que sea de bendición para muchos.

Nuestro tiempo a solas con Dios nos cambia y lleva a otros a su amor.

13 de noviembre

Corregir los errores

Lectura:
Lucas 19:1-10

... si en algo he defraudado a alguno, se lo devuelvo cuadruplicado
(Lucas 19:8).

Era un día perfecto para nuestra venta de garaje... cálido y radiante. La gente hurgaba entre la ropa, los libros y la vajilla de diversos diseños. Observé a una mujer que miraba un collar de cuentas blancas. A los pocos minutos, el adorno desapareció junto con su admiradora. La localicé en la calle, corrí hasta el borde de la acera y encontré el collar en su mano. Cuando nos enfrentamos, sabiendo ambas lo que había sucedido, ofreció pagar por lo que había robado.

Zaqueo, el cobrador de impuestos que había trepado a un árbol, se encontró con Jesús y cambió. Prometió devolver cuadruplicada la suma de dinero que había tomado de otras personas (Lucas 19:8). En esa época, los publicanos solían cobrar de más a los ciudadanos y se guardaban el dinero sobrante. El deseo de Zaqueo de devolver el dinero y donar la mitad de sus bienes a los pobres demostró su cambio de actitud. Había tomado lo perteneciente a otros, pero después de encontrarse con Jesús, decidió devolver lo que había robado.

El ejemplo de Zaqueo puede estimularnos a experimentar la misma clase de cambio. Si Dios nos recuerda artículos que tomamos, impuestos que no pagamos o acciones que realizamos en perjuicio de otros, podemos honrarlo haciendo lo correcto. *JBS*

Señor, muéstrame cuando me equivoque
y ayúdame a corregir mi error.

Para la persona honesta, nunca es demasiado tarde para pagar una deuda.

14 de noviembre

¿Segunda opción?

Lectura:
Génesis 29:16-30

… siendo aún pecadores, Cristo murió por nosotros
(Romanos 5:8).

Probablemente, Lea haya estado despierta toda la noche pensando en el momento en que su nuevo esposo despertara. Sabía que el rostro que esperaba ver no era el de ella, sino el de Raquel. Jacob había sido víctima de un engaño, y cuando se dio cuenta de que le habían dado «gato por liebre», reclamó la esposa que le habían prometido (Génesis 29:25-27).

¿Alguna vez te sentiste insignificante o como una segunda opción? Así se sintió Lea. Se ve en los nombres que escogió para sus primeros tres hijos (vv. 31-35). Rubén significa «vean, un hijo»; Simeón quiere decir «oída»; y Leví, «unido». Estos nombres indicaban la falta de amor que sentía de parte de Jacob. Con cada nacimiento, ella ansiaba ganarse el amor de su esposo. Pero, lentamente, la actitud de Lea cambió y llamó a su cuarto hijo Judá, que quiere decir «alabanza» (v. 35). Aunque no se sentía querida por su esposo, comprendió que Dios la amaba enormemente.

Nunca podemos «ganarnos» el amor de Dios, porque no depende de nuestras acciones. La Biblia nos dice que «siendo aún pecadores, Cristo murió por nosotros» (Romanos 5:8). A los ojos del Señor, somos dignas de lo mejor que el cielo puede ofrecer: el regalo de su precioso Hijo. *CHK*

Padre, ¡gracias por amarme incondicionalmente,
y por haber enviado a tu Hijo para demostrármelo!

La cruz es el mejor ejemplo del amor de Dios.

15 de noviembre

Pastor de por vida

Lectura:
Génesis 48:8-16

... Dios [...] ha sido mi pastor toda mi vida hasta este día (Génesis 48:15 LBLA).

Cuando mi hijo pasó de grado en la escuela, lloró, diciendo: «¡Quiero a mi maestra para siempre!». Tuvimos que ayudarlo a darse cuenta de que cambiar de maestra es parte de la vida. Tal vez nos preguntemos: *¿Habrá alguna relación que dure para siempre?*

Jacob, el patriarca, descubrió una. Después de vivir muchos cambios drásticos y de perder seres queridos en el camino, se dio cuenta de que había una presencia constante en su vida. Oró: «El Dios [...] que ha sido mi pastor toda mi vida [...] bendiga a estos muchachos» (Génesis 48:5-16 LBLA).

Jacob había sido pastor, así que comparaba su relación con Dios con la del pastor y sus ovejas. Desde que la oveja nace hasta que es vieja, el pastor la cuida día y noche. La guía durante el día y la protege mientras duerme. David, también un pastor, tenía la misma convicción, pero hizo énfasis en la dimensión eterna, al declarar: «en la casa del Señor moraré por largos días» (Salmo 23:6).

Cambiar de maestro es parte de la vida. Pero qué bueno es saber que podemos tener una relación eterna. El Pastor nos ha prometido estar con nosotros todos los días de nuestra existencia terrenal (Mateo 28:20). Y, cuando nuestra vida aquí termine, estaremos más cerca de Él que nunca. *KOH*

Señor, ¡gracias porque mi relación contigo permanece para siempre! Anhelo verte cara a cara.

Dios nunca nos abandona.

16 de noviembre

Anillos y gracia

Lectura:
Hebreos 8:6-13

... nunca más me acordaré de sus pecados y de sus iniquidades (Hebreos 8:12).

Cuando me miro las manos, recuerdo que perdí mis anillos de compromiso y de boda. Estaba haciendo varias cosas mientras empacaba para un viaje, y todavía no tengo idea de dónde terminaron.

Me aterraba contarle mi error a mi esposo, porque me preocupaba cómo lo afectaría la noticia. Sin embargo, respondió con más compasión e interés por mí que preocupación por los anillos. No obstante, ¡a veces todavía quiero hacer algo para ganarme su favor! Él, por el contrario, no me lo echa en cara.

Muchas veces, recordamos nuestros pecados y sentimos que tenemos que hacer algo para ganarnos el perdón de Dios. Pero el Señor dijo que es por gracia, y no obras, que somos salvas (Efesios 2:8-9). Al hablar de un nuevo pacto, Dios le prometió a Israel: «Perdonaré sus maldades y nunca más me acordaré de sus pecados» (Jeremías 31:34). Tenemos un Dios que perdona y no recuerda más el mal que hicimos.

Tal vez nos dé tristeza nuestro pasado, pero tenemos que confiar en su promesa y creer que su gracia y su perdón son reales a través de la fe en Jesucristo. Esta noticia debe llevarnos a la gratitud y la seguridad que trae la fe. Cuando Dios perdona, olvida. *KOH*

Señor, ¡te alabo porque me perdonaste
y olvidaste mis transgresiones!

La gracia y el perdón son dones inmerecidos.

17 de noviembre

Motivados por Dios

Lectura:
1 Reyes 8:54-63

Incline nuestro corazón hacia él, para que andemos en todos sus caminos... (1 Reyes 8:58).

Hace unos meses, recibí un email donde me invitaban a unirme a una comunidad de «personas motivadas». Busqué la palabra «motivado», y descubrí que se refiere a alguien determinado a triunfar.

¿Es bueno ser una persona motivada? Hay una prueba que nunca falla: «hacedlo todo para la gloria de Dios» (1 Corintios 10:31). Muchas veces, obramos para alcanzar gloria personal. Después del diluvio de la época de Noé, unas personas decidieron construir una torre para hacerse famosas y evitar ser esparcidas por el mundo (Génesis 11:4). Su motivación era incorrecta, porque no estaban obrando para glorificar a Dios.

En cambio, cuando el rey Salomón dedicó el arca del pacto y el templo recién edificado, declaró: «he edificado la casa al nombre del Señor» (1 Reyes 8:20). Después, oró: «Incline nuestro corazón hacia él, para que andemos en todos sus caminos, y guardemos sus mandamientos» (v. 58).

Cuando nuestro mayor deseo es glorificar a Dios y caminar en obediencia, nos transformamos en personas motivadas que buscan amar y servir a Jesús en el poder del Espíritu. Que nuestra oración haga eco de la de Salomón. Que sea «perfecto [nuestro] corazón para con el Señor nuestro Dios, andando en sus estatutos y guardando sus mandamientos» (v. 61). *KOH*

Padre, quiero caminar en obediencia,
motivada solo por agradarte a ti.

Que todo lo que hagas
sea para glorificar a Dios.

18 de noviembre

La mejor vida

Lectura:
Juan 1:35-42

[Andrés] halló primero a su hermano Simón, y le dijo: Hemos hallado al Mesías (que traducido es, el Cristo) (JUAN 1:41).

Hace unos meses, tuve que viajar por negocios. En el vuelo de regreso, me encontré con la agradable sorpresa de ubicarme en un asiento con mucho lugar para las piernas. Además, ¡tenía un asiento vacío a mi lado! Ideal para una buena siesta.

Entonces, recordé a los que me rodeaban, en asientos no tan confortables. Invité a varios que conocía para que se sentaran conmigo en un lugar mejor, pero me sorprendió que, por diversas razones, todos quisieran quedarse en su lugar. No querían molestarse en cambiar de sitio o se sentían bien donde estaban.

Como creyentes en Cristo, tenemos que extender una invitación mucho más importante: hemos recibido nueva vida por la fe en Cristo y queremos que otros experimenten lo mismo. Algunos querrán hacerlo, pero otros no. En Juan 1:40, leemos que Andrés había empezado a seguir a Jesús. Lo primero que hizo fue buscar a su hermano Simón para invitarlo a que él también conociera al Mesías (v. 41). Jesús les ofreció una nueva y maravillosa forma de vivir, para que lo conocieran y disfrutaran de sus promesas de perdón (Romanos 3:24), presencia constante (Hebreos 13:5), esperanza (Romanos 15:13), paz (Juan 14:27), y un futuro eterno con Él (1 Tesalonicenses 4:17).

¿Quieres unirte a nosotros? Jesús te da la mejor vida. *AMC*

Señor, quiero invitar a otros a conocerte.

Para que otro sepa lo que Cristo hará por él, muéstrale lo que ha hecho por ti.

19 de noviembre

Melodía permanente

Lectura:
Filipenses 4:4-9

… si hay virtud alguna, si algo digno de alabanza, en esto pensad (FILIPENSES 4:8).

Se te mete en la cabeza. Te taladra la mente. A todos nos ha sucedido que, por alguna razón, una melodía se nos pega y resuena en nuestra cabeza, sin que podamos sacarla. Mi pesadilla personal es la canción de Disney que puede enseñarse en la escuela dominical: *Muy pequeño el mundo es*.

Dicen que la única manera de deshacernos de esta invasión insidiosa es reemplazándola con otra melodía: la canción «limpiadora». Palabras nuevas y una melodía renovada pueden desalojar la anterior.

Quizá podríamos usar también una canción limpiadora para nuestros pensamientos. Cuando ideas pecaminosas o vengativas nos invaden la mente, leer la Palabra de Dios y meditar en ella puede ayudarnos a limpiar lo que pensamos.

Las Escrituras nos exhortan a amar al Señor «con todo [nuestro] corazón, y con toda [nuestra] alma, y con toda [nuestra] mente» (Mateo 22:37), y a «no [conformarnos] a este siglo, sino [transformarnos] por medio de la renovación de [nuestro] entendimiento» (Romanos 12:2). Nos enseña a pensar en lo verdadero, honesto, justo, puro, amable, admirable, excelente, digno de alabanza (Filipenses 4:8).

Cuando nuestra mente se desvía hacia lo malo, el mejor «limpiador» es permitir que la sabiduría de la Biblia penetre nuestros pensamientos y corazón (2 Timoteo 3:16). *CHK*

Señor, quiero la melodía limpiadora
de tu Palabra.

El carácter es la suma de
todos nuestros pensamientos, palabras y acciones.

20 de noviembre

¿Adónde vas?

Lectura:
Salmo 5:3; 62:5-12

Alma mía, en Dios solamente reposa, porque de él es mi esperanza (Salmo 62:5).

Solía sorprenderme cuando escuchaba a las personas decir que no estaban seguras de qué querían hacer con su vida. Luego, «¿Adónde vas con tu vida?» se convirtió en mi pregunta personal. De repente, la respuesta «Estoy esperando en Dios» se convirtió en una frase de fe.

Es fácil articular nuestra propia respuesta cuando no estamos seguras del siguiente paso. Pero, ya sea que estemos esperando anunciar alguna asignatura principal, una llamada telefónica o que nos llegue un cheque por correo, necesitamos buscar lo que Dios ha planeado para nosotras. Miremos la vida de Moisés. Él tampoco sabía adónde iba. Sin embargo, Dios estaba con él, preparándolo para lo que Él había planeado.

Algunas veces, nos encontraremos en una etapa en la que nos preguntamos cuándo revelará Dios su voluntad para nosotras. Habrá momentos en que nos sentiremos totalmente perdidas. Pero, como cristianas que buscamos una estrecha relación con Jesús, tenemos que estar dispuestas a dejar que Dios nos guíe todo el tiempo. Incluso en la espera, Él obra a través de nosotras y nos prepara para lo que nos tiene reservado.

Tal vez Dios te esté diciendo algo incluso ahora, cuando solo estás esperando. Confía en que Él cumplirá el propósito que tiene para ti. *MM*

Señor, gracias porque puedo confiar en que cumplirás tu propósito en mí.

Conocemos a Aquel que conoce el futuro.

21 de noviembre

Carta de amor

Lectura:
Salmo 119:97-104

¡Oh, cuánto amo yo tu ley! Todo el día es ella mi meditación (Salmo 119:97).

Todas las mañanas, cuando llego a mi oficina, reviso el correo electrónico. En general, lo hago sin prestar mucha atención. Sin embargo, hay algunos que estoy ansiosa por abrir: los que mandan mis seres queridos.

Alguien dijo que la Biblia es la carta de amor de Dios a nosotras. No obstante, tal vez hay días en los que no tienes ganas de abrirla, y tu corazón no se hace eco de las palabras del salmista: «¡Oh, cuánto amo yo tu ley!» (Salmo 119:97). Las Escrituras son «tus mandamientos» (vv. 98, 100), «tus testimonios» (v. 99), «tu palabra» (v. 101).

Una pregunta formulada por Thomas Manton, quien solía ser disertante en la Abadía de Westminster, sigue siendo importante para nosotras hoy: «¿Quién es el autor de las Escrituras? Dios. […] ¿Cuál es el fin de las Escrituras? Dios. ¿Para qué otra cosa se escribieron las Escrituras sino para que disfrutemos eternamente del bendito Dios?».

Con respecto a ciertas personas, se dice que cuanto más uno las conoce, menos las admira; sin embargo, en el caso del Señor, es a la inversa. Familiarizarse con la Palabra de Dios, o, más bien, con el Dios de la Palabra, genera afecto; y el afecto, a su vez, lleva a querer conocerla más.

Cuando abras tu Biblia, recuerda que Dios (que te ama más que nadie) tiene un mensaje para ti. *PFC*

Señor, gracias por tu carta de amor para mí.

Estudiar las Escrituras nos ayuda a conocer al Dios de la Biblia.

22 de noviembre

Bendiciones disfrazadas

Lectura:
Génesis 45:4-8

¡Cuán grande es tu bondad, que has guardado para los que te temen!... (Salmo 31:19).

Durante varias semanas después de que mi esposo tuvo un ataque al corazón, solíamos dar gracias a Dios por haberle permitido seguir con vida. Meses más tarde, aún seguían preguntándome cómo me sentía, y mi respuesta era muy simple: «Bendecida. Me siento bendecida».

No obstante, las bendiciones vienen en diferentes formas y tamaños. Aun cuando estamos haciendo todo lo que pensamos que Dios espera de nosotras, tal vez sigamos experimentando sufrimientos. A veces, nos sorprende que el Señor no responda como esperamos o que su tiempo no sea el que creemos oportuno.

Esto lo vemos en la vida de José. Desde una perspectiva humana, podríamos pensar que Dios se había olvidado de él, ya que, por más de una década, José experimentó sufrimientos. Lo arrojaron a un pozo, lo vendieron como esclavo, lo acusaron falsamente, lo encarcelaron de manera injusta. No obstante, al final, la fidelidad de Dios hacia él se manifestó ante todos, al ponerlo como gobernante de Egipto y salvar a muchos de la hambruna (Génesis 37–46). C. S. Lewis escribió: «Cuando perdemos una bendición, otra suele ser dada en su lugar de la manera más inesperada».

Dios siempre tuvo su mano de bendición sobre José, como lo hace con todos los que confían en Él. «¡Cuán grande es tu bondad...!» (Salmo 31:19). *CHK*

Señor, ¡gracias por bendecirme, incluso cuando no lo veo!

La verdadera felicidad consiste en saber que Dios es bueno.

23 de noviembre

Fe en vez de temor

Lectura:
Números 13:25–14:9

... con nosotros está el Señor; no [...] temáis
(NÚMEROS 14:9).

«A mi esposo le ofrecieron un ascenso en otro país, pero me daba miedo dejar nuestro hogar, así que, de mala gana, él rechazó la oferta», me contó mi amiga. Me explicó cómo su recelo ante un cambio tan grande evitó que se embarcara en una nueva aventura y que, a veces, se preguntara qué se perdieron al no mudarse.

Los israelitas permitieron que sus ansiedades los paralizaran cuando fueron llamados a habitar en una tierra rica y fértil, donde fluía «leche y miel» (Éxodo 33:3). Cuando escucharon que había pueblos poderosos en grandes ciudades (v. 27), comenzaron a temer. La mayoría de los israelitas no quiso entrar en la tierra. Sin embargo, Josué y Caleb los instaron a confiar en el Señor, diciendo: «[no] temáis al pueblo de esta tierra; porque [...] con nosotros está el Señor» (Números 14:9). Aunque las personas de allí parecían gigantes, podían confiar en que el Señor estaba con ellos. Mi amiga no recibió la orden de mudarse a otro país, como los israelitas, pero lamentó permitir que el miedo le quitara esa oportunidad. ¿Qué me dices de ti: estás frente a una situación que te atemoriza? Si es así, el Señor está contigo y te guiará. Con su amor fiel, podemos avanzar en fe. *ABP*

Señor, gracias por guiarme en todo.
Quiero confiar en ti y moverme en fe.

El temor puede paralizarnos,
pero la fe nos impulsa a seguir a Dios.

24 de noviembre

El próximo capítulo

Lectura:
Hebreos 12:1-11

… corramos con paciencia la carrera que tenemos por delante, puestos los ojos en Jesús, el autor y consumador de la fe… (HEBREOS 12:1-2).

Esteban tenía casi cinco años cuando su padre, el misionero y piloto Natanael Saint, fue asesinado en 1956 junto con otros cuatro hombres por los indios aucas en Ecuador. Sin embargo, como resultado del amor y el perdón demostrados por los familiares de aquellos mártires, actualmente hay una creciente comunidad de creyentes en esa tribu.

Ya adulto, Esteban volvió a Ecuador y se hizo amigo de Mincaye, uno de los hombres que mataron a su padre. El lema de Esteban es: «Deja que Dios escriba tu historia». Y afirma: «Hay muchas personas […] que quieren escribir su propia historia y hacer que Dios la edite cuando algo anda mal. Hace mucho, decidí permitir que el Señor escribiera la mía». Cuando Esteban tuvo un grave accidente en 2012, le aseguró a su familia: «Dejen que Dios escriba este capítulo también». Su fe continúa acompañándolo durante la recuperación.

Para todos los seguidores de Jesucristo, la historia sigue desarrollándose. Nadie sabe qué dirá el próximo capítulo de nuestra vida. Pero en la medida en que miremos a Cristo y «corramos con paciencia la carrera que tenemos por delante», podemos confiar en Él, el autor y consumador de nuestra fe (Hebreos 12:1-2). Jesucristo escribió el primer capítulo de nuestra historia, y también escribirá el siguiente y el último. *CHK*

Padre, quiero que escribas mi historia.

Que tu vida narre la historia del amor y la misericordia de Dios al mundo que te rodea.

25 de noviembre

Alentadores silenciosos

Lectura:
Hechos 11:22-26

Este [...] exhortó a todos a que con propósito de corazón permaneciesen fieles al Señor (HECHOS 11:23).

Una de las cualidades que más admiro en los demás es la capacidad de alentar en silencio y sin ser vistos. Recuerdo una vez que regresé a casa después de estar hospitalizada y encontré que mi amiga Jackie (a quien habían operado unos días antes) me había mandado un libro con promesas de Dios.

Mi tío Bob estaba tan agradecido con la gente que lo atendía en el centro oncológico que les mandó cientos de notas de reconocimiento a los que supervisaban el trabajo de aquel grupo.

Hace 20 años, mi sobrina Brenda experimentó la agonizante pérdida de un hijo, y ahora muchos aprecian sus silenciosas obras compasivas.

A menudo, aquellas personas que han atravesado los mayores sufrimientos, tanto físicos como emocionales, son las que más ánimo brindan a los demás.

En Hechos, leemos acerca de Bernabé, al que se lo conocía como «hijo de consolación» (4:36). Era «varón bueno, y lleno del Espíritu Santo y de fe» (11:24), y animaba a los demás para que «con propósito de corazón permaneciesen fieles al Señor» (v. 23). Probablemente, el constante estímulo de sus acciones tuvo una amplia y poderosa esfera de influencia.

Así como nosotras hemos sido bendecidas cuando recibimos aliento, seamos una «[hija] de consolación» contemporánea para quienes nos rodean. *CHK*

Señor, quiero ser una hija de consolación.

El espíritu humano resuena de esperanza ante el sonido de una palabra alentadora.

26 de noviembre

Amar al que se siente solo

Lectura:
Rut 1:1-22

Yo me fui llena, pero el Señor me ha vuelto con las manos vacías…
(RUT 1:21).

Después de un largo día de trabajo, toqué la pantalla de mi computadora y vi una fecha conocida… era el cumpleaños de mi papá. Al instante, pensé en mi mamá. Viuda hace 20 años, mi madre es un testimonio vivo de la provisión y la fortaleza de Dios para aquellos que se enfrentan a la terrible imprevisibilidad de la vida.

Días solitarios, decisiones difíciles, relaciones redefinidas. A medida que nuestra sociedad se vuelve más transitoria, muchos viudos deben aprender a abrirse paso por este cambio drástico sin familiares que estén cerca. Pero, no importa cuán ajetreada sea nuestra vida, la Biblia revela que el cuidado de la viuda es responsabilidad de la familia primero, y luego, de la iglesia (1 Timoteo 5:3-16).

Cuidar a los más vulnerables (Éxodo 22:22-23) puede traer bendición, al cumplir el mandato de Dios de proteger (Job 24:21-24). El compromiso de Rut con Noemí se volvió una fuente de bendición para ambas (Rut 1:16) y se extendió a las generaciones futuras (4:13-20).

Los grupos de ayuda son útiles para crear comunidades para los viudos, pero «Dios hace habitar en familia a los desamparados» (Salmo 68:6) para recordarles que son necesarios y amados, tanto por Él como por aquellos que practican su amor. *RF*

Señor, quiero amar y ayudar al que sufre en soledad.

Toma nota de las viudas y de otras personas que conozcas que se sientan solas.

27 de noviembre

Recibido siempre

Lectura:
Juan 1:6-13

A lo suyo vino, y los suyos no le recibieron
(Juan 1:11).

Cuando tenía 19 años, el experto financiero y millonario Warren Buffet fue rechazado por la Universidad de Economía de Harvard. Después de salir mal en una entrevista de admisión, recuerda haber experimentado un «sentimiento de pavor» unido a la preocupación por la reacción de su padre ante la noticia. Buffet declara: «Lo que en ese momento pensé que era una situación aplastante para mi vida dio lugar a algo mejor».

Aunque ser rechazado es innegablemente doloroso, no debe impedir que llevemos a cabo lo que Dios desea que hagamos. Los ciudadanos del pueblo natal de Jesús negaban que Él fuera el Mesías (Juan 1:11), y más tarde, muchos de sus seguidores lo rechazaron (6:66). Así como el rechazo de Jesús era parte del plan de Dios para su Hijo (Isaías 53:3), lo mismo sucedió con su ministerio. Soportando el repudio terrenal y sabiendo que el Padre lo abandonaría en el Calvario (Mateo 27:46), Jesús siguió curando enfermos, echando fuera demonios y predicando la buena nueva a las multitudes. Antes de su crucifixión, declaró: «[Padre], he acabado la obra que me diste que hiciese» (Juan 17:4).

Si el rechazo se ha convertido en un obstáculo para la obra que Dios te ha encomendado, no te rindas. Recuerda que Jesucristo te entiende y que siempre recibe a aquellos que acuden a Él. *JBS*

Señor, gracias por recibirme siempre.

Nadie comprende como Jesús.

28 de noviembre

Verdadera belleza

Lectura:
Colosenses 1:15-23

*Él es la imagen del Dios invisible,
el primogénito de toda creación* (Colosenses 1:15).

La belleza no es un tema superficial… Hay un movimiento cada vez mayor para ver la belleza en mujeres de todo tamaño y forma, y rechazar las normas falsas del entretenimiento y los anuncios. El mensaje está claro: eres hermosa y poderosa… solo porque eres tú.

Entiendo el atractivo de estos mensajes. Sin embargo, las campañas de autoestima y las frases inspiradoras no son la respuesta. Aunque el diablo nos detesta porque somos las hijas amadas de Dios, no le importa que tengamos una mejor imagen de nosotras mismas.

Trazamos la línea de combate cuando creemos que nuestra verdadera belleza y valor son resultado de la muerte de Jesús por nosotras. El diablo no se siente amenazado hasta que creemos que el mismo poder que levantó a Cristo de los muertos vive en nosotras (Romanos 8:11; Gálatas 4:6-7).

Las personas que saben que su valor proviene de Cristo se vuelven espiritualmente poderosas, porque pasan toda su vida buscando maneras de amar a Jesús con todo su ser, mientras reflejan su hermosa imagen (Colosenses 1:15).

En Cristo, Dios nos ama y nos valora (Colosenses 1:22). Es una verdad mucho mayor que cualquier cosa superficial (Filipenses 3:3; 1 Juan 4:17). *RF*

*Señor, enséñame a considerarme hermosa porque tú vives en mí,
y reflejo tu imagen y tu belleza.*

*¿Tienes alguna lucha respecto a tu identidad?
¿Cómo te ve Dios, y qué valor considera que tienes?*

29 de noviembre

El remedio para los celos

Lectura:
1 Samuel 18:5-15

De aquel día en adelante Saúl miró a David con recelo
(1 Samuel 18:9 lbla).

Durante una visita de mis nietos, les pregunté qué habían hecho el fin de semana. Bridger, de tres años de edad, contó que lo habían dejado pasar la noche con sus tíos… ¡y había tomado helado y andado en un carrusel y mirado una película! Después, fue el turno de su hermano de cinco años, Samuel. Cuando le pregunté qué había hecho, contestó: «Acampé». «¿Te divertiste?», pregunté. «No tanto», respondió apesadumbrado.

Samuel experimentó el antiguo sentimiento de los celos. Al escuchar el emocionante relato de su hermano, olvidó cuánto se había divertido acampando con su papá.

El rey Saúl cedió ante el monstruo de la envidia y los celos cuando los elogios para David fueron mayores que los suyos: «Saúl hirió a sus miles, y David a sus diez miles» (1 Samuel 18:7). Desde ese momento, «Saúl no miró con buenos ojos a David» (v. 9). ¡Estaba tan enfurecido que quiso matarlo!

El juego de la comparación es insensato y autodestructivo. Los demás siempre tendrán algo que queramos, pero Dios ya nos ha dado muchas bendiciones, incluida la vida en esta Tierra y la promesa de la vida eterna para los que creen. Depender de su ayuda y concentrarnos en Él con gratitud puede ayudarnos a superar los celos. *ADK*

Señor, quiero concentrarme en tus bendiciones para mí,
y no mirar con celos a los demás.

El remedio para los celos
es la gratitud a Dios.

30 de noviembre

Fuera del bote

Lectura:
Salmo 107:23-32

Suben a los cielos, descienden a los abismos…
(Salmo 107:26).

Katsushika Hokusai fue uno de los artistas más prolíficos y destacados de la historia japonesa. Entre 1826 y 1833, cuando tenía entre 65 y 72 años, creó su obra más grandiosa: una serie de grabados en madera titulados *Treinta y seis vistas del Mte. Fuji*. Entre esas pinturas, había una obra maestra: *La gran ola de Kanawaga*. La hizo durante un período de luchas económicas y emocionales en su vida, y muestra una ola gigante bordeada de espuma con forma de garra, a punto de caer sobre tres botes pequeños llenos de remeros.

El Salmo 107 también narra una historia sobre personas que corren peligro en el mar. Flotando sobre las olas, «suben a los cielos [y] descienden a los abismos…». Y como resultado, «… sus almas se derriten con el mal» (v. 26). Por fin, los marineros le mandan un S.O.S. a Dios, y Él responde aquietando el mar y guiándolos a su destino (vv. 28-30).

Cuando enfrentamos circunstancias desesperantes, tendemos a recurrir a otros seres humanos para buscar dirección y consuelo. Sin embargo, ellos están en el mismo bote; perdidos en el océano de los altibajos de la vida. Solo Dios está fuera del bote; y en su soberanía, estabilidad y fortaleza, puede calmar la tormenta (vv. 24-25, 29). ¿Estás atravesando dificultades? ¡Acude al Señor Jesucristo! *JBS*

Señor, me tomo de tu mano
en medio de mi tormenta.

Adoramos a un Dios que es mayor
que nuestro problema más grande.

1 de diciembre

¡Todos bienvenidos!

Lectura:
Isaías 55:1-9

... el hombre mira lo que está delante de sus ojos, pero el Señor mira el corazón (1 Samuel 16:7).

Un proyecto ornamental en la calle principal de la ciudad donde vivo exigió que se demoliera una iglesia construida en la década de 1930. Aunque habían quitado las ventanas del edificio vacío, las puertas permanecieron en su lugar varios días. En cada una, había un mensaje escrito con letras gigantes en color anaranjado fluorescente: *¡No entrar!*

Lamentablemente, algunas iglesias cuyas puertas están abiertas transmiten el mismo mensaje a los visitantes que llegan con un aspecto que no está a la altura de los estándares esperados. No hacen falta letras grandes ni fluorescentes. Con una simple mirada desaprobadora, algunos expresan: «¡No eres bienvenido aquí!».

Sin duda, la apariencia de la gente no es un indicador de cómo está su corazón. Dios se concentra en la vida interior. Mira mucho más allá de lo superficial (1 Samuel 16:7), y desea que nosotras hagamos lo mismo. También conoce el corazón de aquellos que parecen ser «justos», pero que están interiormente «llenos de hipocresía» (Mateo 23:28).

El mensaje de bienvenida de Dios, que nosotras debemos mostrar a los demás, es claro. Les dice a todos los que lo buscan: «A todos los sedientos: Venid a las aguas» (Isaías 55:1). CHK

Señor, quiero dar la bienvenida a todos los que se acerquen a ti, y mostrarles así tu amor.

Nadie entenderá qué quieres decir cuando afirmas «Dios es amor», a menos que lo demuestres.

2 de diciembre

Equivocación

Lectura:
Romanos 5:12-21

Mas Dios muestra su amor para con nosotros, en que siendo aún pecadores, Cristo murió por nosotros (Romanos 5:8).

Un piloto, un profesor, un pastor y un alpinista volaban en una avioneta cuando los motores se detuvieron. El piloto dijo: «Hay solo tres paracaídas. Como este avión es mío, voy a usar uno». Se lo puso y saltó. El profesor dijo: «Soy brillante y el mundo me necesita, así que, yo tomo otro paracaídas»; y saltó.

Entonces, el pastor le dijo al alpinista: «No quiero ser egoísta, así que toma el último paracaídas». El alpinista respondió: «Todavía quedan dos; podemos usar uno cada uno. ¡El profesor saltó con mi mochila en vez del paracaídas!». El profesor tenía una falsa sensación de seguridad.

Algunos tienen una seguridad de salvación basada en una idea equivocada. Creen que asistir a la iglesia, bautizarse o simplemente ser una buena persona hará que merezcan la aprobación de Dios. Pero nuestra manera de pensar es errónea si no está fundamentada en lo que el Señor dice en su Palabra. Dios dice que «todos pecaron» y que somos sus enemigos, pero que, por medio de la muerte y la resurrección de su Hijo, podemos arreglar las cosas con Él (Romanos 3:23; 5:8-10). Al poner la fe en lo que Cristo hizo, tenemos paz con Dios (5:1) y seguridad de la vida eterna en el cielo.

¿Lo crees? Está en juego tu eternidad. No confíes en una equivocación, sino coloca tu fe en Cristo. *AMC*

Señor, en ti se apoya mi salvación.

Si pudiéramos morir para ganar la salvación, Cristo no habría muerto para ofrecerla.

3 de diciembre

Por amor

Lectura:
Lucas 2:1-7

Y [María] dio a luz a su hijo primogénito, y lo envolvió en pañales, y lo acostó en un pesebre… (LUCAS 2:7).

El año pasado, recibí hermosos regalos de Navidad: pantalones para esquiar, una pulsera y un dispositivo electrónico de lectura. Pero lo que más disfruté fue el tiempo que compartí con otros… jugar con nueve sobrinos nietos que estaban de visita; asistir a la reunión de Nochebuena en la iglesia con mi sobrina, su esposo y su hijita de 18 meses; visitar a un compañero de trabajo jubilado y a su esposa que tienen algunos problemas de salud; celebrar la fiesta con viejos amigos; leer la historia de Navidad con mis seres amados. Todos estos fueron regalos especiales por el amor que compartimos.

Por amor, Dios el Padre envió un regalo a este mundo hace 2.000 años. A Jesús lo envolvieron en pañales y lo acostaron en un pesebre (Lucas 2:7). Los pastores sabían que era un regalo asombroso porque un ángel les anunció el nacimiento mientras estaban en el campo, en medio de la noche (vv. 8-14). Se apresuraron para ir a verlo y, después, no pudieron evitar compartir con otros la noticia de aquel Regalo (vv. 16-17).

Sin embargo, más tarde, muchos lo rechazaron, lo crucificaron por nuestros pecados y lo sepultaron. Pero Él resucitó de la tumba y ahora ofrece salvación a todos los que lo reciben. *AMC*

Dios, gracias por el
Don que nos diste… por amor.

El regalo de Dios para el mundo
es el Salvador que da vida.

4 de diciembre

Pasos de bebé

Lectura:
Salmo 18:31-36

[El Señor] hace mis pies como de ciervas,
y me hace estar firme sobre mis alturas (Salmo 18:33).

Mi hijita está aprendiendo a caminar. Tengo que sostenerla, y ella se aferra a mis dedos porque todavía se siente inestable. Tiene miedo de caerse, pero yo estoy allí para sostenerla y cuidarla. Mientras camina con mi ayuda, sus ojos destellan gratitud, felicidad y seguridad. Sin embargo, a veces llora porque no la dejo ir por lugares peligrosos… no se da cuenta de que estoy protegiéndola.

Como mi pequeña, nosotras también solemos necesitar a alguien que nos vigile, guíe y sostenga en nuestro andar espiritual. Y tenemos a ese Alguien: Dios, nuestro Padre. Él ayuda a sus hijas a aprender a caminar, guía sus pasos, las sostiene de la mano y las mantiene en el sendero correcto.

El rey David sabía perfectamente que necesitaba el cuidado de Dios. En el Salmo 18, describe cómo nos guía y fortalece el Señor cuando estamos perdidas y confundidas (v. 32); mantiene firmes nuestros pies, como los de un ciervo que trepa a lugares altos, sin resbalarse (v. 33); y, si resbalamos, su mano está allí para sostenernos (v. 35).

Al margen de que seamos creyentes nuevas, aprendiendo todavía a caminar en la fe, o que nuestro andar con Dios ya lleve mucho tiempo, todas necesitamos que su mano nos guíe y nos mantenga firmes. *KOH*

Señor, gracias por guiarnos de la mano.

Dios me cuida
a cada paso del camino.

5 de diciembre

El Consolador

Lectura:
Juan 16:7-15

Pero cuando venga el Espíritu de verdad,
él os guiará a toda la verdad… (Juan 16:13).

Cuando subí al avión para ir a estudiar a una ciudad lejana, me sentí nerviosa y sola. Pero, durante el vuelo, recordé cómo Jesús les prometió a sus discípulos la presencia consoladora del Espíritu Santo.

Los amigos de Jesús seguramente quedaron desconcertados cuando Él les dijo: «Os conviene que yo me vaya» (Juan 16:7). ¿Cómo podían ellos, que habían presenciado sus milagros y aprendido sus enseñanzas, estar mejor sin Él? Sin embargo, Jesús les dijo que, si se iba, vendría el Consolador, el Espíritu Santo.

Cerca de sus últimas horas en la Tierra, Jesús les compartió algo a sus discípulos (en Juan 14–17) para ayudarlos a entender su muerte y ascensión. Algo central a esta conversación fue la venida del Espíritu Santo, un consolador (14:16-17) que estaría con ellos (15:15), les enseñaría (v. 26), testificaría (v. 26) y los guiaría (16:13).

Las que aceptamos la nueva vida que Dios nos ofrece, recibimos este regalo de su Espíritu que mora en nosotras, nos convence de pecado y nos ayuda a arrepentirnos. Este Consolador nos conforta cuando sufrimos, nos fortalece para soportar las pruebas, y nos da sabiduría para entender las enseñanzas de Dios, esperanza y fe para creer, y amor para compartir. *ABP*

Señor, gracias por enviar al Consolador
a habitar en mí y ayudarme.

El Espíritu Santo llena
a los seguidores de Jesús.

6 de diciembre

¿Por qué perdonar?

Lectura:
Lucas 23:32-34

Y Jesús decía: Padre, perdónalos, porque no saben lo que hacen…
(LUCAS 23:34).

Cuando una amiga me traicionó, sabía que tendría que perdonarla, pero no estaba segura de poder hacerlo. Sus palabras me hirieron profundamente, y me sentí aguijonada por el dolor y el enojo. Aunque hablamos y le dije que la perdonaba, durante mucho tiempo, cada vez que la veía, sentía puntadas de dolor, y me di cuenta de que todavía albergaba algo de resentimiento. Sin embargo, un día, Dios respondió mis oraciones y me dio la capacidad de dejar atrás todo por completo. Por fin, era libre.

El perdón es fundamental para la fe cristiana, ya que nuestro Salvador nos perdonó, incluso mientras moría en la cruz. Jesús perdonó a los que lo clavaron allí, y oró al Padre para que los perdonara. No guardó amargura ni enojo, sino que mostró gracia y amor a aquellos que lo habían tratado injustamente.

Es un buen momento para considerar delante del Señor a cualquiera que tengamos que perdonar, para seguir el ejemplo de Jesús y extenderles su amor a los que nos lastiman. Cuando le pedimos a Dios a través de su Espíritu que nos ayude a perdonar, Él lo hace… aunque nos lleve tiempo perdonar. Cuando lo hacemos, somos libres de la prisión de no saber perdonar. *ABP*

Jesús, ayúdame a perdonar siempre a los que me hacen mal,
tal como me enseñaste con tu ejemplo.

Aun en la cruz, Jesús perdonó
a los que lo hirieron.

7 de diciembre

Remordimiento de comprador

Lectura:
Génesis 3:1-8

... me vistió con vestiduras de salvación, me rodeó de manto de justicia... (Isaías 61:10).

¿Alguna vez experimentaste remordimiento de comprador? Yo sí. Justo antes de comprar algo, siento ese entusiasmo que genera adquirir algo nuevo. Pero, después, a veces me aplasta una ola de remordimiento.

En Génesis 3, encontramos el primer registro de remordimiento de comprador. Todo empezó con la serpiente astuta y su capacidad de vender. Persuadió a Eva para que dudara de la Palabra de Dios (v. 1). Después, sembró incertidumbre en ella al hacerla dudar del carácter de su Creador (vv. 4-5). Le prometió que sus ojos serían «abiertos» y que se volvería «como Dios» (v. 5).

Así que, Eva comió. Adán también. Y el pecado entró en el mundo. Pero el primer hombre y la primera mujer obtuvieron más de lo que tenían previsto: sus ojos fueron indudablemente abiertos, pero no se volvieron como Dios. En realidad, lo primero que hicieron fue esconderse de Él (vv. 7-8).

El pecado tiene consecuencias tremendas. Siempre nos priva de lo mejor que Dios tiene para nosotras. Pero Él, en su misericordia y gracia, vistió a Adán y a Eva con ropas hechas de pieles de animales (v. 21), simbolizando lo que Jesucristo haría por nosotros al morir en la cruz por nuestros pecados. Su sangre fue derramada para que pudiéramos vestirnos de su justicia... ¡sin ningún remordimiento! *PFC*

Padre, ¡gracias por enviar a Jesús a morir por mí!

*La cruz revela la justicia de Dios
y ofrece esa justicia a la humanidad.*

8 de diciembre

Consejo sobre inversión

Lectura:
2 Pedro 1:1-11

... estas cosas [...] no os dejarán estar ociosos ni sin fruto en cuanto al conocimiento de nuestro Señor Jesucristo (2 PEDRO 1:8).

«Quiero ayudarlos a invertir sabiamente en su futuro». Esto fue lo que dijo el consultor financiero cuando empezó a hablar sobre invertir fondos en planes de jubilación privados o estatales. Quería que todos sus oyentes siguieran colocando dinero en el mercado financiero durante los vaivenes de la economía, porque, históricamente, al final daría importantes ganancias.

Dios quiere que también invirtamos sabiamente en nuestro futuro espiritual. Durante los altibajos de la vida, deberíamos invertir constantemente en una «cuenta incorpórea»: nuestro carácter. El apóstol Pedro nos dice que nos ocupemos con diligencia del desarrollo del carácter (2 Pedro 1:5-11). Después de confiar en Cristo como Salvador, debemos invertir estas cualidades en nuestro ser: fe, virtud, conocimiento, dominio propio, paciencia, piedad, afecto fraternal y amor.

Las ganancias que obtendremos en el futuro por haber invertido en nuestro carácter serán piedad (vv. 5-7), fruto en cuanto al conocimiento de nuestro Señor Jesucristo (v. 8), seguridad de nuestro llamamiento (v. 9) y victoria sobre el pecado (v. 10).

Colocar dinero en fondos de jubilación puede ser provechoso, pero ¡invertir en nuestra vida espiritual ofrece los mejores beneficios para el futuro! *AMC*

Señor, quiero invertir en lo espiritual.

Ahora es el momento de invertir en la eternidad.

9 de diciembre

Varado

Lectura:
Génesis 39:19-23

Pero el Señor estaba con José y le extendió su misericordia…
(Génesis 39:21).

Viajar en autobús desde Memphis hasta Saint Louis, en Estados Unidos, lleva habitualmente unas seis horas… a menos que el chofer te deje varado en una gasolinera. Esto les sucedió a 45 pasajeros que esperaron 8 horas durante la noche hasta que llegó otro conductor para reemplazar al que los había abandonado. Sin duda, estarían frustrados, ansiosos e impacientes.

Tal vez José sintió lo mismo cuando terminó preso por un delito que no había cometido (Génesis 39). Abandonado y olvidado por todo ser humano que pudiera ayudarlo, estaba varado. Sin embargo, «el Señor estaba con José y le extendió su misericordia, y le dio gracia» (v. 21). Con el tiempo, el carcelero lo puso a cargo de los presos, y todo lo que José hacía «el Señor lo prosperaba» (v. 23). No obstante, aunque Dios estaba presente y lo bendecía, siguió preso durante años.

Quizá estés varada en la sala de un hospital, en una celda, en un país lejos de tu casa o en tu propia cárcel interior. Independientemente de dónde estés o de cuánto hayas estado allí, la misericordia y la gracia de Dios pueden alcanzarte. Como Él es el Todopoderoso (Éxodo 6:3) y está en todas partes (Jeremías 23:23-24), es capaz de protegerte y sustentarte cuando pareciera que nadie puede ayudarte. *JBS*

Señor, ¡gracias
por estar conmigo siempre!

Dios está presente… aun cuando nos parece que no es así.

10 de diciembre

Recolección de ofrendas

Lectura:
2 Corintios 8:1-9

Por tanto, como en todo abundáis, [...] abundad también en esta gracia (2 Corintios 8:7).

Ed Dobson, pastor de la congregación a la que yo asistía, solía decir que no le gustaba predicar sobre las ofrendas para la iglesia. Como su trabajo anterior exigía que se recolectaran fondos, le desagradaba imponerle a la gente presiones innecesarias. Sin embargo, cuando estaba enseñando 2 Corintios y llegó a los capítulos 8 y 9, no pudo evitar el tema. Lo que más recuerdo de ese mensaje fue la ilustración que utilizó. Puso en el suelo el plato donde se recolectaban las ofrendas, colocó los pies encima y permaneció allí mientras hablaba sobre la importancia de dar todo nuestro ser al Señor, no solo las billeteras.

Esos dos capítulos de la segunda epístola de Pablo a los Corintios nos muestran una serie de actitudes y acciones que debemos aplicar cuando ofrendamos a Dios:

- Dar, en primer lugar, nuestro ser al Señor (8:5).
- Dar, recordando el ejemplo del Señor Jesús (8:9).
- Dar conforme a nuestros recursos (8:11-12).
- Dar con entusiasmo y motivadas por el amor de Dios (9:2).
- Dar con generosidad, no de mala gana ni presionadas por factores externos (9:5-7).

La próxima vez que, con un plato o una bolsa, se recolecten las ofrendas en tu iglesia, imagina que tú mismo te colocas allí. Te ayudará a sobresalir en la gracia de dar (8:7). AMC

Padre, quiero ofrendar con todo mi ser.

Cuando nos damos completamente al Señor, es más fácil dar cualquier otra ofrenda menor.

11 de diciembre

La promesa de un hogar tranquilo

Lectura:
Miqueas 4:1-5

Y se sentará cada uno debajo de su vid y debajo de su higuera, y no habrá quien los amedrente… (Miqueas 4:4).

Sesenta y cinco millones. Esa es la cantidad de refugiados en el mundo hoy: personas que han tenido que dejar sus hogares por algún conflicto o persecución… la más alta que nunca. Las Naciones Unidas han pedido a los líderes que reciban a los refugiados, para que todos los niños reciban educación, los adultos puedan trabajar y cada familia tenga un hogar.

El sueño de hacer hogares para los refugiados en crisis me recuerda una promesa que Dios le hizo a Judá cuando el ejército asirio amenazaba sus hogares. El Señor le encomendó al profeta Miqueas que le advirtiera al pueblo que perdería el templo y su amada Jerusalén. Sin embargo, Dios también prometió un futuro hermoso.

Miqueas afirmó que, un día, el Señor llamará a los pueblos del mundo a sí mismo. No habrá más violencia. Las armas de guerra se volverán herramientas de jardinería, y todo el que responda el llamado de Dios tendrá un hogar tranquilo y una vida productiva en su reino (4:3-4).

Para muchos en el mundo actual, un hogar seguro es más un sueño que una realidad. Sin embargo, podemos confiar en la promesa de Dios de un hogar para los pueblos de todas las naciones, mientras esperamos, trabajamos y oramos para que esos hogares tranquilos se vuelvan una realidad. *ALP*

Señor, gracias por tu promesa
de un hogar eterno de paz y tranquilidad.

Dios promete a sus hijas
un hogar tranquilo en su reino.

12 de diciembre

Nueva perspectiva de cambio

Lectura:
Juan 10:7-18

Yo soy el buen pastor; y conozco mis ovejas, y las mías me conocen (Juan 10:14).

A la gente no le gustan los cambios; al menos, esto es lo que oigo.

Pero, en general, los que más resistimos son aquellos que creemos que empeorarán nuestra situación. Ilusionadas, cambiamos de trabajo cuando esto significa mayor sueldo e influencia o nos mudamos alegremente a una casa más grande en un mejor vecindario. Así que, no es el cambio en sí lo que detestamos, sino aquello que implica una pérdida.

Los cambios son tanto inevitables como necesarios. Si todo sigue igual, nadie crece. Pero nosotros tenemos un Pastor que nos guía a través de esos cambios y nos lleva a un lugar mejor. Llegar allí quizá resulte difícil, como lo fue para los israelitas hasta que entraron en la tierra prometida. Cuando su situación empeoraba en vez de mejorar, se quejaban (Éxodo 15:24; Números 14:2). Pero tenemos el ejemplo de Jesús. En menos de una semana, pasó de ser el líder de muchos a que todos lo abandonaran. Entre el Domingo de Ramos y el Viernes Santo, el Buen Pastor se convirtió en el Cordero Pascual. Como Cristo atravesó voluntariamente el sufrimiento, Dios lo exaltó al lugar más elevado (Juan 10:11; Filipenses 2:8-9).

No todo cambio es agradable; sin embargo, cuando Alguien que nos ama nos guía a un sitio mejor, no tenemos que temer. JAL

Señor, gracias porque guiarme y acompañarme a través de los cambios.

La fe en Cristo nos mantendrá firmes en el tormentoso mar de los cambios.

13 de diciembre

Desafío peligroso

Lectura:
2 Crónicas 20:1, 15-22

... no es vuestra la guerra, sino de Dios
(v. 15).

Mientras millones miraban por televisión, Nik Wallenda cruzó las Cataratas del Niágara sobre un cable de 540 metros de largo y solo unos 13 centímetros de diámetro. Además del peligro de la altura y las aguas rugientes, una espesa niebla le dificultaba la visión, el viento le complicaba el equilibrio y el rocío que levantaba la catarata le impedía afirmar bien los pies. En medio de estos peligros, confesó que «oró mucho» a Dios y lo alabó.

Los israelitas también alabaron a Dios en medio de un desafío peligroso: un gran grupo de guerreros estaba por enfrentarlos (2 Crónicas 20:2). Después de pedirle ayuda al Señor, el rey Josafat designó a un coro para que marchara delante del ejército israelita y cantara: «Glorificad al Señor, porque su misericordia es para siempre» (v. 21). Cuando empezaron a cantar, Dios hizo que las fuerzas enemigas se atacaran y destruyeran entre sí.

Alabar a Dios en medio de un desafío tal vez signifique dejar de lado nuestros instintos naturales. Tendemos a protegernos, preocuparnos y aplicar estrategias; sin embargo, la adoración puede proteger nuestro corazón de los pensamientos inquietantes y la dependencia propia. Nos recuerda la lección que aprendieron los israelitas: «no es [nuestra] la guerra, sino de Dios» (v. 15). *JBS*

Señor, gracias por tu protección y tu presencia.

No importa qué esté por delante,
Dios siempre está por detrás de nosotras.

14 de diciembre

Rodeado de oración

Lectura:
Romanos 15:22-33

Pero os ruego, hermanos, [...] que me ayudéis orando por mí a Dios (ROMANOS 15:30).

Sydnie, la hija de nueve años de mi amiga Melissa, estaba internada en el hospital para que le aplicaran quimioterapia y le hicieran un trasplante de médula ósea, cuando soñé con ella. En mi sueño, la niña estaba con sus padres en una habitación central del hospital. Alrededor del cuarto, había una serie de salones donde los familiares y los amigos oraban por ella durante el tratamiento.

En la vida real, Sydnie no estaba físicamente en el centro de parientes y amigos en habitaciones adyacentes, pero, espiritualmente hablando, aún se encuentra rodeada de oraciones y de amor.

Al parecer, el apóstol Pablo tenía deseos de estar rodeado de oraciones. En la mayoría de sus cartas a las iglesias, pedía que lo recordaran en oración delante del Señor (2 Corintios 1:11; Efesios 6:18-20; Colosenses 4:2-4; Filemón 22). A los creyentes en Roma, les escribió: «os ruego, hermanos, [...] que me ayudéis orando por mí a Dios» (Romanos 15:30). Sabía que no podía ser eficaz en su servicio a Dios sin el poder del Altísimo.

La Biblia nos relata que Jesús ora por nosotras (Juan 17:20; Hebreos 7:25), y que también lo hace el Espíritu Santo, cuyas plegarias son acordes a la voluntad de Dios (Romanos 8:27). ¡Qué consolador es estar rodeada de oraciones! *AMC*

Señor, gracias por rodearme de oración.

La oración impulsada por el Espíritu Santo es poderosa.

15 de diciembre

Despertar preguntas

Lectura:
Éxodo 12:1-13

… estad siempre preparados para presentar defensa […] de la esperanza que hay en vosotros (1 Pedro 3:15).

Cuando enseño, a veces uso la expresión «cuestionar la autoridad», para captar la atención de mis alumnos. No los invito a desafiar mi autoridad, sino que los insto a hacerme preguntas. Algunos expertos en educación dicen que se aprende más cuando los maestros contestan preguntas que cuando imparten información. Por naturaleza, todos damos mayor prioridad a lo que queremos saber que a lo que alguien quiere decirnos.

Desde luego, ambos tipos de enseñanza son aceptables, pero la inducción a formular preguntas es uno de los primeros métodos en las Escrituras. Incluso antes de que los israelitas salieran de Egipto, el Señor le indicó a Moisés que instituyera una práctica que despertaría interrogantes. La Pascua tenía dos propósitos: les recordaría a los adultos la liberación provista por Dios e induciría a los hijos a preguntar sobre el tema (Éxodo 12:26).

«Por qué» quizá sea una pregunta molesta, pero también puede ser una oportunidad de dar una razón de nuestra fe (1 Pedro 3:15). En vez de volvernos impacientes cuando los demás hacen preguntas, podemos dar gracias de que tengan una mente y un corazón dispuestos a aprender. Las preguntas nos permiten responder con amor y prudencia, al saber que nuestras palabras pueden tener consecuencias eternas. *JAL*

Señor, ayúdame a responder siempre con amor y paciencia.

Las preguntas sinceras pueden generar respuestas que aumenten la fe.

16 de diciembre

Ver de cerca y de lejos

Lectura:
Salmo 145

Cercano está el Señor a todos los que le invocan…
(Salmo 145:18).

Tener dos ojos sanos no es suficiente para ver con claridad. Lo sé por experiencia. Después de una serie de cirugías oculares por un desprendimiento de retina, ambos ojos podían ver bien, pero se negaban a cooperar el uno con el otro. Un ojo veía cosas que estaban lejos, y el otro, las que estaban cerca. Hasta que me prescribieron gafas nuevas, mi vista siguió fuera de foco.

Algo parecido ocurre con nuestra visión de Dios. Algunos se enfocan mejor en Él cuando lo ven «de cerca»; cuando consideran que está íntimamente presente en su vida cotidiana. Otros creyentes ven al Señor con más claridad «de lejos» o mucho más allá de lo que podamos imaginar; gobernando el universo con poder y majestad.

Mientras la gente discute sobre qué visión es mejor, la Biblia actúa como un par de gafas recetadas que nos ayudan a ver que ambas posiciones son correctas. El rey David presenta ambas perspectivas en el Salmo 145: «Cercano está el Señor a todos los que le invocan» (v. 18), y «grande es el Señor, y digno de suprema alabanza; y su grandeza es inescrutable» (v. 3).

Gracias al Señor, nuestro Padre celestial no solo está cerca para escuchar nuestras oraciones, sino que también está muy por encima de nosotras con su poder que puede suplir toda necesidad. *JAL*

Señor, gracias por acercarte a mí,
a pesar de ser tan grande y poderoso.

Dios es suficientemente grande como para ocuparse de las necesidades más pequeñas.

17 de diciembre

El regalo

Lectura:
Colosenses 1:19-27

Y a vosotros [...], ahora os ha reconciliado en su cuerpo [...], por medio de la muerte, para presentaros santos y sin mancha... (COLOSENSES 1:21-22).

Nos referimos a la Navidad como la época de dar. La mayoría de la gente se esfuerza por encontrar regalos que les gusten a sus amigos y familiares, pero no todos son iguales. Algunos contienen una indirecta sutil, como una máquina para hacer ejercicios o un libro con dietas para adelgazar. Otros reflejan lo que le gustaría recibir al que lo da. Pero los mejores regalos provienen de alguien que nos ama y sabe qué queremos.

La Navidad pasada, Jim Samra, el pastor de mi iglesia, nos desafió a que pensáramos de otro modo en la venida de Cristo. Sabemos que Jesús es el regalo perfecto de Dios para nosotras (Romanos 6:23), pero el pastor agregó otro concepto: su venida a la tierra podría considerarse como un regalo de Jesús a su Padre. Jesús amaba al Padre y sabía que lo que más quería era que nosotras, su creación, fuéramos reconciliados con Él. Mediante su encarnación, Jesús hizo posible que nos convirtiéramos en un regalo santo y sin mancha para Dios (Colosenses 1:22).

Pensar que somos un regalo para Dios nos insta a querer ser un presente que merezca su costo, «agradándole en todo, llevando fruto en toda buena obra, y creciendo en el conocimiento de Dios» (v. 10). *JAL*

Señor, gracias por haberme dado el mayor regalo posible. Quiero que otros también lo reciban.

El mayor Regalo de Dios debe despertar nuestra gratitud más profunda.

18 de diciembre

Un muchacho común y corriente

Lectura:
Juan 10:31-42

... Juan, a la verdad, ninguna señal hizo;
pero todo lo que Juan dijo de éste, era verdad (JUAN 10:41).

Esteban era un muchacho común y corriente. Servía en una iglesia a la que yo asistía hace años. Ayudaba a preparar los elementos para la Cena del Señor, barría la nieve de las aceras de la iglesia en invierno y cortaba el césped en verano. Pasaba tiempo con los varones adolescentes que vivían solo con sus madres. Durante la reunión de oración, no hablaba mucho de sí mismo, sino que nos pedía que oráramos por aquellos a quienes les hablaba del amor y del perdón de Jesús.

Un versículo de Juan 10, que habla de Juan el Bautista, me hace pensar en Esteban. La gente decía de él: «Juan, a la verdad, ninguna señal hizo; pero todo lo que Juan dijo de [Jesús], era verdad» (v. 41). Juan no hizo milagros como Jesús. No habló de sí mismo, sino que vino «para que diese testimonio de la luz, a fin de que todos creyesen por él» (1:7). Dijo acerca del Señor: «He aquí el Cordero de Dios, que quita el pecado del mundo» (1:29). Mi amigo Esteban también daba testimonio de esa Luz.

Nuestra meta, como seguidoras de Cristo, es hacer lo mismo: dar «testimonio de la luz». Somos simplemente personas comunes y corrientes que servimos a Dios en nuestro rincón del mundo. Con nuestras acciones y palabras, ¡indiquémosles a otros el camino hacia la Luz! *AMC*

Señor, quiero reflejar en este espejo común
tu imagen deslumbrante.

Los creyentes son personas comunes consagradas a una Persona fuera de lo común: Cristo.

19 de diciembre

Viento y fuego

Lectura:
1 Pedro 2:9-17

Honrad a todos. Amad a los hermanos.
Temed a Dios. Honrad al rey (1 Pedro 2:17).

A veces, cuando quiero encender un fuego, el viento lo apaga, pero cuando trato de mantenerlo ardiendo, lo aviva. Así que, en el primer caso, digo que es «malo» porque frustra mis planes; en el otro, lo considero «bueno», ya que me ayuda a lograr lo que quiero.

Esta paradoja ilustra cómo juzgamos las cosas según el efecto que producen. Declaramos que las circunstancias o las personas son «malas» si trastornan nuestros objetivos o nos resultan inconvenientes. Pero, si benefician nuestra causa, las juzgamos como «buenas».

Sin embargo, Dios es quien determina qué es bueno y qué es malo, y no lo hace según cómo afecte nuestros planes, sino en función de que lleven a cabo sus designios. Su plan es que seamos «real sacerdocio, nación santa, pueblo adquirido por Dios», y su propósito es «que [anunciemos] las virtudes de aquel que [nos] llamó de las tinieblas a su luz admirable» (1 Pedro 2:9).

Para concretar el buen propósito divino, debemos respetar a todos, amar a los otros creyentes, temer a Dios y honrar a quienes nos gobiernan; incluso cuando algo no nos parezca bueno (v. 17). Estas acciones pueden encender una chispa de fe en aquellos que observan nuestras reacciones ante las circunstancias «malas»; y más aun, son una expresión de alabanza al Señor. *JAL*

Señor, gracias por tu bondad para conmigo.

Cuando las cosas luzcan mal,
recuerda que Dios es bueno.

20 de diciembre

Nada hacia Jesús

Lectura:
Juan 21:1-7

Oyendo, pues, Simón Pedro que era el Señor, se ciñó la ropa (porque se la había quitado para poder trabajar), y se echó al mar (Juan 21:7).

El sol brillaba sobre la laguna. Arrodillándome sobre el trampolín, pensé: *Lo profundo no parece estar tan profundo*. Sin pensar mucho más, me deslicé y me metí en el agua. Mientras me hundía, me di cuenta de que el agua era mucho más profunda de lo que esperaba, y eso me asustó.

Cuando comencé la universidad, tuve una experiencia similar. Cuando mis padres me dejaron en el campus y regresaron a casa, tuve esa misma sensación de aislamiento y pánico, y creí que me podía ahogar.

Ese primer fin de semana, me acordé de una lección de la escuela dominical de la iglesia. Los discípulos habían estado toda la noche fuera pescando, pero no les había ido bien. Hacia la mañana, notaron que alguien caminaba en la orilla. Cuando uno de los discípulos reconoció a Jesús, Pedro saltó de la barca y comenzó a nadar hacia Él.

Al considerar esto, me di cuenta de cuánto pánico me daba la universidad. Necesitaba dirección. Necesitaba ver a Jesús y «nadar» hacia Él. La universidad es una etapa nueva e intimidante, pero mi enfoque final siempre tiene que ser el mismo: seguir a Jesús.

Así que, cuando te encuentres en algún lugar desafiante y creas que te vas a ahogar, no te dejes sobrecoger por el pánico. Reconoce a Jesús y nada hacia Él. *SR*

Señor, en cualquier situación difícil, quiero mirarte y nadar hacia ti.

En aguas turbulentas, nada hacia Jesús.

21 de diciembre

Muchísimo más

Lectura:
Efesios 3:14-21

... mayor es el que está en vosotros, que el que está en el mundo
(1 JUAN 4:4).

«No va a pasar nunca, tía Julie, quítate esa idea de la mente». «Sé que es poco probable —respondí—, pero no imposible».

Durante varios años, mi sobrina y yo mantuvimos conversaciones similares sobre una situación familiar. En ocasiones, yo completaba la frase de este modo: «Sé que puede pasar, porque siempre escucho historias sobre cómo Dios realiza lo imposible». La parte de la frase que únicamente me decía a mí misma era: *Pero eso sucede solo en otras familias*.

Últimamente, el pastor de mi iglesia ha estado predicando de Efesios. Al final de cada reunión, recitamos esta doxología: «Y a Aquel que es poderoso para hacer todas las cosas mucho más abundantemente de lo que pedimos o entendemos, según el poder que actúa en nosotros, a él sea gloria en la iglesia en Cristo Jesús por todas las edades, por los siglos de los siglos. Amén» (Efesios 3:20-21).

Este año, Dios decidió hacer «muchísimo más» en mi familia. Reemplazó la indiferencia con el amor. ¿Cómo lo hizo? No lo sé. Pero lo presencié. ¿Por qué debería sorprenderme? Si Satanás puede convertir el amor en indiferencia, Dios indudablemente puede obrar a la inversa: tornar la indiferencia en amor. *JAL*

Señor, gracias por sorprenderme tantas veces y hacer mucho más de lo que espero o lo que pido. Mi confianza está en ti.

El poder de Dios para restaurar es mayor que el de Satanás para destruir.

22 de diciembre

Proverbios chinos

Lectura:
2 Timoteo 2:1-6

... creciendo en la obra del Señor siempre, sabiendo que vuestro trabajo en el Señor no es en vano (1 Corintios 15:58).

Los proverbios chinos suelen surgir de alguna historia. Por ejemplo: «estirar las plantitas para que crezcan más rápido» alude a un hombre impaciente de la Dinastía Song. Ansioso por ver que sus plantas de arroz crecieran,estiró cada planta unos centímetros hacia arriba. Después de un día de trabajo tedioso, se puso contento porque parecía que «estaban más altas»... pero la alegría le duró poco. Al día siguiente, las plantas habían empezado a marchitarse porque sus raíces ya no tenían suficiente profundidad.

En 2 Timoteo 2:6, Pablo compara la obra de un ministro del evangelio con la de un agricultor. Le escribió a Timoteo que, como en la agricultura, hacer discípulos puede ser una labor difícil e incesante. Aras, siembras, esperas, oras. Deseas ver pronto los frutos de tu trabajo, pero el crecimiento lleva tiempo. Y, como ilustra el proverbio chino, cualquier esfuerzo para acelerar el proceso será inútil. William Hendriksen declara: «Si Timoteo [...] se esfuerza al máximo para llevar a cabo la tarea espiritual que Dios le encomendó, [...] verá en la vida de los demás [...] el principio de ese fruto glorioso mencionado en Gálatas 5:22-23».

Mientras trabajamos fielmente, esperamos con paciencia en el Señor, quien hace que las cosas crezcan (1 Corintios 3:7). *PFC*

Señor, gracias porque tú eres quien aporta el crecimiento.

Nosotras sembramos la semilla, y Dios produce la cosecha.

23 de diciembre

Cargas frágiles

Lectura:
Colosenses 3:12-17

Antes sed benignos […], misericordiosos, perdonándoos unos a otros, como Dios también os perdonó a vosotros en Cristo (Efesios 4:32).

Mientras Dolores conducía por un camino rural, notó que un automóvil la seguía muy de cerca. Casi podía sentir la irritación del conductor mientras ella avanzaba con cuidado por varias curvas.

Desde luego, el conductor del otro coche no podía saber que Dolores estaba transportando muchos alimentos para una comida en la iglesia… ¡lo suficiente como para alimentar a 200 personas! Percibiendo la frustración del otro conductor, Dolores pensó: *Si tan solo supiera la frágil carga que estoy llevando, entendería por qué estoy conduciendo así.*

En ese preciso instante, se le ocurrió otra cosa: *¿Con cuánta frecuencia soy impaciente con la gente cuando no tengo ni idea de la frágil carga que pueden estar llevando?*

¡Con qué facilidad juzgamos a los demás al suponer que sabemos todo acerca de una situación! La Palabra de Dios nos guía en una dirección mucho más caritativa y nos enseña que debemos tratar a los demás con benignidad, humildad y paciencia (Colosenses 3:12). ¡Cuánto más amorosas somos cuando nos soportamos y perdonamos los unos a los otros (v. 13)!

Tratemos a los demás como nos gustaría que nos traten a nosotras (Lucas 6:31), recordando que no siempre sabemos qué cargas podrían estar llevando. *CHK*

Señor, ayúdame a considerar las cargas de los demás que no veo, y a ser paciente.

Si estás por perder la paciencia con los demás, detente y piensa en cuán paciente ha sido Dios contigo.

24 de diciembre

Un día para descansar

Lectura:
Éxodo 23:10-13

Seis días trabajarás, y al séptimo día reposarás…
(Éxodo 23:12).

Un domingo, estaba junto al arroyo que pasa por el medio de nuestro barrio, deleitándome en la belleza que trae a nuestra zona llena de edificaciones. Sentí cómo me relajaba al mirar el agua y escuchar el canto de los pájaros. Le di gracias al Señor por ayudarnos a encontrar descanso para nuestra alma.

El Señor instituyó el día de reposo (un tiempo para descansar y renovarse) para su pueblo porque quería que prosperara. Como vemos en Éxodo, Dios les dijo que sembraran los campos durante seis años y los dejaran descansar el séptimo. Lo mismo sucedía con trabajar seis días y descansar el séptimo. Esta manera de vivir distinguía a los israelitas de las demás naciones porque no solo ellos seguían este patrón, sino que los extranjeros y los esclavos en sus casas también podían hacerlo.

Podemos abordar nuestro día de descanso con expectativa y creatividad, aprovechando la oportunidad de adorar y hacer algo que alimente nuestra alma, según nuestras preferencias. A algunos les gustan los juegos; a otros, la jardinería; algunos comen con amigos y familiares; otros duermen una siesta.

¿Cómo podemos redescubrir la belleza y la riqueza de apartar un día para descansar, si esto está faltando en nuestra vida? *ABP*

Padre, gracias por el regalo del descanso.

En nuestra fe y servicio, el descanso es tan importante como el trabajo.

25 de diciembre

Gozo

Lectura:
Lucas 2:8-12

… os doy nuevas de gran gozo, que será para todo el pueblo
(Lucas 2:10).

El gozo se perdió cuando Adán y Eva desobedecieron a Dios. Él los echó de su hogar en el huerto para evitar que sucediera algo peor. Si hubieran comido del árbol de la vida después de comer del de la ciencia del bien y del mal, habrían vivido en desgracia para siempre.

La vida fuera del huerto no era fácil. Adán y Eva tenían que trabajar duro para conseguir alimentos. La realidad de la muerte invadía todo, y los animales se mataban unos a otros. Y lo más terrible fue que el primer hijo de la pareja asesinó a su hermano menor. ¿Qué podría haber sido peor? El pecado se había apoderado de ellos, y nadie podía impedir que el gozo se fuera desvaneciendo.

Pero Dios tenía un plan para recuperarlo. El gozo se perdió en el huerto cuando entró la muerte, pero volvió mediante un nacimiento: el del Hijo de Dios. «… os doy nuevas de gran gozo, que será para todo el pueblo» (Lucas 2:10). Dios entró en el mundo, experimentó nuestra angustia y conquistó la tumba para darnos esperanza de que cumplirá su promesa de poner fin al dolor, la tristeza y la muerte (Juan 11:25-26; 1 Corintios 15:3-4; Apocalipsis 21:4). ¡Con razón la Navidad es la época del gozo! *JAL*

Señor, ¡gracias por venir a devolvernos el gozo,
al vencer la tumba y llenarnos de esperanza!

Jesús es el gozo de la Navidad.

26 de diciembre

Las pequeñas cosas

Lectura:
Salmo 116:1-9

Toda buena dádiva y todo don perfecto desciende de lo alto…
(SANTIAGO 1:17).

Mi amiga Gloria nos llamó entusiasmada. No podía salir de su casa, excepto para ir al médico. Así que entendí su alegría cuando me dijo: «Mi hijo acaba de conectar parlantes a mi computadora. ¡Ya puedo ir a la iglesia!». Ahora, podía escuchar la transmisión en vivo de la reunión. No paraba de hablar de la bondad de Dios y del «mejor regalo que mi hijo podría haberme dado».

Gloria me enseña a tener un corazón agradecido. A pesar de sus limitaciones, da gracias por las pequeñas cosas: los atardeceres, los familiares y vecinos serviciales, los momentos a solas con Dios, la posibilidad de vivir en su casa. Dios siempre le proveyó lo que necesitaba, y ella les habla del Señor a todos los que la visitan o la llaman.

No sabemos qué dificultades tenía el autor del Salmo 116. Algunos dicen que probablemente fuera una enfermedad, ya que afirma: «Me rodearon ligaduras de muerte» (v. 3). Sin embargo, el salmista dio gracias al Señor por ser misericordioso y compasivo cuando estaba «postrado» (vv. 5-6).

Cuando estamos postradas, puede ser difícil levantar la mirada. Sin embargo, si lo hacemos, vemos que Dios es el que nos da todo lo bueno que tenemos, y aprendemos a darle gracias. AMC

Señor, gracias por cada una de tus bendiciones sobre mi vida.
Quiero prestar atención a las pequeñas cosas y adorarte por ellas.

La alabanza a Dios surge naturalmente cuando miras todo lo que tienes.

27 de diciembre

¿Quién es ese héroe?

Lectura:
Jueces 3:7-11

Así alumbre vuestra luz delante de los hombres, para que vean vuestras buenas obras, y glorifiquen a vuestro Padre… (MATEO 5:16).

Al leer el libro de Jueces, con sus batallas y guerreros poderosos, a veces puede parecer que una está leyendo una historieta de súper héroes. Tenemos a Débora, Barac, Gedeón y Sansón. Sin embargo, en la lista de jueces, también encontramos a Otoniel.

El relato de su vida es breve y directo (Jueces 3:7-11); sin dramatización ni demostraciones de valentía. Pero sí vemos lo que Dios hizo a través de él: «El Señor levantó un libertador» (v. 9), «el Espíritu del Señor vino sobre él» (v. 10) y «el Señor entregó en su mano a Cusan-risataim rey de Siria» (v. 10).

El relato sobre Otoniel nos ayuda a concentrarnos en lo más importante de la vida: la actividad de Dios. Historias interesantes y personajes fascinantes pueden ensombrecer esta verdad. Entonces, terminamos enfocadas en ellos y no vemos lo que el Señor está haciendo.

Cuando era joven, deseaba tener mayor talento para poder guiar más personas a Cristo. Pero estaba mirando en la dirección equivocada. Dios suele utilizar personas comunes y corrientes para hacer su obra fuera de lo común. Lo que glorifica al Señor y atrae a otros hacia Él es su luz que brilla a través de nuestra vida (Mateo 5:16).

Cuando otros observen nuestra vida, es más importante que vean a Dios y no a nosotras. *PFC*

Señor, que tu gloria pueda manifestarse en mi vida hoy.

Nuestra capacidad limitada resalta el poder ilimitado de Dios.

28 de diciembre

Podemos confiar en Él

Lectura:
Mateo 10:32-38

… bendecid a los que os maldicen, haced bien a los que os aborrecen, y orad por los que os […] persiguen (Mateo 5:44).

No sé mucho sobre ser perseguida. Mi bienestar físico nunca se vio amenazado por lo que creo ni por lo que digo. Lo poco que «sé» sobre el tema proviene de lo que escucho o leo. Pero no es así para muchos hermanos en Cristo alrededor del mundo. La vida de algunos peligra todos los días porque aman a Jesús y desean que otros también lo conozcan.

Hay otra forma de persecución que tal vez no sea amenazante, pero que destroza el corazón: la que surge de los miembros de la familia que no son creyentes. Cuando los seres queridos ridiculizan nuestra fe o se burlan de lo que creemos y de cómo demostramos nuestro amor a Dios, nos sentimos rechazadas y despreciadas.

Pablo advirtió a los creyentes que seguir a Cristo generará persecución: «todos los que quieren vivir piadosamente en Cristo Jesús padecerán persecución» (2 Timoteo 3:12), y sabemos que el rechazo a veces vendrá de parte de personas que amamos (Mateo 10:34-36). Pero cuando nuestros seres queridos rechazan el amor de Dios, lo tomamos en forma personal.

Jesús nos dijo que oráramos por quienes nos persiguen (Mateo 5:44), y esto incluye a otros aparte de los desconocidos que nos odian. Dios puede darnos gracia para perseverar en medio de la persecución, aun cuando esta provenga de aquellos a quienes amamos. *JAL*

Señor, ayúdame a perseverar en la persecución.

La gente puede burlarse de nuestro mensaje, pero no puede detener nuestras oraciones.

29 de diciembre

Un pequeño sacrificio

Lectura:
Marcos 10:17-27

... todas las cosas son posibles para Dios (v. 27).

Cuando nos acercamos a la celebración de la Pascua, empiezo a pensar en el sacrificio que hizo Jesús para que yo pudiera reconciliarme con Dios. Para concentrarme en todo lo que Él dejó por mí, hago un pequeño sacrificio personal. Cuando me abstengo de algo que normalmente me encanta, toda ansia de esa comida, bebida o pasatiempo me recuerda a cuánto más renunció Cristo por mí.

Como quiero tener éxito, suelo dejar algo que no me resulte sumamente tentador. Sin embargo, aun así, fracaso. Mi incapacidad para ser perfecta en algo tan pequeño me recuerda la gran importancia de la Pascua. Si pudiéramos ser perfectas, Jesús no tendría que haber muerto.

El joven rico con quien se encontró el Señor en un sendero de Judea estaba tratando de ganar la vida eterna siendo bueno. Pero Jesús, como sabía que aquel hombre nunca sería lo suficientemente bueno, declaró: «Para los hombres es imposible, mas para Dios, no» (Marcos 10:27).

Aunque renunciar a algo no hace bueno a nadie, sí nos recuerda que el único que posee esta cualidad es Dios (v. 18). Y es importante recordarlo, porque el sacrificio de un Dios bueno y perfecto es lo que hace posible nuestra salvación. *JAL*

Señor, gracias por el gran sacrificio que hiciste por mí.
Quiero responderte amándote cada día y dedicando mi vida a servirte.

Jesús sacrificó su vida por nosotras.

30 de diciembre

De lo profundo de las aguas

Lectura:
2 Samuel 22:17-20

Envió desde lo alto y me tomó; me sacó de las muchas aguas
(2 SAMUEL 22:17).

Examiné el agua con atención en busca de señales de alarma. Durante mis turnos como guardavidas, observaba junto a la piscina para garantizar la seguridad de los que nadaban. Abandonar mi puesto o no prestar atención podía tener consecuencias graves para los que estaban en el agua. Si un nadador se encontraba en peligro de ahogarse debido a una herida o impericia, mi responsabilidad era sacarlo del agua y ponerlo a salvo al borde de la piscina.

Después de experimentar la ayuda de Dios en su batalla contra los filisteos (2 Samuel 21:15-22), David compara su rescate con haber sido sacado «de las muchas aguas» (22:17). Las vidas de David y sus hombres estaban en peligro a causa de sus enemigos. Dios mantuvo a flote a David cuando este se ahogaba en el desastre. Mientras que a los guardavidas les pagan para garantizar la seguridad de los nadadores, Dios salvó a David porque se deleitaba en él (v. 20). Mi corazón salta de gozo al entender que Dios no me cuida y me protege porque esté obligado a hacerlo, sino porque quiere.

Cuando los problemas de la vida parecen superarnos, podemos descansar al saber que Dios, nuestro Guardavidas, ve lo que nos sucede y, porque se deleita en nosotras, nos cuida y nos protege. *KHH*

Gracias, Señor, por ver mis luchas y
estar siempre listo para salvarme.

Dios se deleita en salvar a sus hijas.

31 de diciembre

Elocuente, pero humilde

Lectura:
Hechos 18:24-28

[Dios] encaminará a los humildes por el juicio, y enseñará a los mansos su carrera (Salmo 25:9).

Admiro las personas que pueden comunicar sus creencias y persuadir a los demás con su retórica. Algunos lo llaman «labia» o «tener verso». Otros lo denominan «elocuencia».

Apolos tenía esa capacidad. Se nos dice que era «elocuente, poderoso en las Escrituras» (Hechos 18:24). Sin embargo, aunque enseñaba correctamente sobre Cristo, solo predicaba el bautismo de Juan, que era para arrepentimiento de los pecados (v. 25; 19:4). Apolos conocía las enseñanzas de Jesús, pero tal vez no se había enterado de su muerte y resurrección ni de que el Espíritu Santo ya había venido (Hechos 2). Su enseñanza era incompleta porque no conocía sobre la llenura del Espíritu que capacita al creyente para la vida diaria.

Por eso, Priscila y Aquila, un matrimonio amigo de Pablo, invitaron a Apolos a su casa para corregirlo sobre lo que enseñaba. Aunque era sumamente instruido y conocía bien las Escrituras, aceptó humildemente las instrucciones de aquella pareja. Como resultado, pudo seguir con su ministerio, pero con un entendimiento renovado.

El Salmo 25:9 nos recuerda que Dios «encaminará a los humildes por el juicio, y enseñará a los mansos su carrera». Si somos humildes, Dios puede enseñarnos y utilizarnos para impactar la vida de otros. CHK

Señor, dame un corazón más humilde,
y úsame para llevar a muchos a ti.

El verdadero poder es la humildad.